EN BUSCA DEL UNICORNIO:
LOS CUENTOS DE JULIO CORTÁZAR

BIBLIOTECA ROMÁNICA HISPÁNICA

Dirigida por DÁMASO ALONSO

II. ESTUDIOS Y ENSAYOS, 324

JAIME ALAZRAKI

EN BUSCA DEL UNICORNIO:
LOS CUENTOS DE JULIO CORTÁZAR

ELEMENTOS PARA UNA POÉTICA
DE LO NEOFANTÁSTICO

BIBLIOTECA ROMÁNICA HISPÁNICA

EDITORIAL GREDOS

MADRID

863
AL16
132058
may/1985

Depósito Legal: M. 195 - 1983.

ISBN 84-249-0862-7. Rústica.
ISBN 84-249-0863-5. Piel.

Impreso en España. Printed in Spain.

Gráficas Cóndor, S. A., Sánchez Pacheco, 81, Madrid, 1983.— 5395.

Sin el generoso apoyo de la Fundación Guggenheim y el National Endowment for the Humanities, este estudio no hubiera sido realizado. Mi más cálido agradecimiento a estas dos instituciones.

PRÓLOGO

Al iniciar el estudio de los cuentos de Julio Cortázar, hace ya algunos años, entendí que el análisis de sus textos no sería posible sin antes resolver el problema de su filiación genérica. Como Borges en relación a sus ficciones, también Cortázar adoptó la designación de literatura fantástica, «a falta de mejor nombre», para definir sus narraciones breves. Usaban el término en un sentido lato para contraponerlo al realismo literario y para distinguir así dos modos de percepción y dos estilos de configuración. Sólo así se entiende que en su *Antología de la literatura fantástica* Borges haya recogido narraciones tan dispares y heterogéneas. Fantástico era todo relato que transgrediera el canon realista y, para los fines de su antología, un criterio tan maleable resultaba adecuado. Erich Auerbach adoptó una aproximación semejante para definir el modo opuesto. En su *Mimesis* practica un corte transversal del realismo europeo que va desde los poemas homéricos y los textos latinos de la antigüedad clásica hasta Proust, Joyce y Virginia Woolf. Le interesaba menos el modelo genérico que sus productos; su libro no es una historia de los géneros sino un examen de la evolución del modo realista en la literatura occidental.

En nuestro caso, el estudio de un solo autor nos obligó a cuestionar la validez de una noción tan vasta y a buscar definiciones más precisas. Entre el realismo de Homero y el de Balzac media una distancia que va del poema épico a la novela moderna, aunque entre ambos géneros sea posible distinguir la trayectoria de un modo de representación semejante en lo nuclear. En los relatos de Charles Perrault, E. T. A. Hoffmann, H. G. Wells y Kafka reconocemos un relato fantástico común a los cuatro autores, pero cada uno de ellos representa, a su vez, un modo diferente de percibir y abordar lo fantástico: lo maravilloso, lo fantástico propiamente dicho, la ciencia ficción y lo que llamamos lo neofantástico.

La primera parte de este estudio es un intento dirigido a deslindar estos cuatro géneros y a fijar sus alcances. Resumimos algunos de los esfuerzos más fértiles sobre el tema y proponemos algunas consideraciones que pueden servir de fundamento para una posible poética de lo neofantástico. Este último concepto responde menos a un afán clasificatorio que a una necesidad intrínseca: posibilitar un acceso más inteligente a su semántica y establecer su sintaxis narrativa. Las dos partes siguientes se aplican a esos propósitos.

En la segunda se busca precisar algunos contextos literarios y filosóficos que contribuyeron a conformar la visión de mundo de Cortázar escritor. Esos contextos están enclavados en la base misma de su formación intelectual y representan algo así como el arco desde el cual han sido disparados sus relatos breves. Es claro que la motivación no es todavía la invención, pero en buena medida la dirección y la eficacia de la narración se deben a la materia de que está hecho ese arco: su resistencia y flexibilidad determinan la tensión de los dos extremos de su disparador.

En la tercera y última parte se recogen las conclusiones de las dos primeras para plantearnos un posible método de estudio de lo neofantástico. Si estas narraciones se resisten a una interpretación unívoca, si su razón de ser es la formulación de una metáfora sin tenor posible, si una crítica de la traducción es del todo impracticable, ¿cómo aproximarse a ellas?, ¿cómo estudiarlas sin desvirtuar su razón de ser?, ¿cómo entenderlas sin provocar en ellas una violación que las mutila? Lo que aquí se propone es una posible poética del género, es decir, no una crítica de sus sentidos, sino una descripción de su funcionamiento; no una paráfrasis de sus significados, sino una posible gramática de sus significantes. Y si estos relatos, finalmente, hablan desde sus significantes, ¿qué dicen?, ¿de qué manera la forma puede ser el único mensaje al cual acceden sus metáforas?

Los dos apéndices incluidos no responden a la misma teoría que es el eje de nuestro estudio, pero fueron escritos teniendo en cuenta sus premisas. El primero, publicado en 1973, toca un motivo central en la obra de Cortázar: el juego; pero ese motivo, estudiado a través de tres cuentos, constituye también una de las dimensiones más ponderables de su cosmovisión y hace enroque con la segunda sección, dedicada a los contextos. El segundo, leído en el simposio «Cortázar en Barnard», en abril de 1980, trata un aspecto de atención reciente en el estudio de los procedimientos de la ficción: la voz narrativa como engranaje afín, pero de mayor precisión que el concepto de narrador.

J. A.

PRIMERA PARTE

PARA UNA POÉTICA DE LO NEOFANTÁSTICO

> *El unicornio no figura entre los animales domésticos, y como no es fácil encontrarlo, no se presta a una clasificación. No es como el toro, el lobo o el ciervo. De manera que podríamos estar frente al unicornio y no sabríamos con seguridad que lo es. Sabemos que tal animal con crin es caballo y que tal animal con cuernos es toro. No sabemos cómo es el unicornio.*
>
> (Apólogo chino, siglo IX.)

I

LO FANTÁSTICO Y LO NEOFANTÁSTICO

Aunque la literatura fantástica alcanza su apogeo durante el siglo XIX, los estudios dedicados a definir sus alcances, límites y posibilidades proliferan en las últimas dos décadas de este siglo. El retraso, además de indicar las ventajas que la distancia y la fijación de una perspectiva otorgan al estudio de cualquier fenómeno literario, subraya las dificultades que enfrenta el género en la formulación de una poética. Entre ellas, la que primero acomete a quien se aventura en territorio tan poco explorado es lo borroso de sus fronteras: ¿qué separa a Kafka de Maupassant?, ¿qué tienen de común los cuentos de E. T. A. Hoffmann y los de Borges?, ¿pertenecen las narraciones de Poe y las de Cortázar a una misma provincia? Tales interrogantes no hacen sino corroborar la indefinición de un género cuyos huidizos lindes constituyen un problema de no fácil solución.

En Hispanoamérica, y en particular en la Argentina, la denominación «literatura fantástica» se ha empleado con ambigüedad excesiva [1]. Alguien sugiere que «el primer relato fantástico

---

[1] Véase Emilio Carilla, *El cuento fantástico* (Buenos Aires, Nova, 1968). En pág. 20 dice: «Porque es evidente que bajo la denominación de literatura fantástica abarcamos un mundo que toca, en especial, lo maravilloso, lo extraordinario, lo sobrenatural, lo inexplicable. En otras palabras, al mundo fantástico pertenece lo que escapa, o está en los límites, de la explicación 'científica' y realista; lo que está fuera del mundo

propiamente dicho es el *Santos Vega*[2]; más ambiciosamente, todavía, se nos propone que el remoto poema de Barco Centenera —*La Argentina* (XVII)— constituye un buen comienzo para una historia de la literatura fantástica en la Argentina[3]. Un criterio tan voluble abre las puertas del género a Homero y Shakespeare, a Cervantes y Goethe; permitiría también de-

---

circundante y demostrable.» Y, en el capítulo de conclusiones, reitera: «La obra fantástica aparece en la literatura universal junto con sus orígenes. No conocemos, claro está, el comienzo de este fecundo filón, pero en esos comienzos debió estar presente —como obra humana— el asombro, lo sobrenatural y lo maravilloso. De esta manera ni puede extrañar que los primeros relatos que nosotros conocemos sean obras míticas, es decir, fantásticas: *Las aventuras de Gilgamesh* es un buen ejemplo, y a él se agregan muchos otros» (pág. 63).

También Bioy Casares, en el prólogo a la *Antología de la literatura fantástica* compilada con Borges y Silvina Ocampo, reconoce los viejos orígenes de la ficción fantástica, pero distingue esos antecedentes de la literatura fantástica como género literario: «Viejas como el miedo, las ficciones fantásticas son anteriores a la letra. Los aparecidos pueblan todas las literaturas: están en el *Zend-Avesta*, en la *Biblia*, en Homero, en *Las mil y una noches*. Tal vez los primeros especialistas en el género fueron los chinos. El admirable *Sueño del aposento rojo* y hasta novelas eróticas y realistas, como *Kin P'ing Mei* y *Sui Hu Chuan*, y hasta los libros de filosofía, son ricos en fantasmas y sueños... Ateniéndonos a Europa y a América, podemos decir: como género más o menos definido, la literatura fantástica aparece en el siglo XIX y en el idioma inglés» (*o. c.*, pág. 7).

[2] Véase Nicolás Cócaro, «La corriente fantástica en la Argentina» (prólogo a *Cuentos fantásticos argentinos*, Buenos Aires, Emecé, 1960). En pág. 13 dice: «Sin dudas, el primer relato fantástico propiamente dicho es el *Santos Vega* recogido por Bartolomé Mitre de la tradición oral e incluido en su libro *Rimas*, edición del año 1854.»

[3] Ana María Barrenechea, en el prólogo al libro *La literatura fantástica en Argentina* (México, 1957), escrito en colaboración con Emma Susana Speratti Piñero, dice al respecto: «Quizá deberíamos haber comenzado por Barco Centenera, el prolijo autor de *La Argentina*, que recogió piadosamente —como otros asombrados viajeros de Indias— las maravillas que el nuevo mundo le ofrecía. ¿Por qué no recordar aquel pez tan civilizado que moría de amores por una doncella o la portentosa navegación de Carreño que gobernaba una tripulación de demonios? Tal vez porque Barco Centenera creía en su realidad, como otros creyeron en la realidad de las Amazonas, de las sirenas y de la fuente de la juventud.»

mostrar que toda la literatura argentina lleva la marca de lo
fantástico y que «en la literatura fantástica culmina... la capacidad creadora de los argentinos»[4]. Definir como literatura
fantástica una obra por la mera presencia de un elemento de
maravilla (¿hay acaso alguna que de cierta manera no lo in-
cluya?) es inconducente; equivaldría a definir una obra como
tragedia solamente porque contiene uno o más elementos trá-
gicos, o a definir un cuento por la brevedad de su texto. La
brevedad por sí sola no convierte una narración en cuento. La
existencia de narraciones cortas en la *Biblia,* en *Las mil y una
noches* o en el *Decamerón* no invalida la noción de que el
cuento como género nace (o al menos adquiere una fisonomía
identificable) solamente con Poe. Poe, además, esboza una primera preceptiva del género, que, al definir sus límites y alcances, excluye formas afines o allegadas, antecedentes o prole-
gómenos.

La definición de una forma literaria busca facilitar el estudio de esa forma, comprender sus posibilidades y límites y
distinguir su función y funcionamiento de formas semejantes.
Solamente en los últimos años la literatura fantástica ha sido
objeto de un estudio más sistemático[5]. Según algunos de estos

---

[4] Tal es la tesis de Enrique Luis Revol. En su artículo «La tradición
fantástica en la literatura argentina» dice: «Pues cabe afirmar que del
mismo modo que la música es el arte indiscutible de los pueblos ger-
mánicos y de que sólo en la pintura se realiza por completo el genio
español, del mismo modo en la literatura fantástica culmina, al menos
por ahora, la capacidad creadora de los argentinos« (*Revista de estudios
hispánicos,* University of Alabama, vol. II, núm. 2, nov. 1968, pág. 212).

[5] Entre los estudios más útiles véase: Roger Caillois, *Images, images...*
(Paris, José Corti, 1966; traducción española: Buenos Aires, Sudamericana, 1970); Roger Caillois, *Au coeur du fantastique* (Paris, Gallimard,
1959); P. G. Castex, *Le conte fantastique en France* (Paris, José Corti,
1951); H. P. Lovecraft, *Supernatural Horror in Literature* (New York,
Ben Abramson, 1945); Peter Penzoldt, *The Supernatural in Fiction* (New
York, Humanities Press, 1965); Marcel Schneider, *La littérature fantastique en France* (Paris, Fayard, 1964. Incluye bibliografía); Tzvetan Todorov, *Introduction à la littérature fantastique* (Paris, Seuil, 1970. Incluye bibliografía. Traducción española: Buenos Aires, Editorial Tiempo
Contemporáneo, 1972); Louis Vax, *L'art et la littérature fantastiques* (Paris,
P. U. F., 1960. Incluye bibliografía. Traducción española: Buenos Aires,

estudios, mucho de lo que solemos llamar «literatura fantástica» no lo sería. El rasgo distintivo del género, en el cual todos parecen coincidir, consistiría en *su capacidad de generar miedo u horror.* Para Louis Vax, por ejemplo, «el arte fantástico debe introducir terrores imaginarios en el seno del mundo real»[6]; y más adelante:

> Lo sobrenatural, cuando no trastorna nuestra seguridad, no tiene lugar en la narración fantástica. Dios, la Virgen, los santos y los ángeles no son seres fantásticos; como no lo son tampoco los genios y las hadas buenas. En cuanto a los dioses de la fábula, Pan, por ejemplo, pueden llegar a ser fantásticos cuando en ellos se encarnan instintos salvajes. Pero nadie verá en el *Telémaco* una historia fantástica por el hecho de que una Minerva, que ha cambiado de sexo para guardar las apariencias, permanezca, pedante y moralizadora, junto al hijo de Ulises[7].

Para salvar esa distancia que media entre el mundo sobrenatural de las hadas y los milagros y nuestro mundo regido por leyes inmutables y donde el milagro es imposible, Roger Caillois propone dos conceptos diferenciantes —lo maravilloso y lo fantástico— y explica:

> El universo de *lo maravilloso* está naturalmente poblado de dragones, de unicornios y de hadas; los milagros y las metamorfosis son allí continuos; la varita mágica, de uso corriente; los talismanes, los genios, los elfos y los animales agradecidos abundan; las madrinas, en el acto, colman los deseos de las huérfanas meritorias... En *lo fantástico*, al contrario, lo sobrenatural aparece como una ruptura de la coherencia universal. El prodigio se vuelve aquí una agresión prohibida, amenazadora, que quiebra la estabilidad de un mundo en el cual las leyes hasta entonces eran tenidas por rigurosas e inmutables. Es lo imposible, sobreviniendo de improviso en un mundo de donde lo imposible está desterrado por definición[8].

Eudeba, 1965). Georges Jacquemin, *Littérature fantastique* (Paris, 1974); Pierre Mabille, *Le miroir du marveilleux* (Paris, 1962); Eric S. Rabkin, *The Fantastic in Literature* (Princeton, 1966).

[6] Louis Vax, *Arte y literatura fantásticas*, pág. 6.

[7] *Ibid.*, págs. 10-11.

[8] Roger Caillois, *Imágenes, imágenes...*, pág. 11.

El romance medieval de los *Tres Deseos*, que en Francia se conoce en la versión clásica de Perrault, y el cuento de W. W. Jacobs «The Ape's Leg» (*La pata del mono*) constituyen para Caillois dos variantes de un viejo motivo (la concesión de tres deseos y su subsecuente satisfacción), pero representan, también, dos ejemplos que tipifican respectivamente lo maravilloso y lo fantástico en el tratamiento de un mismo asunto narrativo. En el romance, los tres prodigios otorgados por un hada a un leñador «violan el orden natural de las cosas»; en el relato de Jacobs, «los tres deseos son satisfechos sin ruptura manifiesta del orden del mundo».

Caillois define la literatura fantástica como «un juego con el miedo»; en la literatura de lo maravilloso, en cambio, «el espanto que proviene de la violación de las leyes naturales no tiene ningún lugar» [9]. En un mundo domesticado por las ciencias, el relato fantástico abre una ventana a las tinieblas del más allá, y por esa apertura se cuelan el temor y el escalofrío. Tal escalofrío no puede producirse en el reino de lo maravilloso, donde la ciencia es todavía una maravilla más; la realidad misma no es menos mágica y maravillosa que las magias y maravillas que pueblan los cuentos de hadas. Por eso, para Caillois, lo fantástico

> no podría surgir sino después del triunfo de la concepción científica de un orden racional y necesario de los fenómenos, después del reconocimiento de un determinismo estricto en el encadenamiento de las causas y los efectos. En una palabra, nace en el momento en que cada uno está más o menos persuadido de la imposibilidad de los milagros. Si en adelante el prodigio *da miedo*, es porque la ciencia lo destierra y porque se lo sabe inadmisible, espantoso [10].

Tal momento ocurre entre los años 1820 y 1850, cuando, según Caillois, «este género inédito distribuyó sus obras maestras» [11].

---

9 *Ibid.*, pág. 21.
10 *Ibid.*, pág. 12.
11 «Hoffmann nace en 1778; en 1809 nacen Poe y Gogol. Entre esas

El miedo, pues, aunque un efecto, constituiría una suerte de barómetro de lo fantástico. También para H. P. Lovecraft, practicante y teorizador del género, el criterio para definir lo fantástico residiría en su capacidad de erizar la piel del lector:

> La atmósfera es lo más importante, pues el criterio definitivo de la autenticidad de lo fantástico no es la estructura de la intriga, sino la creación de una impresión específica [...]. Por eso debemos juzgar el cuento fantástico no tanto por las intenciones del autor y los mecanismos de la intriga como por la intensidad emocional que provoca [...]. Un cuento es fantástico simplemente si el lector experimenta profundamente un sentimiento de temor y de terror, la presencia de mundos y poderes insólitos [12].

Otro estudioso de lo fantástico, Peter Penzoldt, ha insistido también en que,

> a excepción del cuento de hadas, todos los relatos sobrenaturales son historias de miedo, que nos obligan a preguntarnos si eso que parece pura imaginación no es, después de todo, la realidad [13].

Un estudio más reciente sobre el género —*Introduction à la littérature fantastique* (1970), de Tzvetan Todorov— se sorprende hasta la perplejidad de tal criterio. Si para determinar lo fantástico —razona Todorov— el sentimiento de miedo debe asaltar al lector, «habrá que concluir que el género de una obra depende de la sangre fría del lector» [14]. Para Todorov hay

---

dos fechas nacen William Austin (1778), Achim von Arnim (1781), Charles Robert Maturin (1782), Washington Irving (1785), Balzac (1799), Hawthorne (1803) y Mérimée (1805), o sea, todos los primeros maestros del género. Dickens (1812), Sheridan le Fanu (1814) y Alexis Tolstoi (1817) siguen de cerca. De Rusia a Pensilvania, en Irlanda y en Inglaterra como en Alemania y en Francia, es decir, sobre toda la extensión de la cultura occidental, exceptuando el Mediterráneo, a ambos lados del Atlántico, en el espacio de una treintena de años, de 1820 a 1850 aproximadamente, este género inédito distribuyó sus obras maestras» (Roger Caillois, *o. c.*, páginas 23-24).

12 H. P. Lovecraft, *o. c.*, pág. 16.
13 Peter Penzoldt, *o. c.*, pág. 9.
14 Tzvetan Todorov, *o. c.*, pág. 40.

cuentos de hadas que pueden ser historias de miedo, como algunos cuentos de Perrault, y, por otro lado, hay textos fantásticos donde el miedo está totalmente ausente, como *La Princesa Brambilla* de Hoffmann. Todorov concluye que, si bien «el miedo está a menudo ligado a lo fantástico, no es una condición necesaria» [15], y propone una definición de lo fantástico que, aunque diferente en su formulación, es una derivación de las anteriores.

> En un mundo que es muy nuestro, este que conocemos, sin diablos, sílfides, ni vampiros, se produce un acontecimiento que no se puede explicar por las leyes de este mundo familiar. El que percibe el acontecimiento debe optar por una de dos soluciones posibles: o bien se trata de una ilusión de los sentidos, de un producto de la imaginación, y las leyes del universo permanecen como son (*lo extraño*); o bien el acontecimiento ha tenido lugar realmente, es parte integrante de la realidad, pero ahora esta realidad está regida por leyes que desconocemos (*lo maravilloso*). O bien el diablo es una ilusión, un ser imaginario; o bien existe realmente, como los demás seres vivientes. Lo fantástico ocupa el tiempo de esta incertidumbre; en cuanto se escoge una u otra respuesta, nos salimos de lo fantástico para entrar en un género vecino, lo extraño o lo maravilloso. Lo fantástico es la vacilación experimentada por un ser que no conoce sino las leyes naturales y se enfrenta, de pronto, con un acontecimiento de apariencia sobrenatural [16].

Lo fantástico quedaría así definido como un momento de vacilación o incertidumbre, durante el cual un acontecimiento inesperado pareciera desafiar las leyes que gobiernan la realidad. El dominio de lo fantástico estaría limitado por lo que Todorov llama «lo extraño puro» (lo sobrenatural no ocurre en la realidad, sino en nuestra conciencia) y «lo maravilloso puro» (lo sobrenatural invade la realidad), y su territorio sería una geografía evanescente demarcada por esos dos géneros ve-

---

[15] *Ibid.*
[16] *Ibid.*, pág. 29.

cinos. ¿En qué se diferencia esta definición de las anteriores? Louis Vax nos dice que

> lo fantástico exige la irrupción de un elemento sobrenatural en un mundo sujeto a la razón;

y más adelante:

> lo sobrenatural, cuando no trastorna nuestra seguridad, no tiene lugar en la narración fantástica [17].

Para Roger Caillois,

> lo fantástico manifiesta un escándalo, una rajadura, una irrupción insólita, casi insoportable, en el mundo real [18].

La diferencia residiría, entonces, no tanto en la definición como en el efecto que tal «vacilación», como quiere Todorov, o «irrupción», como dice Vax, o «rajadura», como prefiere Caillois, produce en el lector. Para los dos últimos, lo fantástico es reconocible en ese miedo, escalofrío u horror que estremece al lector cuando un acontecimiento extraño trastorna la armonía causal. Todorov niega tal efecto como una condición necesaria del género; pero, puesto a precisar los rasgos distintivos de lo fantástico, puntualiza:

> Primero, lo fantástico produce un efecto particular sobre el lector —miedo, u horror, o simplemente curiosidad—, que los otros géneros o formas literarias no pueden provocar. Segundo, lo fantástico monta la narración, mantiene el suspenso: la presencia de elementos fantásticos permite una organización particularmente ajustada de la intriga. Finalmente, lo fantástico tiene una función a primera vista tautológica: permite describir un universo fantástico, y este universo no tiene, por lo tanto, una realidad fuera del lenguaje; la descripción y lo descrito no son de naturaleza diferente [19].

---

[17] Louis Vax, *o. c.*, pág. 10..

[18] Roger Caillois, *o. c.*, pág. 10.

[19] Tzvetan Todorov, *o. c.*, pág. 98.

Pero el suspenso como elemento organizador del relato no es un atributo exclusivo de la narración fantástica: en mayor o menor medida es inherente a la naturaleza misma de toda narración; y la curiosidad, más que un efecto, es un estímulo sin el cual no iniciaríamos o no continuaríamos la lectura de una obra, literaria o no. En cuanto al carácter tautológico de la literatura fantástica, no es, evidentemente, una función o efecto, sino una cualidad extensiva a sus géneros vecinos, lo extraño y maravilloso. Todorov, pues, nos remite otra vez al miedo y al horror como el único rasgo distintivo del género fantástico. Sin embargo, todo lector sabe, como advierte el mismo Todorov, que «hay textos fantásticos donde el miedo está totalmente ausente». Tal contradicción sólo puede resolverse si ampliamos las funciones de lo fantástico, pero, es claro, sin desvertebrar el género, sin necesidad de definir lo fantástico como «lo opuesto a la reproducción fiel de la realidad», en cuyo caso toda literatura debería llamarse fantástica. O bien, distinguiendo entre narraciones que efectivamente sólo se proponen estremecer al lector y aquéllas cuya función va más allá de ese propósito.

Caillois, por ejemplo, distingue tres etapas en el desarrollo del género: el cuento de hadas, lo fantástico propiamente dicho y la ciencia-ficción. En el cuento de hadas,

el hombre, aún desprovisto de las técnicas que le permitirían dominar la naturaleza, satisface en el ámbito de lo imaginario ingenuos deseos que sabe irrealizables: estar en otra parte en el mismo instante, volverse invisible, actuar a distancia, metamorfosearse a su gusto, ver su tarea cumplida por animales serviciales, dar órdenes a los genios y a los elementos, poseer armas invisibles, ungüentos eficaces, marmitas de abundancia, filtros irresistibles, escapar, en fin, a la vejez y a la muerte [20].

La literatura fantástica propiamente dicha

no podría surgir sino después del triunfo de la concepción científica de un orden racional y necesario de los fenómenos, después

[20] Roger Caillois, *o. c.*, pág. 26.

del reconocimiento de un determinismo estricto en el encadenamiento de las causas y de los efectos [...]; nace en el momento en
que uno está más o menos persuadido de la imposibilidad de los
milagros. Si en adelante el prodigio da miedo, es porque la ciencia lo destierra y porque se lo sabe inadmisible, espantoso [...] [21].

En Europa es contemporáneo del Romanticismo. En todo caso,
apenas aparece antes del fin del siglo XVIII y a manera de compensación de un exceso de racionalismo [22].

Finalmente, la ciencia-ficción, según Caillois,

cuando no es una simple y pueril literatura de guerra de los mundos y de viajes interestelares, no tiene por origen una contradicción con los datos de la ciencia, sino a la inversa, una reflexión
sobre sus poderes y sobre toda su problemática [...]; su función
sería engañar alguna necesidad insatisfecha o aplacar alguna vivaz
inquietud.

Es así —concluye Caillois— como lo fantástico sustituyó al
cuento de hadas y como la ciencia-ficción sustituye lentamente a
lo fantástico [23].

---

[21] *Ibid.*, pág. 12. Ya el ensayo de Freud *Das Unheimliche* (Lo sobrenatural) distinguía entre el cuento de hadas y el cuento fantástico según
el criterio adoptado por Caillois: «En los cuentos de hadas el mundo
de la realidad se abandona desde el comienzo y se adopta abiertamente
el sistema animístico de creencias. Los deseos realizados, los poderes secretos, la omnipotencia del pensamiento, la animación de los objetos
inanimados, todos los elementos tan comunes en los cuentos de hadas,
no tienen ninguna influencia en lo sobrenatural (o fantástico), puesto
que el sentimiento de lo fantástico no puede producirse sino a condición de que haya un conflicto de juicio respecto a si cosas (antiguas
supersticiones, creencias animísticas) que han sido vistas como increíbles
no son, después de todo, imposibles, y este problema está excluido desde
el comienzo mismo por el ambiente de la historia... Entidades espirituales superiores tales como las influencias demoníacas o las almas en
pena... mientras permanecen dentro de un ambiente de realidad poética
están privadas, carecen del atributo habitual de lo fantástico... La situación cambia tan pronto como el escritor pretende moverse en el
mundo de la realidad diaria... Si acepta todas las condiciones que operan
para producir sentimientos fantásticos en la vida real... puede aumentar
su efecto... aprovechando, de esta manera, nuestras supersticiones supuestamente superadas.» Citado por P. Penzoldt, *o. c.*, pág. 8.
[22] Roger Caillois, *o. c.*, pág. 21.
[23] *Ibid.*, pág. 25.

Caillois nada nos dice respecto a un tipo de ficción fantástica que se resiste a ser encasillado en cualquiera de estas tres formas. ¿Qué hacemos con algunas narraciones de Kafka, Borges o Cortázar, de indiscutible ancestro fantástico, que prescinden de los genios, del horror y de la tecnología? Kafka, y más específicamente *La metamorfosis,* representa en un plano universal el ejemplo paradigmático de una forma nueva de lo fantástico; ninguno de los propósitos y funciones atribuidos a los tipos reseñados le son aplicables. Significativamente, Caillois la excluye de su *Anthologie du fantastique.* También para Vax, *La metamorfosis* no pertenecería al género fantástico, sino al psicoanálisis y a la experiencia mental [...]

> Gregorio permanece agregado al mundo de los hombres, del que no está separado como el demente o la bestia. Su aventura es más trágica que fantástica. Gregorio —continúa Vax— ni se esfuerza en demostrar que es él, esencialmente, quien permanece bajo su nueva apariencia, como el héroe-víctima de la novela de Walter de la Mare *The Return,* ni se nos explica de qué manera se produce su metamorfosis, como en *Dr. Jekyll and Mr. Hyde* de Stevenson. La familia de Gregorio no se pregunta si el monstruo es realmente Gregorio, si es posible que ocurran tan extraños sucesos. No se consulta al sacerdote ni al médico...; su metamorfosis no les produce asombro [24].

Como se ve, Vax le pide peras al olmo: exige del cuento de Kafka que se conduzca según una poética del género que puede adecuarse al siglo XIX, pero que resulta estrecha e inadecuada en el siglo XX. Todorov, para definir la situación de lo fantástico en el siglo XX, parte de

> un texto que sin duda es el más célebre entre los que se dejan situar en esa categoría, *La metamorfosis* de Kafka.

Todorov, sin embargo, reconoce que, si se aborda este texto con las categorías elaboradas anteriormente (lo extraño, lo fantástico, lo maravilloso), «vemos que se distingue fuertemente de las historias fantásticas tradicionales», y explica:

---

[24] Louis Vax, *o. c.,* pág. 85.

Ante todo, el acontecimiento extraño no aparece después de una serie de indicaciones indirectas, como la suma de una graduación: está ya contenido en toda la primera frase. El discurso fantástico parte de una situación perfectamente natural para alcanzar lo sobrenatural [...], mientras que *La metamorfosis* parte de un acontecimiento sobrenatural para darle, en el curso del texto, un aire más y más natural [...] Kafka trata lo irracional como parte del juego: todo su mundo obedece a una lógica onírica que nada tiene que ver con lo real [...]. El discurso kafkiano abandona lo que hemos definido como la segunda condición de lo fantástico: la vacilación representada en el interior del texto y que caracteriza más particularmente los ejemplos del siglo XIX.

Para, finalmente, concluir:

Con Kafka nos encontramos en el dominio de lo fantástico generalizado [...]; lo que era una excepción en el cuento fantástico deviene la regla en Kafka [25].

Para ilustrar la idea de «lo fantástico generalizado», Todorov acota una cita de Sartre, para quien escritores como Kafka o Blanchot convierten lo fantástico en un lenguaje que ya no depende de seres extraordinarios y cuyo único objeto fantástico es el hombre:

Me siento —dice Sartre—, pido un café con leche; el mozo me hace repetir tres veces el pedido, y lo repite él mismo para evitar todo riesgo de error. Se retira, trasmite mi pedido a un segundo mozo, que lo anota en una libreta y lo trasmite a un tercero. Finalmente, un cuarto vuelve y dice: «Aquí tiene», y deja un tintero sobre mi mesa. «Pero», le digo, «yo he pedido un café con leche». «Pues sí, justamente», responde yéndose. Si el lector puede pensar, al leer cuentos de esta especie, que se trata de una farsa de los mozos o de alguna psicosis colectiva (lo que Maupassant nos quiso hacer creer en *La Horla*), hemos perdido la partida. Pero, si hemos sabido dar la impresión de que hablamos de un mundo donde estas manifestaciones ridículas figuran a título de conductas normales, entonces el lector se encontrará inmerso de una sola vez en el seno de lo fantástico [26].

---

[25] Tzvetan Todorov, *o. c.*, págs. 180-181, 183.
[26] *Ibid.*, págs. 182-183.

No hay nada en este ejemplo que nos haga pensar en los miedos u horrores que corretean por la literatura fantástica del siglo XIX. Una inquietud o perplejidad, sí, como si de pronto el suelo resbalase bajo nuestros pies y nos sintiéramos pisando sobre una materia nueva. Julio Cortázar ha distinguido, con ejemplar lucidez, las diferencias que separan a los dos géneros. Ya en 1962 decía a propósito de la filiación genérica de sus relatos breves:

> Casi todos los cuentos que he escrito pertenecen al género llamado fantástico por falta de mejor nombre [27].

Manifestaba sus dudas respecto a la propiedad de ese nombre para definir el género de sus cuentos. No era una mera insatisfacción de terminología, sino de substancia. En 1975 expresa de manera inequívoca lo que su narrativa breve debe a los maestros del género fantástico y lo que la sitúa en otro plano, dentro de un género nuevo que, si derivó de aquél, responde, en cambio, a una percepción y a una poética diferentes:

> Las huellas de escritores como Poe están innegablemente en los niveles más profundos de mis cuentos, y creo que sin «Ligeia», sin «La caída de la casa de Usher», no hubiera tenido esa disposición hacia lo fantástico que me asalta en los momentos más inesperados y que me lanza a escribir como la única manera de cruzar ciertos límites, de instalarme en el territorio de *lo otro*. Pero algo me indicó desde el comienzo que el camino hacia esa otredad no estaba, en cuanto a la forma, en los trucos literarios de los cuales depende la literatura fantástica tradicional para su celebrado «pathos», que no se encontraba en la escenografía verbal que consiste en desorientar al lector desde el comienzo, condicionándolo con un clima mórbido para obligarlo a acceder dócilmente al misterio y al miedo... La irrupción de *lo otro* ocurre en mi caso de una manera marcadamente trivial y prosaica, sin advertencias premonitorias, tramas *ad hoc* y atmósferas apropiadas como en la literatura gótica o en los cuentos fantásticos actuales de mala calidad... Así llegamos a un punto en que es posible recono-

---

[27] Julio Cortázar, «Algunos aspectos del cuento», *Casa de las Américas*, La Habana, núm. 15-16, 1962, pág. 3.

cer mi idea de lo fantástico dentro de un registro más amplio y
más abierto que el predominante en la era de las novelas góticas
y de los cuentos cuyos atributos eran los fantasmas, los lobo-
humanos y los vampiros [28].

Si para la literatura fantástica el horror y el miedo constituían
la ruta de acceso a *lo otro*, y el relato se organizaba a partir
de esa ruta, el relato neofantástico prescinde del miedo, porque
lo otro emerge de una nueva postulación de la realidad, de
una nueva percepción del mundo, que modifica la organiza-
ción del relato, su funcionamiento, y cuyos propósitos difieren
considerablemente de los perseguidos por lo fantástico. Estu-
diaremos estos tres aspectos separadamente.

[28] Julio Cortázar, «The Present State of Fiction in Latin America», en
J. Alazraki & I. Ivask (eds.), *The Final Island*, Univ. of Oklahoma Press,
1978, págs. 28-30.

II

UNA NUEVA POSTULACIÓN DE LA REALIDAD

El rechazo de normas o leyes que configuran de manera unívoca nuestra imagen de la realidad no es rasgo exclusivo de lo fantástico nuevo, sino, más bien, característica de la literatura contemporánea, que busca

> no confirmar una lengua aceptada y los habituales módulos de concatenación de las ideas, [sino] proponer un uso inopinado de la lengua y una lógica no habitual de las imágenes, tal, que dé al lector un tipo de información, una posibilidad de interpretaciones, una serie de sugerencias, que son el polo opuesto del significado como comunicación de un mensaje unívoco [29].

El arte y la ciencia contemporáneos proponen

> una visión del mundo que no obedece ya a los esquemas de otras épocas, más completas y seguras, sin que por otra parte se posean aún las fórmulas para reducir a claridad cuanto está aconteciendo a nuestro alrededor [30].

El carácter experimentalista del arte contemporáneo no responde sino a esa perdida seguridad, a la necesidad de reemplazar una imagen del mundo regida por inamovibles axiomas y

---

[29] Umberto Eco, *Obra abierta; forma e indeterminación en el arte contemporáneo* (Barcelona, Seix Barral, 1965), pág. 145.

[30] *Ibid.*, pág. 332.

leyes inapelables por una imagen que puede no responder a
esas leyes pero que se sabe más próxima a la experiencia humana y que, si está gobernada por ciertas normas, éstas permanecen aún informuladas. De ahí su tendencia a la ambigüedad y la indeterminación, de ahí su inevitable condición
de lo que Umberto Eco ha llamado «obra abierta». La obra
abierta o *en movimiento*, explica Eco,

> busca un arte que dé al espectador la persuasión de un universo
> en el que él no es súcubo sino responsable, porque ningún orden
> adquirido puede garantizarle la solución definitiva, sino que él
> debe proceder con soluciones hipotéticas y revisibles, en una
> continua negación de lo ya adquirido y en una institución de nue-
> vas proposiciones [31].

Más adelante, Eco postula «resonancias vagas o precisas» entre
este tipo de arte y algunas tendencias de la ciencia contemporánea, y explica:

> Es ya un lugar común de la crítica más avanzada la referencia
> al continuo espacio-temporal para explicar la estructura del uni-
> verso de Joyce; y no es una casualidad que Pousseur, para definir
> la naturaleza de su composición, hable de «campo de posibilidad».
> Haciendo esto, usa dos conceptos transformados por la cultura
> contemporánea y extraordinariamente reveladores: la noción de
> campo le proviene de la física y sobreentiende una renovada vi-
> sión de las relaciones clásicas de causa y efecto unívoca y unila-
> teralmente entendidas, implicando en cambio una compleja in-
> teracción de fuerzas, una constelación de acontecimientos, un di-
> namismo de estructura. La noción de posibilidad es una noción
> filosófica que refleja toda una tendencia de la ciencia contem-
> poránea, el abandono de una visión estática y silogística del orden,
> la apertura a una plasticidad de decisiones personales y a una
> circunstancialidad e historicidad de los valores [32].

Comprendemos que «lo natural, lo real, lo normal» es tal solamente en relación con una situación histórico-cultural determi-

---

[31] *Ibid.*, pág. 17.
[32] *Ibid.*, págs. 44-45.

nada y que su desafío o rechazo es un rasgo inherente no sólo al arte fantástico, sino a todo el arte contemporáneo, que emerge de una situación cultural diferente y que busca, precisamente, una poética que responda a ese orden nuevo. Cuando, para definir el mundo configurado en *La metamorfosis*, Todorov dice que «obedece a una lógica onírica que nada tiene que ver con lo real», piensa todavía en una realidad sujeta a leyes causales, válidas para esa imagen del mundo dibujada por el realismo del siglo XIX, pero caducas para conformar la visión del mundo del arte contemporáneo, que nace en circunstancias histórico-culturales diferentes y dentro de un «campo de posibilidad» nuevo. No sólo lo fantástico nuevo, sino toda la literatura contemporánea opera a partir de una perspectiva más abierta, desde la cual el escritor abarca un campo más amplio y más complejo, en el cual las categorías de causa y efecto y las leyes de identidad comienzan a desdibujarse, y con ellas la límpida y prolija imagen de la realidad tejida en las lanzaderas del silogismo.

III

FUNCIONAMIENTO

La literatura de lo maravilloso funciona según un mecanismo semejante al de los sueños, cuyas imágenes satisfacen en el inconsciente los deseos insatisfechos o fallidos al nivel de la conciencia. Pero esos deseos no son proyectados literalmente en la pantalla de los sueños: no totalmente liberados del contralor de la conciencia, se presentan metonímicamente desplazados o metafóricamente metamorfoseados [33]. En esas metáforas y metonimias reconocemos actos reprimidos y deseos postergados. La alfombra mágica o el caballo alado del cuento de hadas responden a un desplazamiento análogo: son esfuerzos de la imaginación que expresan deseos inalcanzables en el plano de la realidad histórica. Los prodigios de los cuentos de hadas «traducen deseos simples y son dictados por las flaquezas de la condición humana» [34]. El relato feérico busca, en resumen, colmar deseos vedados al hombre en la realidad diaria. Pierde eficacia y popularidad con el desarrollo de las

---

[33] En *La interpretación de los sueños,* Freud distingue cuatro modos de estructuración de los sueños: *condensación, desplazamiento, identificación* y *simbolismo* (véase el capítulo VI, «Funcionamiento de los sueños»). Jakobson recoge estas cuatro categorías y las reagrupa en torno a las categorías lingüísticas de *contigüidad* («polo metonímico») y *semejanza* («polo metafórico»). Véase *Fundamentals of Language* (The Hague, 1956, págs. 76-82).

[34] Roger Caillois, *o. c.,* pág. 26.

ciencias: ahora sabemos con certeza que en un mundo gobernado por leyes insobornables no hay lugar para elfos o duendes y que el avión a chorro ha convertido la alfombra mágica de *Las mil y una noches* en modesta antigualla.

La literatura fantástica del siglo XIX emerge no sólo como un sustituto de lo maravilloso; es, además, una suerte de desafío a la infalibilidad de las leyes postuladas por la ciencia. Es un mentís a esas leyes, una reacción al racionalismo, o, como se ha dicho, «un juego con el miedo» en un mundo donde el miedo ha sido vencido y desterrado. A diferencia de lo maravilloso, cuyo funcionamiento es semejante al de una imagen, que por su explicitez está más cerca del símil que de la metáfora, lo fantástico funciona como un anacoluto. El anacoluto no es sino una inconsecuencia sintáctica: una construcción gramatical diferente trastorna el orden normativo del discurso. El anacoluto, como todo recurso estilístico, es una desviación de modelos convencionalmente aceptados como «normales», con el propósito de superar las limitaciones que esos modelos o normas imponen a las posibilidades expresivas del lenguaje. El anacoluto y lo fantástico son expedientes que buscan provocar una ruptura dentro de un orden determinado. Lo fantástico, al negar o contradecir momentáneamente la gramática que gobierna la realidad, produce un estremecimiento, un escalofrío o un horror; podría, así, definirse como un anacoluto en el discurso literario: en una realidad convencional y racionalmente definida como normal o, valga la tautología, real, se produce un resquebrajamiento o desviación de un orden axiomáticamente aceptado, ocurre lo que no debería ocurrir según las leyes que rigen ese orden. En casi todas las definiciones del género que hemos reseñado, la función de lo fantástico sería sacudir al lector y provocar en él un miedo o terror. Todo lector de literatura fantástica sabe, sin embargo, que hay textos donde el miedo está ausente. Esta inconsecuencia entre lo que una narración fantástica debería producir, según las preceptivas del género mencionadas, y lo que en realidad produce, emerge, a nuestro entender, de la tendencia a parcializar en un efecto —el miedo— la función de lo fantástico. En presencia de un anacoluto, la primera reacción del lector puede ser el sentimiento de sorpresa que provoca toda ruptura en un orden, en este caso sintáctico, pero no cabe duda que su intención va más allá. La sorpresa actúa, es claro, como un llamado de atención, como un aviso indicando un desvío: al poner en guardia al lector, lo prepara para percibir las consecuencias de tal desvío. La función del anacoluto no podría definirse solamente como esa sorpresa primera que produce en el lector, aunque tal sorpresa ya tenga de por sí el mérito de haber aumentado la eficacia del texto, al estimular la atención del lector. El anacoluto es, además, portador de intenciones expresivas. La sorpresa primera es una advertencia que introduce al lector en la semántica de su mensaje. No debe olvidarse que el anacoluto, como cualquier recurso retórico, puede usarse exteriormente o interiormente, con fines ornamentales o propósitos funcionales. El manierista barroco, por ejemplo, buscaba en las destrezas de estilo una manera de «sorprender, asombrar, deslumbrar»[35]; la retórica era para él un muestrario de sorpresas del que se servía para exhibir su ingenio. Lo fantástico no parece diferir esencialmente del anacoluto en cuanto a la mecánica de su funcionamiento. No cabe duda de que existe un considerable número de narraciones fantásticas cuyo solo objetivo parece ser un juego con los miedos del lector, pero tampoco cabe duda de que en ciertos casos el miedo generado por lo fantástico es solamente un primer efecto, una manera de introducir al lector en ciertas nociones que el autor se propone transmitir. Recordemos que Penzoldt decía que

> todos los relatos sobrenaturales son historias de miedo que nos obligan a preguntarnos si eso que parece pura imaginación no es, después de todo, la realidad[36].

---

[35] Según la definición de Ernst Robert Curtius en *European Literature and the Latin Middle Ages* (New York, Harper & Row, 1963, pág. 282).
[36] Peter Penzoldt, *o. c.*, pág. 9.

Cultivadores de lo fantástico como Balzac, Poe o Nerval buscaron definir la realidad más allá de esa cuadrícula simétrica
de causas y efectos, y vieron en la locura un camino para alcanzar una imagen más lúcida del mundo. Lo fantástico puede
ser, entonces, una manera de jugar con los miedos del lector,
pero puede ser, además, una forma de tocar la realidad prescindiendo de esquemas y sistemas lógicos. Como el anacoluto,
lo fantástico cumpliría una doble función: sintáctica y semántica. Al nivel de la sintaxis, genera una sorpresa (si hablamos
del anacoluto como recurso estilístico) o un miedo (cuando esa
ruptura de un orden tiene lugar en lo fantástico). Al nivel semántico, la ruptura de ese orden es portadora de cargas expresivas, de un mensaje que escapa y desafía los límites de una
gramática normativa.

Cuando entramos en lo neo-fantástico, la primera de esas
funciones deja de tener lugar. Lo fantástico nuevo no busca
sacudir al lector con sus miedos, no se propone estremecerlo
al transgredir un orden inviolable. La transgresión es aquí
parte de un orden nuevo que el autor se propone revelar o
comprender, pero ¿a partir de qué gramática?, ¿según qué leyes? La respuesta son esas metáforas con que lo fantástico
nuevo nos confronta. Desde esas metáforas se intenta apre-
hender un orden que escapa a nuestra lógica racional con la
cual habitualmente medimos la realidad o irrealidad de las
cosas. Es natural que Kafka no nos explique quién es Gregorio,
cómo se ha producido su metamorfosis, por qué su familia no
se asombra y no consulta al médico o al sacerdote. La condición
de Gregorio es lo que importa: recortada causal y silogística-
mente, nos hubiera suministrado una puntillosa ficha clínica,
muy completa y muy informativa, pero en la cual Gregorio
habría quedado fuera, ausente en su totalidad humana. Kafka
nos ofrece, en cambio, una metáfora, a través de la cual alude
a esa condición de Gregorio Samsa y la define sin definirla, la
expresa a partir de una imagen que trasciende la lógica de la
causalidad para instituir una lógica de la ambigüedad y la indefinición. Pero esa ambigüedad es una forma de definición,
es un signo desde el cual la condición de Gregorio se percibe

con menor claridad, sí, pero (ya los poetas simbolistas sabían
que «esa oscuridad es luminosa») a la vez con mayor claridad
también.

Se ha dicho que la técnica de Kafka

> implica en primer lugar un acuerdo con el mundo, una sumisión
> al lenguaje usual, pero inmediatamente después una reserva, una
> duda, un temor ante la letra de los signos propuestos por el
> mundo... Las relaciones de Kafka y el mundo están reguladas por
> un perpetuo *sí, pero...* que confunde de un modo inimitable el
> proyecto realista (*sí* al mundo) y el proyecto ético (*pero...*): el
> padre de Kafka le trata de parásito y todo ocurre en *La meta-
> morfosis como si* Kafka se hubiera metamorfoseado en parásito [37].

La idea de Roland Barthes de una intromisión del plano
ético en el plano histórico es un punto de partida aceptable
para empezar a comprender la mecánica de lo fantástico nuevo; pero reducir esa técnica a uno de los varios procedimientos empleados por la literatura fantástica del siglo XIX y que
consiste en «tomar un sentido figurado al pie de la letra o
prolongar en el plano histórico una figuración retórica» [38] es
una simplificación excesiva, aunque en algunas de sus parábolas
Kafka haya convertido un proverbio en una imagen literaria [39].
Equivale a reducir el sentimiento de culpa de Gregorio a un
factor explícito y específico, aun cuando todo lector sabe que
tal especificidad no se da en el texto. Con razón pregunta
Heinz Politzer, en su análisis de *La metamorfosis*, respecto al
sentimiento de culpa de Gregorio:

> ¿Reside su culpa en sí mismo, en su sentimiento de posesión,
> del cual permanece inconsciente hasta su fin? ¿Consiste su culpa
> en su incapacidad de trascenderse, en su deseo de alcanzar y di-
> gerir «el alimento desconocido»? ¿Es este alimento idéntico a la

---

[37] Roland Barthes, *Ensayos críticos* (Barcelona, Seix Barral, 1967),
página 171.

[38] Tzvetan Todorov, *o. c.*, pág. 82.

[39] Véase Heinz Politzer, *Franz Kafka; Parable and Paradox* (New
York, Cornell University Press, 1966, edición revisada y aumentada),
página 99.

música? De ser así, ¿ha sido transformado porque había intentado
dedicarse a lo desconocido por substitución, enviando a su hermana al Conservatorio en lugar de asistir él mismo? ¿Quiso usar
a su hermana como su emisario a lo altamente desconocido? ¿Debió dedicarse a la música, participando así del «alimento desconocido»? ¿Pudo haber evitado la metamorfosis renunciando a su
odioso empleo y embarcándose en una profesión de su gusto?
¿Habría encontrado la salvación en su dedicación a la música?
¿Es la música en su caso una imagen del arte en general o del
«arte de la plegaria» en particular, es decir, de la literatura? ¿Es
la paradoja del *urbachellor* una repetición de la imagen paradó-
jica de un hombre convertido en insecto? [40].

Para confesarnos finalmente:

> Si pareciera que hemos analizado la transformación de Gregorio
> sin jamás acercarnos a su razón o sentido, es porque hemos se-
> guido el principio estructural que Kafka usó en su narración.
> Este principio es: movimiento sin origen o mira; su imagen, el
> círculo [41].

Esos interrogantes que Politzer formula, y otros no formula-
dos, están de alguna manera implicados en la metamorfosis
de Gregorio, pero no agotan su significado. Tal vez porque,
como observa Politzer, «la ley principal de la fuerza que ha
causado la metamorfosis de Gregorio es su incomprensibili-
dad» [42]: puede describirse como una imagen, pero no puede definirse conceptualmente en términos lógicos.

Se cuenta que, cuando Kurt Wolff, el editor de Kafka, le
presentó a éste un dibujo de la carátula que ilustraría la edición de *La metamorfosis* y que mostraba a Gregorio como un
escarabajo, Kafka objetó: «El insecto preciso no puede desig-
narse. Ni aun de lejos es posible definir su forma.» Como sustituto sugirió un dibujo de los padres y la hermana en el
cuarto iluminado por una lámpara con la puerta abierta de

---

[40] *Ibid.*, págs. 77-78.
[41] *Ibid.*, pág. 78.
[42] *Ibid.*, pág. 81.

par en par al cuarto vecino y completamente oscuro[43]. La
anécdota es significativa. Puesto a redefinir gráficamente el
aspecto o elementos más representativos de su cuento, Kafka
nos deja en el umbral de un cuarto oscuro, no menos ambiguo y cargado de posibilidades que la metáfora misma de su
relato. Interpretarla en todos sus detalles, traducirla a un lenguaje convencional, es mutilarla.

En este sentido, Umberto Eco ha observado que

> mucha de la literatura contemporánea se funda en el uso del
> símbolo como comunicación de lo indefinido, abierta a reacciones
> y comprensiones siempre nuevas. Podemos pensar fácilmente en
> la obra de Kafka como en una obra «abierta» por excelencia: pro-
> ceso, castillo, espera, condena, enfermedad, metamorfosis, tortura,
> no son situaciones para entenderse en su significado literal inme-
> diato. Pero, a diferencia de las construcciones alegóricas medie-
> vales, aquí los sobreentendidos no se dan de un modo unívoco, no
> están garantizados por ninguna enciclopedia, no reposan sobre
> ningún orden del mundo. Las muchas interpretaciones, existencia-
> listas, teológicas, clínicas, psicoanalíticas de los símbolos kafkia-
> nos, no agotan las posibilidades de la obra: en efecto, la obra
> permanece inagotable y abierta en cuanto «ambigua», puesto que
> un mundo ordenado de acuerdo con leyes universalmente recono-
> cidas ha sido sustituido por un mundo fundado en la ambigüedad,
> tanto en el sentido negativo de una falta de centros de orienta-
> ción, como en el sentido positivo de una continua revisión de los
> valores y de las certezas[44].

Para tales signos abiertos a la indefinición y que en la literatura de lo neofantástico adquieren la forma de desbordes de
la imaginación, donde lo natural y lo sobrenatural se mezclan
y se confunden para convivir en un mismo territorio, prefe-
rimos la designación de *metáfora* a la de símbolo. No solamente
porque la idea de símbolo ha sido empleada con abusivo exceso, sino porque la noción de metáfora define su estructura
más clara y eficazmente. No debe olvidarse, además, que el

---

[43] Citado por H. Politzer, en *o. c.*, pág. 81.
[44] Umberto Eco, *o. c.*, págs. 35-36.

símbolo ha venido a significar una variedad más de la imagen [45], y que en esa limitación se ha recuperado algo de su manida fisonomía.

Ateniéndonos a la nomenclatura acuñada por I. A. Richards [46] y sirviéndonos de *La metamorfosis* como ejemplo paradigmático, podríamos describir la condición de Gregorio Samsa como el tenor de la metáfora, es decir, como la parte de la imagen que se busca definir o describir, y su metamorfosis, como su vehículo, o la parte de la imagen que define o describe, por comparación, al sujeto o tenor de la metáfora. La comparación establece una relación, en la cual el tenor y el vehículo se reconocen y que Richards llama «base». En *La metamorfosis*, la base alcanza una apertura o ángulo de relación de 360°: dentro del espacio limitado que proporciona un círculo entra un número ilimitado de posibles interpretaciones o relaciones entre tenor y vehículo. En una metáfora elemental como «sonoro cristal», el ángulo de la base es limitado e inme-

---

[45] Véase al respecto el capítulo «Imagen, metáfora, símbolo, mito» en René Wellek y Austin Warren, *Teoría literaria* (Madrid, Gredos, 1974), páginas 221-253. En pág. 225 aclaran: «¿Hay algún aspecto importante en que el 'símbolo' difiera de la 'imagen' y de la 'metáfora'? Creemos que, primariamente, en la reiteración y persistencia del símbolo. A una 'imagen' puede recurrirse una vez como metáfora, pero si se repite persistentemente, como presentación a la vez que como representación, se convierte en símbolo e incluso puede convertirse en parte de un sistema simbólico (o mítico).»

También Barthes distingue entre *signo* y *símbolo*, y subraya la inoperancia del segundo para definir o simplemente nombrar la metáfora kafkiana: «El símbolo (la cruz del cristianismo, por ejemplo) es un símbolo *seguro*, afirma una analogía (parcial) entre una forma y una idea, implica una certidumbre. Si las figuras y los hechos del relato kafkiano fuesen simbólicos, remitirían a una filosofía positiva (incluso desesperada), a un hombre universal: no es posible divergir acerca del sentido de un símbolo, de lo contrario, el símbolo se frustra. Ahora bien, el relato de Kafka autoriza mil claves igualmente plausibles, es decir, que no da validez a ninguna» (*o. c.*, pág. 170).

[46] I. A. Richards, *The Philosophy of Rhetoric* (New York-London, 1936), págs. 96 y sigs. Véase también el artículo «Tenor and Vehicle», en Alex Preminger (ed.), *Encyclopedia of Poetry and Poetics* (Princeton University Press, 1965), págs. 845-846.

diatamente reconocible. La comparación del agua de una fuente
con «un cristal sonoro» descubre sin mayor esfuerzo el elemento común que relaciona al tenor con su vehículo: la trans-
parencia. En *La metamorfosis*, en cambio, la complejidad del
vehículo se resiste a una base de contornos definidos. Aun aceptando la idea de la relación de Kafka con su padre (una noción,
por lo demás, que, por derivar no del texto sino de la biografía,
es extraliteraria) como una motivación primera, como el germen de la metáfora, es indudable que, al hacerse forma literaria, al encontrar en la metamorfosis de Gregorio su vehículo,
adquiere una realidad textual que no debe y no puede sino
comprenderse también desde los términos fijados en el texto.
Supongamos que ante su padre Kafka se siente o ha sido obligado a sentirse un parásito; aceptemos, también, que, en el
cuento, Kafka otorga literalidad a la metáfora que define, en
sentido figurado, su relación con su padre; convertido en insecto, sin embargo, toda la realidad se redefine para Gregorio
según su nueva condición. Su metamorfosis misma entraña la
toma de conciencia de significaciones nuevas y su situación
comporta una totalidad en la cual la motivación primera (cuando la metáfora tiene sólo un sentido figurado) no es más importante que una semilla en relación con el organismo completo: de la misma manera que ese organismo ya no puede
definirse en función de la semilla, porque su biología es infinitamente más compleja que su humilde origen, tampoco puede
definirse toda la magnitud de significaciones implícitas en *La
metamorfosis* a partir de ese embrión (sea cual haya sido) del
cual crece y se desarrolla. El texto tiene ahora la independen-
cia de un organismo evolucionado y diferenciado. Nacido de
la experiencia y capacidad creadora del autor, deja de ser su
atributo para convertirse en una realidad literaria. *La metamorfosis* deviene, así, no la metáfora de Kafka, sino de Gregorio Samsa, y en esa metáfora reconocemos una dimensión
ontológica que trasciende al personaje mismo para hacerse
experiencia en cada lector.

IV

PROPÓSITOS

Descartado el miedo o la sorpresa como el efecto a través del cual se definía lo distintivo del género fantástico durante el siglo XIX, preguntémonos qué se propone la literatura de lo neo-fantástico, a partir de qué funciones es posible delimitar su semántica. La respuesta está ya implicada en lo que hasta aquí hemos dicho de la ficción fantástica nueva; pero, si tuviéramos que condensar en una frase sus propósitos, habría que repetir lo que Sartre dijo de lo fantástico en Kafka o Blanchot: «han dejado de depender de seres extraordinarios; para ellos no hay más que un solo objeto fantástico: el hombre» [47]. Preguntémonos ahora por qué lo neo-fantástico recurre a esas metáforas alógicas cuyo sujeto sería el hombre y su situación en el mundo, y por qué, para expresar esa condición del hombre, esta literatura se ve necesitada de la imagen fantástica.

---

[47] J. P. Sartre, *Situations I*, Paris, Gallimard, 1947, pág. 127.

V

LO NEOFANTÁSTICO COMO ALTERNATIVA GNOSEOLÓGICA

La metáfora como estructura de lo neo-fantástico se aleja de la definición aristotélica y se aproxima, en cambio, a la noción nietzscheana de la metáfora. En la *Poética*, Aristóteles define la metáfora como «el transporte a una cosa de un nombre que designa otra, transporte del género a la especie, o de la especie a la especie o según la relación de analogía». Tal definición descansa

> sobre una división del mundo en géneros y especies bien definidos, que corresponden a sus esencias, mientras que para Nietzsche la esencia de las cosas permanece enigmática y los géneros y las especies no son ellos mismos, sino metáforas humanas, demasiado humanas [48].

Nietzsche convierte la metáfora, de concepto retórico, en un concepto operacional, según el cual

> la verdad del Ser ha sido traspuesta a un lenguaje simbólico: la esencia íntima de las cosas, aunque independiente de la metáfora como medio expresivo, se encuentra en ella como el padre lo está con relación a su hijo [49] (...).

---

[48] Sarah Kofman, «Nietzsche et la métaphore», en *Poétique* (París, número 5, 1971), pág. 78.
[49] *Ibid.*, págs. 78-79.

Para el primer Nietzsche la filosofía es una forma de poesía:

> La filosofía no hace de la metáfora un recurso retórico, sino que busca en ella un lenguaje más preciso, y en su empleo estratégico usa metáforas no estereotipadas para desenmascarar las metáforas constitutivas de todo concepto [50] (...).

> Los conceptos son así el producto de una actividad metafórica instintiva, como lo es la construcción de celdas de miel por la abeja... Así como la abeja para poder sobrevivir construye las celdas y las llena de miel que ha recogido del exterior, la ciencia construye una arquitectura formal vacía (los conceptos) y hace entrar en ella la totalidad del mundo [51].

En contraste con este mundo conceptual, donde todo ha sido jerarquizado y clasificado hasta constituir ese orden legal de lo racional y lo razonable,

> el instinto metafórico, rechazado en la actividad conceptual y científica, donde solamente se manifiesta sublimado y enmascarado, encuentra libre curso en la ilusión, el sueño, el mito, el arte: el artista continuamente confunde las jerarquías y las celdas de los conceptos para instaurar nuevas transposiciones, metáforas, metonimias; continuamente expresa su deseo de dar a este mundo presente del hombre despierto, tan confusamente irregular, tan incoherente, una forma llena de encanto y eternamente nueva, como lo es el mundo del sueño (...) [52].

> Cuando un poeta hace hablar a un árbol como una ninfa, indica, al transgredir el orden natural, la posibilidad de hablar según un orden diferente al fraguado por nuestros hábitos. Dar la palabra a un vegetal, que no «debía» poder hablar, significa que la ausencia de palabras oculta otro sistema de metáforas «propias» de la planta y desenmascara nuestro lenguaje como también metafórico... Gracias al arte y al mito que levantan prohibiciones, todo deviene posible: la naturaleza, lejos de ser reducida a cenizas, es magnífica: es arte, juega con ella misma, arma y desarma mundos; al operar con metáforas incesantes, juega a engañar al hombre. Este juego exige que sea lo bastante fuerte

---

[50] *Ibíd.*, pág. 79.
[51] *Ibíd.*, pág. 82.
[52] *Ibíd.*, pág. 89.

para adoptar la ilusión, la máscara, la apariencia, la superficie. Este gusto por la mistificación es inherente al instinto metafórico, y se revela allí donde el hombre se siente muy seguro de sí mismo, o cuando no tiene nada que temer de la transgresión [53].

Tal transgresión, que Nietzsche define como el rasgo distintivo de la metáfora, es, sin duda, el bulbo de lo neo-fantástico. Si el mundo, como escribe Nietzsche, «es una invención, una magra suma de observaciones», lo neo-fantástico es un intento de reinventarlo a partir de un lenguaje nuevo, a partir de una transgresión de los nombres de las cosas:

> Es infinitamente más importante conocer el nombre de las cosas que saber lo que son... Es suficiente troquelar nombres nuevos, nuevas apreciaciones y nuevas probabilidades, para también crear a la larga «cosas nuevas» [54].

Lo neo-fantástico, así definido, se presenta como una alternativa gnoseológica. Veamos cómo.

La cultura occidental, «ese universo artificial en el cual vivimos como miembros de una sociedad» [55], es, en sus fundamentos, la fabricación de los griegos, que «inventaron las matemáticas, la ciencia y la filosofía» [56]. El eje de esa cultura es la razón, con cuya ayuda los griegos reemplazaron gradualmente las cosas por sus nombres, la realidad por una idea de la realidad. Desde entonces, conocer «es percibir el acuerdo o desacuerdo de dos ideas», según la definición de Locke, y el mundo ha sido

> construido por medio de la lógica: donde un número de alternativas parecen, a primera vista, ser igualmente posibles, la lógica está hecha para condenarlas a todas exceptuando una, y ésa ha sido pronunciada como la realización del mundo real [57].

[53] *Ibid.*, pág. 90.
[54] *Ibid.*, pág. 93.
[54] Claude Lévi-Strauss, *Arte, lenguaje, etnología* (México, Siglo XXI), 1968), pág. 122.
[56] Bertrand Russell, *A History of Western Philosophy* (New York, 1965), pág. 3.
[57] Id., *Our Knowledge of the External World* (New York, 1960), página 15.

La omnipotencia de la razón fue desafiada ya en el siglo IV con el advenimiento de la omnipotencia de la fe; en sus *Confesiones*, San Agustín postulaba que

> el poder de la razón había sido exaltado como el más alto de los poderes del hombre, pero lo que el hombre no podía saber, hasta ser iluminado por una revelación divina especial, es que la razón misma es una de las cosas más cuestionables y ambiguas: la razón no puede mostrarnos el camino a la claridad, la verdad y la sabiduría [58].

Pero solamente con Kierkegaard ese universo de la tradición clásica tropieza en su propia construcción, resbalando hasta caer en esa situación que Husserl llama «la crisis del hombre europeo». Pero Kierkegaard pertenece todavía a esa generación de héroes de la fe que, con Buber y Unamuno, buscaron rescatar a Dios del santuario de la razón para luchar con Él «desde el romper del alba hasta el caer de la noche, como dicen que con Él luchó Jacob», en las palabras de Unamuno: un «Dios humano», que no se reconoce en el Dios abstracto de la teología. Nietzsche, en cambio, partirá de la noción de que Dios ha muerto y llevará a cabo la crítica más demoledora de la razón como medida de todas las cosas. En una de sus obras más tempranas, *El nacimiento de la tragedia* (1872), Nietzsche se vuelve furiosamente contra Sócrates, contra la cultura entendida como conocimiento lógico, contra el esquematismo de los conceptos, contra la creencia de que todo puede conocerse racionalmente, contra el orden causal y, finalmente, contra la ciencia y su ilusa premisa de que la existencia es comprensible.

> Una profunda ilusión vino al mundo por primera vez en la persona de Sócrates: la creencia imperturbable de que, por medio de la clave de la causalidad, el pensamiento alcanza los más profundos abismos del Ser, y que el pensamiento puede no sola-

---

[58] Ernst Cassirer, *An Essay on Man* (Yale University Press, 1944), página 9.

mente percibir el Ser, sino, además, corregirlo; esta sublime ilusión metafísica es agregada como un instinto a la ciencia [59].

Desechada la posibilidad de conocer racionalmente el mundo, Nietzsche proclama la necesidad de comprenderlo intuitivamente. El modelo es ahora Esquilo y Sófocles. La tragedia griega consigue dar expresión a lo que Nietzsche llama «el espíritu dionisíaco». Dioniso representa la unidad ontológica de la vida, la unidad originaria de todos los seres:

> Bajo el encanto de lo dionisíaco, no solamente queda reestablecido el pacto entre hombre y hombre, sino que, además, la naturaleza enajenada, hostil o subyugada, celebra su reconciliación con su hijo perdido, el hombre [60].

Frente a ese mundo falsificado de la razón,

> la poesía busca la expresión, sin barniz, de la verdad, y por eso debe despojarse de los falsos ropajes de la pretendida realidad del hombre culto: el contraste entre esta verdad intrínseca de la naturaleza y la falsedad de la cultura, que se hace pasar por la única realidad, es semejante al que existe entre el núcleo eterno de las cosas, la cosa en sí, y el mundo congregado de los fenómenos [61].

La realidad en su verdad está en el arte animado por el espíritu dionisíaco, y no en la ciencia: cuando el joven poeta trágico Platón abandona la ruta de Esquilo para seguir a Sócrates, debe primero quemar sus poemas [62]. Si la tragedia antigua ha sido apartada de su curso por el deseo dialéctico de conocimiento y el optimismo de la ciencia, debe inferirse que hay un eterno conflicto entre *lo teorético* y *la visión trágica de las cosas*, y solamente después que el espíritu de la ciencia haya sido devuelto a sus límites, podemos esperar el re-nacimiento

---

[59] Friedrich Nietzsche, *The Birth of Tragedy* (London, 1909).
[60] *Ibid.*, pág. 26.
[61] *Ibid.*, pág. 64.
[62] *Ibid.*, pág. 108.

de la tragedia[63]: el mito, que debe comprenderse solamente como una simbolización de la sabiduría dionisíaca expresada a través del arte, conduce al mundo de los fenómenos a sus límites, donde se niega a sí mismo y busca retornar al seno de la verdadera y única realidad[64].

> El *mito trágico* —concluye Nietzsche— ofrece un puente hacia el corazón del mundo, hacia la verdadera realidad: el tiempo del hombre socrático ha concluido[65].

«Un puente hacia la verdadera realidad»: es lo que el hombre se ha esforzado por encontrar desde sus oscuros orígenes, es lo que las ciencias han buscado desde los griegos en adelante, es lo que las religiones de todos los tiempos han procurado revelar, es lo que los poetas han intentado siempre construir. Pero Nietzsche habla desde la perspectiva del hombre europeo, que un día cree encontrar en la razón ese puente y desde entonces vive en una realidad postulada conceptualmente. No sin ironía ha observado Whitehead que «dos mil quinientos años de filosofía occidental no son sino una serie de notas a Platón». Esta fe total en la razón llevó a Hegel a decir que «lo real es racional, y lo racional, real». Para una explicación consecuente de la idea hegeliana del Todo cósmico —ha observado Russell— habría que «adoptar el blasfemo supuesto de que el Universo inicia gradualmente el estudio de la filosofía de Hegel»[66]. Cuando se piensa en el desatino de tal conclusión, cuando se piensa en que, desde el famoso verso de Parménides: «Lo que puede pensarse y lo que puede ser es la misma cosa, el mundo ha sido construido por medio de la lógica», comenzamos a comprender la rebeldía de Kierkegaard contra los sistemas lógicos y la nostalgia de Nietzsche por la Grecia presocrática del mito y la tragedia, comenzamos a comprender la prognosis husserliana de que «la crisis del

---

[63] *Ibid.*, pág. 131.
[64] *Ibid.*, pág. 168.
[65] *Ibid.*, págs. 157, 165.
[66] Bertrand Russell, *A History of Western Philosophy*, pág. 735.

hombre europeo tiene sus raíces en un racionalismo equívoco»[67], y comenzamos a comprender que la revisión de la
validez epistemológica de la razón no se haya detenido en los
desbordes, a veces angustiados, de los filósofos-poetas (Kierkegaard, Nietzsche, Unamuno), para alcanzar con Jaspers y
Heidegger una postulación sistemáticamente elaborada con la
jerga de los filósofos profesionales. Más aún: comenzamos a
comprender la inquietud y el enfado de que han dado muestra las ciencias en las últimas décadas respecto a la infalibilidad de los números y los conceptos en su carrera por apre-
hender científicamente el mundo y conocerlo todo racionalmente. Las ciencias —el bastión más poderoso de la fe en la
omnipotencia de la razón— reconocen hoy no solamente que
lo real y lo racional no son idénticos, como quería Hegel, sino
que entre ambos media un abismo insalvable. Einstein —verdadero símbolo de los logros alcanzados por las ciencias en lo
que va de este siglo— reconoció, paradójicamente, que la ciencia es «una creación del espíritu humano por medio de ideas
y conceptos inventados libremente»[68]. La antropología y, en
particular, la psicología, han mostrado que «la razón humana
es la larga fabricación histórica de una criatura, el hombre»[69],
y Freud, adelantándose a la perspectiva estructuralista, que ve
en el psicoanálisis «una versión moderna de la técnica cha-
manística»[70], escribió ya en 1933, en una carta a Einstein:

> Puede tal vez parecerle a usted que nuestras teorías son una
> suerte de mitología, y en este caso [la teoría del instinto de muer-

---

[67] Edmund Husserl, *Phenomenology and the Crisis of Philosophy*
(New York, Harper & Row, 1965), pág. 179.
[68] Albert Einstein y Leopold Infeld, *La evolución de las ideas en
Física*, pág. 286. Citado por Maurice Merleau-Ponty, *Signos* (Barcelona,
Seix Barral, 1964), pág. 237. Véase el ensayo «Einstein y la crisis de la
razón» (págs. 237-243), en el que Merleau-Ponty comenta la noción de
que «la ciencia es taumaturgia».
[69] William Barret, *Irrational Man; a Study in Existential Philosophy*
(New York, Doubleday, 1962), pág. 37.
[70] Claude Lévi-Strauss, *Structural Anthropology* (New York, Doubleday, 1967), pág. 200.

te] ni siquiera una mitología agradable. Pero ¿acaso toda ciencia no desemboca en un tipo de mitología como ésta?, ¿acaso no puede decirse lo mismo de su propia física?[71].

---

[71] Sigmund Freud, «Why War» (correspondencia entre Einstein y Freud en 1933), incluido en *Obras completas* (*The Standard Edition*, Londres, Hogarth Press, 1962), vol. XXII, pág. 211.

VI

LA PERSPECTIVA DE LAS CIENCIAS

Si consideramos algunos de los hallazgos científicos más importantes de las últimas décadas, verificamos una desafiante inconsecuencia entre los principios fundamentales de la lógica y lo que esos descubrimientos nos enseñan. El «principio de Indeterminación» de Heisenberg, por ejemplo, muestra que

> existen límites esenciales a nuestra capacidad de conocer y predecir los estados físicos de las cosas, y nos confronta con una visión de la naturaleza que, en el fondo, se presentaría como irracional y caótica [72].

Para Hegel, que creía que «la naturaleza de la Realidad podía deducirse de la sola consideración de que aquélla no puede contradecirse a sí misma», tal comprobación habría significado que la realidad desobedece sus propias leyes y desoye el lenguaje de la lógica para, de pronto, hablarnos en un idioma «ininteligible». El «principio de Complementariedad» de Bohr, según el cual un electrón debe considerarse a la vez como onda y como partícula, es un escándalo para nuestros hábitos mentales, conformados por la lógica aristotélica y la geometría euclidiana. Según este principio, A es A y deja de ser A, A es B y no-B a la vez. Solamente a partir del supuesto revolucionario de Bohr, que niega la posibilidad de explicar los pro-

---

[72] Citado por William Barret, *o. c.*, pág. 38.

cesos atómicos a través del uso exclusivo de las leyes del pensamiento clásico, la física moderna ha comenzado a entender ese «idioma ininteligible» de la naturaleza. Algunos físicos han sugerido, en efecto, una lógica nueva, en la cual la vieja «ley de exclusión» quedaría excluida.

En el campo de las matemáticas, donde la razón ha sido siempre soberana, y que desde Pitágoras ha servido de modelo y prueba de la posibilidad humana de tornar inteligible el universo, la idea de que sus enunciados al nivel de las matemáticas puras no expresan nada acerca de la realidad se ha convertido más y más en lugar común [73]. En 1931, Kurt Gödel formula su famoso teorema, en el cual postula que las diferentes ramas de las matemáticas se basan, en parte, en proposiciones que no son demostrables.

> No hay sistema posible para la existencia humana, había dicho Kierkegaard hace un siglo desafiando a Hegel, que se propuso encerrar la realidad en una estructura completamente racional; el Sistema es imposible para las matemáticas, nos dice hoy Gödel [74].

Los intentos de las matemáticas de condensar el universo en un número no son menos ambiciosos que los esfuerzos del historiador por trazar una imagen de la sociedad humana. Lévi-Strauss ha mostrado que la historia de un país o civilización, tal como la conocemos a través de los libros, nada tiene que

---

[73] Véase Claude Lévi-Strauss, *El pensamiento salvaje* (México, Fondo de Cultura Económica, 1964), pág. 359. También Einstein, en *Cómo veo el mundo*, decía: «La cosa menos comprensible del mundo es que el mundo sea comprensible» (citado por Merleau-Ponty en *o. c.*, pág. 238). Esta postura no es una negación de la cultura, sino su revalidación o, como suscribe Merleau-Ponty a propósito de Husserl, «esta renovación del mundo es también una renovación del espíritu, es descubrir de nuevo el espíritu bruto que no se encuentra aprisionado por ninguna de las culturas, al cual se pide que cree de nuevo la cultura. Lo irrelativo ya no es desde ahora la naturaleza en sí, ni el sistema de aprehensiones de la conciencia absoluta, ni tampoco el hombre, sino esta 'teología' de la que habla Husserl —que se escribe y se piensa entre comillas—, unión y armazón del Ser que se realiza a través del hombre» (*Signos*, pág. 219).
[74] William Barret, *o. c.*, pág. 39.

ver con la historia de ese país o civilización, tal como ocurrió en realidad.

> Cada episodio de una revolución o de una guerra se resuelve en una multitud de movimientos psíquicos e individuales; cada uno de estos movimientos traduce evoluciones inconscientes, y éstas se resuelven en fenómenos cerebrales, hormonales, nerviosos, cuyas referencias son de orden físico o químico... Por consiguiente, el hecho histórico no es más *dado* que los otros; es el historiador, o el agente del devenir histórico, el que lo constituye por abstracción, y como si estuviese amenazado de una regresión al infinito... Una historia verdaderamente total confrontaría al historiador (que elige, corta y recorta) con el caos; una historia verdaderamente total se neutralizaría a sí misma: su producto sería igual a cero. El historiador sabe que no hay una, sino varias historias de la Revolución Francesa, por ejemplo, y que cada una de ellas es igualmente verdadera; tiene que reconocer a todas una realidad igual, pero sólo para descubrir que la Revolución Francesa, tal como se la conoce, no ha existido [75].

El hombre, pues, no solamente crea en las ciencias su propia versión de la naturaleza; inventa, además, en la historia, una imagen de su realidad social no menos ficticia que la imagen de la naturaleza de las ciencias. Todavía en el siglo XIX, Helmholtz definía la ciencia como el esfuerzo «por someter los fenómenos de la naturaleza al control del intelecto», y agregaba que «investigarlos significa proceder desde el supuesto de que son comprensibles» [76].

Durante el siglo XX, con el desarrollo inusitado de las ciencias, tal supuesto ha perdido apoyo. Los hombres que trabajan en las ciencias hoy han abandonado la idea de que «la naturaleza es un número y una armonía» para reconocer que entre los fenómenos y las ciencias media una distancia insalvable. El mundo que conocemos a través de las ciencias no sería, de esta manera, menos fantástico que el planeta Tlön de la ficción de Borges, es decir,

---

[75] Claude Lévi-Strauss, *El pensamiento salvaje*, págs. 372-373.
[76] Ernst Cassirer, *Antropología filosófica* (México, Fondo de Cultura Económica, 1945), pág. 322.

la obra de una sociedad secreta de astrónomos, de biólogos, de
ingenieros, de metafísicos, de poetas, de químicos, de algebristas,
de moralistas, de pintores, de geómetras... [77].

El mundo que conocemos es, entonces, nuestra idea del mundo.

El conocimiento —ha observado Ernst Cassirer— no puede
reproducir jamás la verdadera naturaleza de las cosas tal como
ellas son, sino que está obligado a presentar su esencia en «conceptos». Pero ¿qué son los conceptos sino formulaciones y creaciones del pensamiento que, en lugar de darnos las verdaderas formas
de los objetos, nos muestran en su lugar las formas del pensamiento mismo? Consecuentemente, todos los esquemas que la
ciencia desarrolla para clasificar, organizar y resumir los fenómenos del mundo real no son otra cosa que esquemas arbitrarios,
vanidosas fabricaciones de la mente, que no expresan la naturaleza de las cosas, sino la naturaleza de la mente. El conocimiento,
pues, ha sido reducido a una suerte de ficción: una ficción reco-
mendable por su utilidad, pero que no debe medirse en estrictos
términos de la verdad, si no queremos que se disipe en la nada [78].

Cassirer, y con él las ciencias durante las últimas décadas,
parecen confirmar la vieja tesis idealista de que las cosas solamente existen en la mente que las percibe o las piensa. Tal
conclusión es, sin embargo, falaz. Las ciencias, hoy, no niegan
la existencia de las cosas, ni las subordinan a una mente que
al percibirlas les otorga realidad. Lo que las ciencias dicen es
que entre las cosas y nuestro conocimiento de ellas media una
distancia infranqueable. Hegel identificaba su «Sistema lógico»,
cuya substancia es la razón, con el universo. Lo que las ciencias nos dicen hoy es que entre los sistemas humanos y el
orden del universo (si tal orden existe) no hay identidad posible, y que las ciencias, lejos de ser un diseño de los objetos,
son «fabricaciones de la mente». De aquí la conclusión de
Foucault: «Se ha deshecho la profunda pertenencia del lenguaje y del mundo. Se ha terminado el primado de la escri-

[77] Jorge Luis Borges, *Ficciones* (Buenos Aires, Emecé, 1956), pág. 19.
[78] Ernst Cassirer, *Language and Myth* (New York, Dover, 1946), páginas 7-8.

tura» [79]. Tal separación, sin embargo, no ocurre con la celeridad que Foucault quisiera. Frente al científico que dice: «Fuera de nuestro intelecto no hay otra facultad igualmente sistematizada para comprender el mundo exterior» [80], o que finalmente renuncia a ese mundo exterior para reconocer que «la ciencia es una creación del espíritu humano», el poeta o el artista se ha esforzado siempre por percibir el mundo más allá de los conceptos y del intelecto. El espíritu dionisíaco, del que habla Nietzsche, no es sino un intento de explicación de ese empeño. Esencialmente, lo que Nietzsche propone es reemplazar el intelecto por la intuición, la razón por el mito, los conceptos por las metáforas, la ciencia como ruta hacia el mundo exterior por el arte como «un puente hacia la verdadera realidad».

---

[79] Michel Foucault, *Las palabras y las cosas* (México, Siglo XXI, 1968), pág. 50.

[80] Hermann Helmholtz, *Treatise on Physiological Optics*, 1925, pág. 35. Citado por Ernst Cassirer, *Antropología filosófica*, pág. 323.

VII

UN CUADRO DE CHIRICO

Tal vez ninguna imagen ha expresado esta disyuntiva entre la ciencia y el arte con mayor intensidad que el cuadro de Chirico «El filósofo y el poeta». Chirico confronta el cielo estrellado, infinito, ignotamente lejano, con la misma imagen hecha signo en un cuadro dentro de su cuadro. El busto del filósofo enfrenta el cuadro; el busto del poeta, en cambio, enfrenta el cielo recortado por el marco de una ventana y que reproduce la imagen del cuadro dentro del cuadro. Chirico sugiere que el filósofo ha renunciado al cielo real, que tal vez sabe impenetrable, y se vuelve resignado hacia su signo; allí se siente seguro: es un cielo creado por el hombre, que nada tiene que ver con ese otro que se abre ancho e insondable de la ventana afuera. El poeta, al contrario, contempla el cielo real en desafío, con esperanza y nostalgia, animado por una fe insobornable en el arte como una revelación. En el cielo hecho cuadro, la naturaleza ha sido reducida a un signo que la pone bajo el control del intelecto y la torna inteligible: existe a partir de ese signo troquelado por el hombre. El poeta aspira a un contacto directo con las cosas, quiere comunicar lo incomunicable. Si la realidad es simultánea y el lenguaje es sucesivo, como ha observado Borges, tal conciliación es aparentemente inalcanzable. Sin embargo, a partir de esta aceptación, el poeta procura superarla; a partir de la condición de fracaso de la palabra, crea una nueva realidad lingüística que intenta supe-

rar su propio fracaso. Nótese que, desde el punto de vista del
cuadro de Chirico, el busto del poeta contempla el cielo; pero,
desde el punto de vista del pintor, el cielo contemplado por
el poeta no es menos signo que el cielo-cuadro que contempla
el busto del filósofo. Así, el cuadro de Chirico insinúa desde una
perspectiva que está fuera del cuadro el fracaso contenido en
el intento del poeta. Desde fuera del cuadro, el cielo real del
poeta y el cielo reducido a signo del filósofo son igualmente
signos con que el pintor compone su ficción. Pero, si entramos
en el juego de la ficción, si vemos a esos signos desde el nuevo
valor y significación de que los ha dotado el artista, comienza
a redefinirse un espacio en el cual el cuadro recupera su realidad. Allí el poeta contempla la realidad, y el filósofo, su signo:
el cielo del poeta es un interrogante; el cielo del filósofo, un
esquema. Sin embargo, a la hora de representar ese interrogante, en el momento de traducir esa percepción intuitiva de
la realidad, el poeta está obligado a recurrir a las palabras, a
esos signos creados por la convención y que no son menos
abstractos y racionales que los números. La magia del poeta
consiste justamente en crear con el lenguaje un nuevo lenguaje
que lo trasciende, en devolver al verbo su perdida realidad, en
construir con conceptos intuiciones que los conceptos niegan,
en crear, con signos, realidades.

> El poeta no tiene más remedio —escribe Paz— que servirse
> de las palabras —cada una con un significado semejante para
> todos— y con ellas crear un lenguaje nuevo. Sus palabras, sin dejar
> de ser lenguaje —esto es: comunicación—, son también otra cosa:
> poesía, algo *nunca oído*, *nunca dicho*, algo que es lenguaje y que
> lo niega y va más allá..., palabras en busca de la Palabra [81].

También lo fantástico nos propone imágenes «nunca oídas».
Más aún: imágenes que prescinden del orden racional de que
están hechas las palabras y lo más sólido de nuestra cultura
para descubrirnos un orden que desborda del convencional,
«que lo niega y va más allá». Las ciencias parecen confirmar la

---

[81] Octavio Paz, *Corriente alterna* (México, Siglo XXI, 1967), págs. 7-9.

sospecha y reserva de lo fantástico hacia esa imagen racionalmente ordenada de la realidad. Umberto Eco ha observado a este respecto que no sería aventurado «encontrar en la poética de la obra 'abierta' (de la *obra en movimiento*) las resonancias vagas o precisas de algunas tendencias de la ciencia contemporánea». Para explicar:

> Es, en efecto, siempre arriesgado sostener que la metáfora o el símbolo poético, la realidad sonora o la forma plástica, constituyan instrumentos de conocimiento de lo real más profundos que los instrumentos que presta la lógica. El conocimiento del mundo tiene en la ciencia su canal autorizado, y toda aspiración del artista a ser vidente, aun cuando poéticamente productiva, tiene siempre en sí misma algo de equívoco. El arte, más que *conocer* el mundo, *produce* complementos del mundo, formas autónomas que se añaden a las existentes exhibiendo leyes propias y vida personal. No obstante, toda forma artística puede muy bien verse, si no como sustituto del conocimiento científico, como *metáfora epistemológica;* es decir: en cada siglo, el modo de estructurar las formas del arte refleja —en sentido lato, a guisa de semejanza, de metaforización, precisamente, resolución del concepto en figura— el modo cómo la ciencia, o sin más la cultura de la época, ven la realidad [82].

Las formas del arte, al actuar como metáforas, posibilitan una comprensión menos abstracta, más inmediata y total, de esa versión de la realidad constantemente corregida y aumentada por la ciencia. A este incesante reajuste entre las imágenes de la realidad trazadas por nuestra cultura y las metáforas del arte alude Cortázar cuando explica:

> El tipo de problemas que suscitaron la reflexión en la Atenas del siglo v antes de Cristo sigue siendo el mismo básicamente, porque nuestras estructuras lógicas no se han modificado. La cuestión es ésta: ¿se puede hacer otra cosa, llegar a otra cosa? Más allá de la lógica, más allá de las categorías kantianas, más allá de todo el aparato intelectual de Occidente —por ejemplo, postulando el mundo como quien postula una geometría no eucli-

---

[82] Umberto Eco, *Obra abierta*, pág. 43.

diana— ¿es posible un avance? ¿Llegaremos a tocar un fondo más
auténtico? Por supuesto, no lo sé. Pero creo que sí [83].

Cortázar replantea en el plano de la literatura posibilidades
y alternativas con las cuales se enfrentó la ciencia hacia me-
diados del siglo pasado.

---

[83] En Luis Harss, *Los nuestros* (Buenos Aires, Sudamericana, 1968),
página 288.

VIII

LA GEOMETRÍA NO EUCLIDIANA Y LO NEOFANTÁSTICO

Las nuevas proposiciones de la geometría no euclidiana habrían parecido fantásticas a los matemáticos del siglo XVIII. Hasta bien entrado el siglo XIX, racionalistas y empiricistas dependían todavía de axiomas que durante siglos fueron considerados como ejemplo de verdades eternas. Gauss, pionero de la nueva geometría, apenas se animó a hacer públicos algunos de sus conceptos fundamentales:

> Reconocer una pluralidad de geometrías significaba, o parecía significar, renunciar a la unidad de la razón, su rasgo distintivo e intrínseco [84].

> Nada parece intuitivamente más cierto —observa Cassirer— que una línea curva deba tener una dirección determinada en cada uno de sus puntos: una tangente definida. Pero Weierstrass pudo probar que hay funciones que son continuas en todo respecto y que, sin embargo, no pueden ser diferenciadas, y que, por lo tanto, corresponden a curvas para las cuales la condición dada queda suspendida. De la misma manera, Peano demostró más tarde la existencia de una «curva» que llenaba todo un cuadro y era así, en el sentido de la interpretación intuitiva euclidiana, una creación altamente paradójica. Möbius probó que hay poliedros cuyo volumen no puede calcularse de ninguna manera [85].

---

[84] Ernst Cassirer, *The Problem of Knowledge; Philosophy, Science and History since Hegel* (New Haven, Yale University Press, 1950), pág. 24.
[85] *Ibid.*, pág. 24.

No hay, pues, una geometría sino varias. Lo que es inexplicable en una de ellas encuentra una respuesta satisfactoria en otra. Así, por ejemplo, la llamada geometría métrica o euclidiana representa un gran paso adelante en relación con el punto de vista de la percepción ordinaria que sólo reconoce «figuras individualizadas y espacialmente determinadas, un esto y ahora». En la geometría euclidiana, triángulos similares, que son distinguibles solamente a través de su posición absoluta en el espacio y la longitud de sus lados, no son figuras diferentes sino una figura única. En la geometría afín, en cambio, donde el problema de longitud y ángulo deja de plantearse, la distinción entre círculo y elipse deja de existir. Si pasamos a la geometría proyectiva, la distinción entre *extensión infinita* y finita, mantenida en la geometría afín, desaparece. Este proceso de ruptura de barreras y distinciones cuando pasamos de una geometría a otra se extrema cuando alcanzamos el *análisis situs,* donde conos, cubos y pirámides se confunden, porque cualquiera de ellos puede ser el otro a través de una transformación continua: las formas particulares ceden a una estructura única [86]. Una geometría adecuada a un estrato espacial se torna insuficiente en otro. Cuando pasamos de la percepción sensorial común a la geometría euclidiana, y de ésta a la no-euclidiana en sus varios niveles, las formas espaciales se descubren en un grado mayor de complejidad. El proceso puede verificarse en todas las ciencias: el microscopio electrónico revela al biólogo mundos inexistentes para la retina humana, y desde el punto de vista de nuestros sentidos las fotografías de Marte tomadas por un cohete nuclear bien podrían pasar por una creación fantástica de la imaginación [87]. Algo semejante ocurre con las expresiones del arte.

---

[86] *Ibid.,* págs. 33-34.

[87] Las matemáticas ofrecen, en este sentido, el más convincente de los ejemplos. Para los matemáticos de la antigua Grecia el descubrimiento de los números irracionales significó una profunda conmoción: «desde el punto de vista de la lógica y de las matemáticas griegas, la expresión 'números irracionales' es una contradicción en los términos, era algo que no puede ser pensado y de lo que no se puede hablar... Pero la ampliación del ámbito natural de los números, su extensión a

Es extremadamente significativo que las obras maestras del género fantástico hayan sido escritas en las tres décadas que van de 1820 a 1850. Que varios países, en un momento determinado, produzcan las obras a través de las cuales lo fantástico como género queda definido no es, no puede ser, una casualidad, y Caillois ha intentado explicar, como hemos visto, las fuerzas que generan esa nueva poética de lo fantástico. Lo neo-fantástico responde a una dinámica semejante. Sus metáforas son intentos de alcanzar la representación de percepciones o visiones que rebasan los límites de la poética realista. Para lograr tal cometido, esta literatura instaura una nueva poética, de la misma manera que para comprender ciertas formas espaciales, intolerables dentro de los límites de la geometría euclidiana, se torna indispensable la formulación de una

---

un campo más ancho, no significa más que la introducción de nuevos símbolos aptos para descubrir relaciones de un orden superior» (Cassirer, *Antropología filosófica*, 312-313). Lo intolerable en el plano de los números racionales encuentra expresión en el plano de los números irracionales, una operación impracticable en el primer sistema se resuelve en el segundo. Un tercer sistema, el de los números «imaginarios», constituyó un escándalo mayor todavía: «para los grandes matemáticos del siglo XVII, los números imaginarios no eran instrumentos de conocimiento matemático, sino una clase especial de objetos con los cuales había tropezado el conocimiento en el curso de su desarrollo y que contenían algo que no solamente resultaba misterioso, sino virtualmente impenetrable... Y, sin embargo —continúa Cassirer—, esos mismos números imaginarios, que habían sido considerados como algo imposible o como una mera adivinanza a la cual se miraba con asombro y sin poder comprender, se convirtieron en uno de los instrumentos más importantes de las matemáticas... Como las varias geometrías que ofrecen diferentes aspectos del orden espacial, también en el desarrollo de la teoría de los números, y en especial los irracionales y los imaginarios, éstos pierden ese misterio metafísico que se buscó en ellos desde su descubrimiento y devienen nuevos símbolos operacionales que revelan a las matemáticas como un organismo más completo» (Ernst Cassirer, *The Problem of Knowledge*, 71-73). Como los números irracionales, que representan en relación a los números naturales un sistema más complejo de relaciones, lo neo-fantástico propone un código más complejo e «impenetrable» que el código realista, pero no para negar a éste, sino para permitir la expresión de significados inexpresables en el sistema de signos del código realista.

nueva geometría. En esta poética no hay lugar para las leyes
de identidad, contradicción y exclusión de la lógica aristotélica. El nombre de *fantástica* con que designamos esta literatura es todavía un resabio de nuestros hábitos causales, desde
cuyo contexto o perspectiva *fantástico* quiere decir «ilusorio,
irreal». Si la realidad está definida en términos de una lógica
causal es natural que todo aquello que rebase sus límites deba
llamarse «irreal» o «fantástico». Pero, si concebimos la realidad
como un espacio donde lo causal es una geometría, aunque no
la única, y donde hay lugar para otras geometrías no causales,
que repugnan a la razón pero que expresan nuevas formas
dentro de ese espacio, es natural que lo fantástico adquiera
también su carta de realidad. Más aún: que la realidad expresada por lo fantástico alcance un grado de complejidad semejante al de la geometría no-euclidiana en relación con la geometría métrica.

Umberto Eco ha empleado la designación de «metáforas
epistemológicas» para caracterizar «toda forma artística», porque, explica,

> el modo de estructurar las formas del arte refleja —en sentido
> lato, a guisa de semejanza, de metaforización, precisamente, reso-
> lución del concepto en figura— el modo cómo la ciencia, o, sin
> más, la cultura de la época, ven la realidad[88].

Es decir, el arte sería algo así como la traducción en imágenes
de la versión abstracta de la realidad de las ciencias. *Finnegans
Wake*, por ejemplo, trata de reflejar de modo fantástico y
metafórico los procedimientos, los métodos, las conclusiones
puramente conceptuales de la nueva ciencia, transportando
formas de la investigación y formas de la definición matemática
a formas del lenguaje y de las relaciones semánticas[89]; con
Finnegans Wake estamos verdaderamente en presencia de un
cosmos einsteiniano, arrollado sobre sí mismo —la palabra del
comienzo se une con la del final— y, por consiguiente, *finito,*

---

[88]   Umberto Eco, *o. c.*, pág. 43.
[89]   *Ibid.*, pág. 315.

pero, precisamente por esto, *ilimitado*[90]. «La obra conclusa y unívoca del artista medieval», en cambio, «reflejaba una concepción del cosmos como jerarquía de órdenes claros y prefijados»[91]. Que tal relación existe, que el arte de alguna manera refleja la versión de la realidad postulada por las ciencias en una época determinada, resulta evidente si pensamos en un ejemplo clásico: la *Divina Comedia* como expresión de una concepción ptolomeica del universo. Para U. Eco, la obra «abierta» sería algo así como una paráfrasis, en el lenguaje de las artes, de la imagen discontinua e indeterminada de la realidad que hoy nos propone la ciencia contemporánea. Una paráfrasis no sistemáticamente construida, sino expresada como una «explosión vertiginosa», en la cual el lector reconoce «una referencia, una mención: el reflejo de algo que estaba en el aire»[92]. El *Finnegans Wake* sería, para Eco, la obra abierta por antonomasia. La designación de «metáforas epistemológicas» para definir tal relación cuadra de manera especial con lo fantástico nuevo. En el ejemplo de la *Divina Comedia* sería difícil hablar de metáfora; se trata más bien de un símil, porque tenor y vehículo, es decir, la cosmovisión medieval y el poema, encuentran correlatos precisos que definen la base de la semejanza. La literatura fantástica nos confronta con imágenes en las cuales no siempre es posible precisar a qué tenor apunta el vehículo, o qué base común comparte la comparación con lo comparado. En esa ausencia inmediata del tenor se distingue la metáfora del símil.

El calificativo «epistemológica» se aviene asimismo a los propósitos de la literatura fantástica tal vez más que a otras formas literarias, aunque siempre con la salvedad de que esta forma del arte, como cualquier otra, no busca competir con la ciencia ni siquiera emularla. Mientras la ciencia tiende a abstraer intelectivamente, el arte ha procurado siempre integrar intuitivamente. Pensando otra vez en el cuadro de Chirico,

---

[90] *Ibid.*, pág. 37.
[91] *Ibid.*, pág. 43.
[92] *Ibid.*, pág. 90.

podría decirse que mientras el filósofo (que hasta no hace
mucho era también el hombre de ciencia) conoce la realidad
a través de esa imagen abstracta que él mismo ha creado,
signos, leyes, sistemas —el cielo representado en el cuadro—,
el poeta (en su significación más amplia de artista) ha buscado
siempre un conocimiento directo de la realidad y ha expresado,
en mitos y metáforas, iluminaciones y visiones de una realidad
total percibida intuitivamente. Por eso Chirico presenta al poeta,
en contraste con el filósofo, vuelto hacia el cielo en su realidad
concreta, contemplando no el signo sino la cosa. Podría ar-
güirse que el cielo del poeta no es diferente del cielo del filósofo: desde fuera del cuadro ambos son signos. Pero, desde
dentro, el pintor ha creado la ilusión de un cielo real. Tal pareciera ser la condición más intrínseca del arte: sin prescindir
de los signos, crear una ilusión de las cosas, con las palabras
crear un espacio donde las palabras desaparecen, a través de
lo fantástico expresar una realidad que convierte «lo real» en
ficción. La ciencia abstrae, descompone; el arte (aun el cu-
bista) sintetiza, integra. Aun cuando el arte incorpora cierta
visión de las cosas que se debe a los hallazgos de las ciencias,
su perspectiva es siempre el mundo de los fenómenos en su
apariencia más inmediata, más próxima a la sensibilidad humana, en oposición al mundo abstracto y esquematizado de las
ciencias. Podríamos decir que, aunque la sensibilidad depende
en gran medida del entendimiento, el arte se dirige a la sensibilidad, a esa capacidad humana de comprender intuitivamente. La ciencia habla al entendimiento, una capacidad no menos
humana, pero que comprende intelectivamente. De todas maneras, son dos formas de conocer la condición del hombre en
el mundo. La validez epistemológica de las metáforas de lo
neo-fantástico tiene vigencia en esa capacidad humana de conocer intuitivamente: su territorio es la senbilidad.

> ¿Cómo puede el hombre —pregunta Sartre— juzgar el mundo
> si aquél está inmerso en éste? El artista persiste donde el filósofo
> ha renunciado, e intenta ficciones para satisfacernos: espectado-
> res que escapan a la condición humana y pueden por ello inspec-
> cionarla. En los ojos de estos ángeles, el mundo humano es una

realidad *conocida*... El progreso del hombre es simplemente una cuestión de marcar el tiempo, puesto que él no puede salir de este mundo finito y sin límites más que la hormiga respecto a su universo de hormiga. Sin embargo, al forzar al lector a identificarse con un héroe inhumano, lo hacemos volar como un pájaro por encima de la condición humana. Se evade, pierde de vista esa necedad primera del universo que contempla, es decir, el hecho de que el hombre habita en él. ¿Cómo puede hacérsele ver *desde fuera* esta obligación de estar dentro?

Tal sería, según Sartre, el problema de lo fantástico nuevo, «un problema», dice Sartre, «exclusivamente literario y técnico y que carecería de sentido al nivel filosófico» [93]. El método consistiría —continúa Sartre— en lo siguiente:

puesto que la actividad humana se presenta como invertida cuando se ve desde fuera, para hacernos ver nuestra condición desde fuera sin recurrir a ángeles, Kafka y Blanchot pintaron un mundo al revés. Es un mundo contradictorio, en el cual la mente deviene materia, puesto que los valores parecen hechos; un mundo en el cual la materia ha sido consumida por la mente, ya que todo es las dos cosas, medios y fines; un mundo en el cual, sin dejar de estar dentro, me veo desde fuera, y que, mejor aún, no podemos examinar de ningún modo [94].

El sentido —escribe el propio Blanchot— puede entenderse solamente a través de la ficción, y se desvanece apenas intentamos comprenderlo por sí mismo... La historia... parece misteriosa porque lo cuenta todo acerca de algo que no tolera ser contado.

El comentario de Sartre:

Hay una suerte de existencia marginal en lo fantástico. Considerémoslo llanamente. Tratemos de expresar su sentido con palabras. De inmediato desaparece, ya que, después de todo, uno debe estar dentro o fuera. Pero si se lee la historia sin tratar de traducirla, nos ataca por el flanco [95].

---

[93] Véase Jean-Paul Sartre, «*Aminadab* or the Fantastic Considered as Language». Incluido en *Literary Essays* (New York, Philosophical Library, 1957), pág. 67.

[94] *Ibid.*, pág. 68.

[95] *Ibid.*, pág. 69.

Tal objeción es aplicable a toda forma literaria.

> Las pocas verdades que se pueden extraer de *Aminadab* —nos
> dice Sartre— pierden su color y su vida una vez que están fuera
> del agua... Y, sin embargo, cuando estas viejas verdades aparecen
> entretejidas en la narrativa, brillan con un esplendor extraño [96].

Es sintomático y hasta comprensible que Sartre trate la forma
literaria como el mero recipiente de determinados contenidos.
Sartre, que tal vez se sintió siempre más filósofo que artista,
vio en las ideas lo fundamental de una literatura. La literatura
pareció interesarle más como medio que como fin en sí mismo.
Sartre retorna a la dicotomía de forma y contenido, que desde
Croce no es sino un anacronismo equívoco. Sus perplejidades
frente a lo fantástico no pueden explicarse sino a partir de su
concepto equivocado de la forma: extraer las verdades de una
obra literaria «del agua», es decir de su forma-medio, es como
separar el cuerpo de cualquier organismo vivo de sus funciones: el cuerpo vive a partir de esas funciones que ejecuta,
pero, a su vez, las funciones sostienen la realidad del cuerpo:
sin esas funciones, el cuerpo dejaría de vivir. Traducir una
historia fantástica al lenguaje ordinario de la comunicación no
es menos inconducente y estéril que traducir un soneto de
Shakespeare al lenguaje de la conversación. Si hay alguna
«verdad» en el soneto, esa verdad solamente existe a partir
de ese medio creado por Shakespeare, con lo cual tornamos a
la gastada réplica, pero no por eso menos válida, de que, si
el escritor tuviera que explicar su obra, volvería a escribirla
tal como la conocemos. De aquí que los llamados «contenidos» o «verdades» de una obra sólo deban explicarse y entenderse a partir de su forma: es aquí donde el escritor ha
creado una nueva verdad, aunque en apariencia, como idea,
pueda parecernos que no se nos dice nada nuevo. Lo nuevo
reside, justamente, en la creación de una forma nueva, aunque
sea a partir de una verdad consabida y hasta gastada. Es aquí

---

[96] *Ibid.*

donde, finalmente, nos aproximamos al límite que separa lo fantástico de otras formas literarias.

La literatura como hallazgo de una forma que redescubre y revalida la vigencia de una idea, pensamiento o «verdad» determinada, y la literatura como una búsqueda de una verdad inexpresada o inédita, es lo que parece separar el arte contemporáneo del que lo antecede. El poeta contemporáneo no sabe lo que va a decir hasta que lo dice, y, después que lo dice, no puede explicarnos, «traducirnos» lo que ha dicho. O, como escribe **Paz,**

> las verdaderas ideas de un poema no son las que se le ocurren al poeta *antes* de escribir el poema, sino las que *después*, con o sin voluntad, se desprenden naturalmente de la obra. El fondo brota de la forma y no a la inversa... La forma significa; y más: en el arte sólo las formas poseen significación [97].

Así como no podemos explicar los postulados de la geometría proyectiva basándonos en la geometría métrica —y de aquí la necesidad de una pluralidad de geometrías—, es igualmente imposible traducir al lenguaje ordinario de la comunicación las referencias implícitas en el poema. El poema nace, justamente, porque los referentes de que dispone el lenguaje de la comunicación no pueden expresar esas referencias o intuiciones que asaltan al poeta. El poeta crea nuevos referentes porque lo que se propone son referencias inéditas. Podemos luego examinar el funcionamiento y la función de esos referentes —y tal sería la modesta y difícil tarea de la crítica—, y, a partir de un examen de la mecánica de las formas, derivar posibles referencias, posibles significaciones y sentidos; pero esos sentidos son tales solamente en el contexto de la forma, desde la forma, a partir de esos nuevos referentes acuñados por el poeta. Lo que no podemos y no debemos hacer es lo que hace Sartre —en una parte de su ensayo— respecto a la novela de Blanchot: separar las pocas verdades contenidas en *Aminadab* y

---

[97] Octavio Paz, *o. c.*, págs. 7-8.

presentarlas como peces fuera del agua, después de lo cual la
novela perdería «su color y su vida»:

> el hombre está solo en el mundo, él solo decide su destino, él
> mismo inventa las leyes que lo rigen; cada uno de nosotros es
> extraño a sí mismo y un verdugo para los demás; buscamos en
> vano trascender el estado del hombre...

Su conclusión: «nada de esto suena demasiado nuevo» [98]. Es
claro, la novedad consiste no tanto en esas «verdades» como en
la creación de formas a través de las cuales lo que sabemos
se redescubre de pronto en un grado de complejidad y desde
perspectivas que ignorábamos. Sí, aparece lo que sabíamos,
pero también lo que no sabíamos, de manera que las viejas
significaciones son rectificadas o canceladas por las nuevas,
tal como la poesía no puede prescindir de las palabras pero
las emplea para abolir su significación convencional y crear
significaciones nuevas.

En algunas de las obras más representativas de la ficción
moderna, esas significaciones primeras son reconocibles de inmediato. Pensamos en la primera fase de *El proceso*: «Alguien
debió haber calumniado a Joseph K., pues sin haber hecho
nada malo fue arrestado una clara mañana»; o en la primera
frase de *Rayuela*: «¿Encontraría a la Maga?»; o, simplemente,
en el cargado título de la obra de teatro de Beckett *Esperando
a Godot*. Hasta es posible deducir, de estos primeros referentes, referencias que sin duda están sugeridas a lo largo de esas
obras y que, para un propósito didáctico, no sería del todo
equivocado proponer como motivaciones centrales de cada una
de ellas. Así, en la novela de Kafka, la idea de que el hombre
es acusado y condenado por un crimen que no ha cometido es,
evidentemente, uno de los motivos centrales. En *Rayuela*, la
noción de la Maga como la personificación de una búsqueda
que sin embargo la trasciende es un elemento desde el cual
es posible comprender no pocos de los planteamientos de la
novela de Cortázar. Y la pieza de Beckett podría parafrasearse,

---

[98] J. P. Sartre, *o. c.*, pág. 69.

ya desde el título, con el comentario de Kafka a Max Brod en respuesta a su pregunta de si no había esperanza en el mundo: «Demasiada esperanza —para Dios—, esperanza en abundancia —pero no para nosotros.»

Así definidas, estas referencias son apenas una sombra de sus referentes: hemos tomado la imagen como un bloque y hemos precisado su contorno, omitiendo, en cambio, la totalidad de que está hecho ese bloque. En obras como las mencionadas, presenciamos lo que se ha descrito como

> un infinito recogido en una definición, en una forma...; los infinitos aspectos de una obra no son sólo «partes» suyas o fragmentos, porque cada uno de ellos contiene la obra entera, y la revela en una determinada perspectiva [99].

Se trata, para decirlo más gráficamente, de un polígono infinito, que encuentra en el círculo su finitud. El círculo, una forma definida y limitada, es la única figura capaz de contener un polígono con un número infinito de lados. Pero, al encontrar su finitud en el círculo, el polígono cede su identidad a la nueva figura que lo define. Tal es la disyuntiva de esas obras de literatura fundadas en la ambigüedad y la indefinición: encuentran una forma a condición de no ser —como el polígono-círculo—, sino a partir y desde esa forma. En cada uno de sus lados —a través de la apertura llana de sus ángulos— reconocemos el todo, pero el todo es inabarcable, como la totalidad de aspectos de una obra es inagotable. Si aislamos un aspecto e intentamos definir la obra toda desde ese aspecto, nos ocurre lo que a Sartre respecto a la novela de Blanchot: «las pocas verdades de la obra pierden su color y su vida una vez fuera del agua».

Pero reconocer un solo aspecto es ya haber dado un gran paso adelante: hemos encontrado un cabo desde el cual la obra toda comienza a organizarse, un cabo que, si lo seguimos cuidadosamente, nos conducirá —como el hilo de Ariadna— a su salida, esto es, a ese punto donde el aparente caos reco-

---

[99] Umberto Eco, *o. c.*, pág. 53.

bra el orden definido de la forma, de la misma manera que un solo ángulo de ese polígono infinito hace prever su totalidad de círculo.

Pero tal cabo no es siempre reconocible. Algunas parábolas de Kafka

> aceptan tantas interpretaciones que, en última instancia, desafían a aquéllas y a todas, y en su prosa más madura encontramos acciones que, más allá de su superficie, permanecen profundamente impenetrables [100].

---

[100] H. Politzer, *o. c.*, págs. 21-27. Politzer agrega respecto a ese tipo de narración kafkiana: «Su prosa madura no muestra sino una superficie que encierra acciones que permanecen profundamente impenetrables... A través de estas historias no se nos dan imágenes de seres reales, sino cifras de un código que transmiten mensajes indescifrables» (pág. 17). Nótese la estrecha semejanza entre esta definición de los relatos de Kafka y las observaciones de Cassirer respecto a los números imaginarios en nota 87. A través del discurso neo-fantástico se plantean posibilidades de percepción literaria que escapan al discurso realista. El relato neo-fantástico no se propone una descripción o representación causal de la realidad; busca, en cambio, establecer relaciones nuevas, que, aunque en apariencia niegan nuestro sistema de relaciones lógicas, propenden, en el fondo, a una expansión del *campo de posibilidad* de la lógica realista. Si sus mensajes resultan indescifrables es porque nos empeñamos en descifrarlos según un código que no es el suyo, de la misma manera que para los matemáticos del siglo XVII los números imaginarios «contenían algo que no solamente era misterioso, sino virtualmente impenetrable», cuando en realidad se trataba de «avanzar de un sistema de relaciones más bien simples a sistemas de relaciones más complejas, para las cuales había que crear las expresiones simbólicas adecuadas».

La conclusión a que llega Cassirer respecto a las matemáticas ¿no es aplicable al relato neo-fantástico? Oigamos: «Muchas veces, el pensamiento matemático parece adelantarse a la investigación científica. Nuestras teorías matemáticas más importantes no proceden de necesidades prácticas o técnicas inmediatas, se conciben como esquemas generales del pensamiento con anterioridad a cualquier aplicación concreta. Cuando Einstein desarrolló su teoría general de la relatividad, acudió a la geometría de Riemann, que había sido creada mucho antes, pero que Riemann consideraba sólo como una mera posibilidad lógica. Estaba convencido de que tenemos necesidad de tales posibilidades para estar preparados para la descripción de hechos reales» (*Antropología filosófica*, pág. 320).

Tal vez habría que agregar: porque responden a un orden no-euclidiano y rechazan toda posibilidad de ser reducidas a términos euclidianos, o simplemente, como ha explicado Walter Benjamin, porque «no tenemos la doctrina que las parábolas de Kafka interpretan» [101]. Son adivinanzas sin posible solución, referentes sin referencia o de un infinito número de referencias, metáforas absolutas, que rechazan todo tenor o los aceptan todos. ¿Qué hacemos con tales metáforas? Si una adivinanza acepta un número ilimitado de soluciones, ¿qué validez atribuir a esas soluciones?

---

[101] Walter Benjamin, *Illuminations* (New York, Schocken, 1969), página 122.

IX

UNA METÁFORA DE LO NEOFANTÁSTICO: «CARTA A UNA SEÑORITA EN PARÍS»

En el cuento «Carta a una señorita en París» de Cortázar, por ejemplo, se nos habla de unos conejitos que el narrador-protagonista vomita. Cortázar ha creado en ese cuento un medio poético en el cual esos «copos tibios y bullentes» se mueven con inquietante naturalidad. Extrañamente, lo que preocupa al narrador no es el acto mismo de «vomitar un conejito», sino su necesidad de ocultarlos y la dificultad de conseguirlo cuando el número aumenta. El propio Cortázar baraja una primera interpretación:

> Como un poema en los primeros minutos, el fruto de una noche de Idumea: tan de uno que uno mismo... y después tan no uno, tan aislado y distante en su llano mundo blanco tamaño carta [102].

Graciela de Sola toma el símil al pie de la letra y agrega:

> El tema de la poesía es el centro de «Carta a una señorita en París»: el poeta vomita *conejitos vivos* (puede pensarse en palabras, en poemas, en estos mismos relatos agresivos e irónicos que inundan el pulcro departamento)... La imagen del suicidio pone fin al relato, dando cabida a la ecuación poesía = imposible [103].

---

[102] Julio Cortázar, *Bestiario* (Buenos Aires, Sudamericana, 1966), página 24. Citas subsiguientes indicadas con el número de página de esta edición.

[103] Graciela de Sola, *Julio Cortázar y el hombre nuevo* (Buenos Aires, Sudamericana, 1968), pág. 45.

Una explicación tal reduce el sentido de todo el cuento a una comparación, aclara un detalle pero convierte en superfluo el resto del relato. ¿Cómo explicar el cuento todo en función de esta idea? ¿Qué decir del sacrificio de las indefensas criaturas y del suicidio del torturado protagonista? La supuesta ecuación «poesía = imposible» quedaría desmentida en la límpida realización del cuento, en su lograda eficacia poética. La dificultad en el cuento de Cortázar reside justamente en que, si hay una representación alegórica en los traviesos conejitos, no sabemos a qué código, a qué enciclopedia, a qué bestiario (como era el caso de los símbolos anagógicos medievales) esa alegoría corresponde. Ya hemos visto que uno de los rasgos más distintivos de lo fantástico nuevo reside en que su ambigüedad responde a leyes inéditas, a una poética de la indeterminación que es lo opuesto del simbolismo objetivo e institucional del medioevo. Como en el caso de *La metamorfosis* de Kafka, Cortázar parte de íntimas experiencias personales:

> El cuento de los conejitos —«Carta a una señorita en París»— coincidió también con una etapa de neurosis bastante aguda. Ese departamento al que llego y donde vomito un conejo en el ascensor (digo «vomito» porque estaba narrado en primera persona) existía tal cual se lo describe, y a él fui a vivir en esa época y en circunstancias personales un tanto penosas. Escribir el cuento también me curó de muchas inquietudes [104].

Los conejos podrían ser una alucinación dilusoria del personaje-narrador, con lo cual el cuento todo quedaría reducido a la descripción de una neurosis y de sus efectos más inmediatos. Pero Cortázar no se ha limitado a una transcripción clínica de su neurosis. El cuento está escrito en forma de una carta, cuyo tono de alta tensión lírica confiere a los fantásticos conejitos verosimilitud textual: su realidad es de una sola pieza con la temperatura poética mantenida a lo largo de todo el relato. Más que ninguna alucinación, los conejitos están ahí

---

[104] Luis Harss, *Los nuestros* (Buenos Aires, Sudamericana, 1968), página 270.

como una metáfora de obsesiones, tensiones, fobias, fatigas,
confusión emocional, constricción intelectual y demás posibles
efectos y causas de esa neurosis a la que alude Cortázar. En el
cuento no se describe, ni siquiera se menciona, el síndrome de
tal neurosis. Hay alusiones a «un orden cerrado», «hastío»,
«sombras», «látigo», «aislamiento», «miedo», «extrañeza», «tristeza», «una fría soledad» y, sobre todo, al hecho de que «de
día duermen». Cortázar nos ofrece el vehículo de una metáfora cuyo tenor desconocemos. Contamos, como en el caso de
La metamorfosis, con un testimonio biográfico que puede ayu-
darnos a comprender las motivaciones y circunstancias desde
las cuales la metáfora ha sido disparada. Convertida en cuento,
se debe a sí misma, a la eficacia con que Cortázar ha logrado
darle realidad literaria. Sabemos que esa metáfora alude a alguna obsesión, fobia, tensión o fatiga, a una neurosis que
Cortázar se negó a comprender en términos lógicos («no se
me ocurrió ir al médico», confiesa), para sublimarla en una
imagen poética. Pero las implicaciones últimas de esa alquimia
permanecen inexpresadas o, mejor dicho, expresadas en una
metáfora cuyo indefinido tenor es para la imagen lo que se
denomina *incantatio* en la magia. Lo fantástico es aquí una
manera de conocer poéticamente lo racionalmente inconocible,
de expresar artísticamente lo que es inexpresable en términos
lógicos.

Un anuncio publicitario en la televisión americana mostraba
una persona que al toser «vomitaba» ligeras plumitas o pelusas
que luego flotaban en el aire. El anuncio promocionaba pastillas para la tos que, según el locutor, «combatían las cosquillas»
(*it tackles the tickles*), cosquillas o escozor que provocaba, es
claro, la tos. El logro del anuncio reside en haber dado a la
cosquilla o ardor que se siente en la garganta antes de toser
—una sensación, si no indefinible, por lo menos invisible— una
realidad visual. La efectividad del anuncio descansa en el hecho
de que las pastillas promocionadas atacaban no el efecto (la
tos), sino la causa (las cosquillas). Las plumtias que vomitan
los pacientes sacudidos por la tos son un símil visual de las
cosquillas que la provocan. El tenor (las cosquillas) y su ve-

hículo (las plumitas vomitadas) están claramente definidos, como conviene a todo anuncio publicitario cuya tendencia es siempre el «overstatement». Lo común entre las «plumitas vomitadas» del anuncio y los «conejitos vomitados» del cuento de Cortázar es el elemento fantástico con que se ha dado expresión al vehículo de la imagen. Pero, mientras el anuncio neutraliza el elemento de fantasía al otorgar al ingenioso vehículo un valor definido y específico, semejante al que de inmediato nos sugieren las fábulas, Cortázar nos propone un vehículo cuya ambigüedad es un desafío. El anuncio, al explicarlo todo, elimina también toda necesidad de participación por parte del espectador. La metáfora de Cortázar, al prescindir del desdoblamiento tenor-vehículo, al ofrecernos un destinatario sin remitente, una imagen capaz de múltiples tenores, exige del lector una lectura activa y creadora. Tenor y vehículo marchan juntos. El vehículo expresa de alguna manera el tenor, es la forma que Cortázar ha escogido para explicarnos lo inexplicable de su experiencia, es la solución literaria a sus fobias y obsesiones, pero una solución que, en vez de traducir al lenguaje de la causalidad lo que esa experiencia tiene de irreductible, encuentra su propio lenguaje. Como todo lenguaje, las metáforas de la literatura neo-fantástica buscan también establecer puentes de comunicación, sólo que ahora el código que descifra esos signos ya no es el diccionario establecido por el uso. Es un código nuevo, inventado por el escritor para decir de alguna manera esos mensajes incomunicables en el llamado «lenguaje de la comunicación». Intentar encontrar referencias convencionales en la metáfora de Cortázar, esto es, traducir esos conejitos según nuestro diccionario del uso, equivaldría a ver en el cuento un puro juego, una charada, en la cual se sabe, desde el comienzo, que hay un orden lúdicamente oculto por el autor y que el lector, usando su ingenio, debe reconstruir. Los conejitos están ahí para decir y representar algo no enunciable; su sentido lógico es tal vez irrecuperable e incomprensible (hasta para el mismo autor), pero no importa. Lo que interesa es la lenta agonía que roe al narrador, su sutil desesperación, su impotencia ante el inesperado nacimiento de un nuevo e indeseado «huésped». Cortázar evita melodramas, pero la desazón que llena al narrador está ya descrita en la tercera página:

> Me mudé el jueves pasado, a las cinco de la tarde, entre niebla y hastío. He cerrado tantas maletas en mi vida, me he pasado tantas horas haciendo equipajes que no llevaban a ninguna parte, que el jueves fue un día lleno de sombras y correas, porque cuando yo veo las correas de las valijas es como si viera sombras, elementos de un látigo que me azota indirectamente, de la manera más sutil y más horrible (pág. 26).

Más adelante, el narrador describe sus esfuerzos por mantener a los conejos encerrados y ocultos como

> una tarea que se lleva mis días y mis noches en un solo golpe de rastrillo y me va calcinando por dentro y endureciendo como esa estrella de mar que ha puesto usted sobre la bañera y que a cada baño parece llenarle a uno el cuerpo de sal y azotes de sol y grandes rumores de profundidad (pág. 26).

De día, cuando los conejos duermen, las horas de trabajo en la oficina ofrecen al protagonista un refugio, pero sólo aparente:

> ¡Qué alivio esta oficina cubierta de gritos, órdenes, máquinas Royal, vicepresidentes y mimeógrafos! ¡Qué alivio, qué paz, qué horror, Andrée! (pág. 29).

De noche, en cambio, después que Sara se retira y deja al huésped con sus secretos conejitos, éste nos avisa: «estoy yo solo, solo con el armario condenado, solo con mi deber y mi tristeza» (pág. 27). Finalmente, el número de «conejitos vomitados» es de alguna manera una indicación del grado de gravedad de un estado cuya única manifestación explícita son esos conejitos que el narrador vomita y que ahora han aumentado a once:

> En cuanto a mí, del diez al once hay como un hueco insuperable. Usted ve: diez estaba bien, con un armario, trébol y esperanza,

cuántas cosas pueden construirse. No ya con once, porque decir
once es seguramente doce, Andrée, doce que será trece (pág. 33).

Sabemos, además, que el narrador se ha mudado al departamento de su amiga en la calle Suipacha «para descansar» (página 28), y que en dos ocasiones está a punto de prescindir de la metáfora; al comienzo del cuento:

> ... hasta que septiembre la traiga de nuevo a Buenos Aires y me lance a mí a alguna *otra casa donde quizá...* (págs. 20-21);

y casi hacia el final:

> Para qué contarle, Andrée, las minucias desventuradas de ese amanecer sordo y vegetal, en que camino entredormido levantando cabos de trébol, hojas sueltas, pelusas blancas, dándome contra los muebles, loco de sueño, y mi Gide que se atrasa, Troyat que no he traducido, y mis respuestas a una señora lejana que *estará preguntándose ya si...* para qué seguir todo esto... (págs. 30-31).

Pero Cortázar no cede a soluciones fáciles. En un cuento que está construido sobre las tensiones y silencios de una metáfora, restablecer el plano de la literalidad hubiera equivalido a destruir esa magia que relampaguea a lo largo de todo el cuento. Cortázar deja a cada lector la tarea de completar los suspensivos. La suya, en cambio, reside en otorgar verosimilitud a una situación que al principio del relato se perfila como fantástica, pero que a lo largo de la narración vamos aceptando con la misma naturalidad con que Cortázar se ingenia para describir a los «vomitados conejitos» como si se tratara de... un poema, o de un resfriado, o de algo no diferente a lo que normalmente nos ocurre a diario. Los conejitos no están presentados como una metáfora, sino como realidades que se deben a sí mismas: Cortázar los hace jugar, comer trébol, roer libros, destrozar cosas; los regala a la señora Molina, los oculta en el armario, quiere matarlos con cucharadas de alcohol. Los conejitos vomitados son conejos como todos los conejos: nada en su conducta —fuera de su fantástico origen— nos hace pensar en una alegoría. Pero tampoco son un mero arbitrio de la imaginación.

Cortázar ha creado un medio a través del cual los traviesos conejitos se van insinuando e imponiendo como la más íntima realidad del narrador. Entre conejito y conejito, esa realidad ha sido sutilmente aludida en los cuatro o cinco lugares señalados. Sombras y látigos, durezas y calcinamientos, azotes y rumores, horrores y tristezas, soledades y desventuras no se resuelven en excesivos y solemnes melodramas o explícitos confesionarios, sino en juguetones conejitos que, cuando el protagonista siente que va a vomitar, «se pone dos dedos en la boca como una pinza abierta, y espera a sentir en la garganta la pelusa tibia que sube como una efervescencia de sal de frutas» (pág. 22). El arbitrio reside en haber escogido los conejitos, como Kafka escoge un insecto en *La metamorfosis*, pero nada de arbitrario hay en el acto de vomitarlos, de sentir que esos pequeños monstruos que son parte de uno, hechos de nuestras propias inquietudes, fobias y angustias, se liberan de nuestro control y, como un demiurgo, se vuelven contra nosotros para gobernarnos y arrastrarnos en sus juegos y fuegos, saltos y sobresaltos. No otro es el sentido de la frase final: para eliminarlos, el narrador debe también eliminarse.

Cortázar ha observado que cuentos como «Carta a una señorita en París» han tenido sobre él el efecto de un exorcismo, en el sentido de que, al escribirlos, se curó de ciertos síntomas neuróticos que por entonces sentía. El papel liberador y hasta terapéutico de la literatura ha sido, desde el romanticismo, un atributo que el psicoanálisis ha hecho extensivo a todas las artes. El paciente es estimulado a expresar sus sentimientos y estados de ánimo a través de medios plásticos o poéticos. El propósito es conseguir que el paciente manifieste deseos, temores, fobias, que no comprende racionalmente ni puede transmitir de manera coherente en el lenguaje de la comunicación, pero que sin duda afectan y determinan un buen grado de su conducta. El valor artístico de tales manifestaciones es muy desigual, pero lo que importa en realidad es su valor revelador en relación con fuerzas y tensiones que condicionan la conducta psicológica del paciente. Este elemento revelador de la personalidad del autor está, sin duda, presente en una gran cantidad de obras de arte. El ejemplo clásico es también una novela clásica del romanticismo: *Werther*. Goethe transfiere a su personaje una carga emocional que él mismo experimentó: la tentación del suicidio, de la cual se libera haciendo que se suicide el personaje de su novela. A pesar de los esfuerzos de la crítica psicológica, es evidente que, en una obra de arte, lo que importa no es la obra como documento revelador de la psicología de su autor, sino la obra como creación de una forma. Pero, hay que agregar, es también evidente que una comprensión más cabal de esa forma plantea tomar en cuenta coordenadas psicológicas desde las cuales puede explicarse una buena parte de esas obras que se deben a motivaciones psicológicas. Pero la motivación no es todavía la invención. Lo que realmente interesa es lo que el autor hace con esas motivaciones. En última instancia, las motivaciones psicológicas sólo importan en función de lo que el escritor ha creado con ellas, aunque luego permitan al crítico una interpretación más válida de la obra.

«Carta a una señorita en París», aunque motivada por esa neurosis que nos cuenta el propio Cortázar, no se debe a esa motivación sino a una realidad literaria, a la creación de una forma, desde la cual la narración vive y funciona. Para comprender esa motivación nos hemos apoyado, al comienzo, en el testimonio extratextual; pero, al ahondar en nuestra lectura del cuento, hemos podido ver que esas motivaciones están incorporadas al texto mismo y que sólo a partir de ellas el elemento fantástico que Cortázar crea alcanza la urgencia de una metáfora. Entre la motivación y la invención media un proceso creador, que convierte la roca amorfa en Nefertiti; el caos de sonidos y silencios, en una partita de Bach; el diccionario, en «cierto endecasílabo de Garcilaso» [105]. Nadie, que yo sepa, ha descrito mejor este proceso en relación con las metáforas del género neo-fantástico que el propio Cortázar:

> Un verso admirable de Pablo Neruda: «Mis criaturas nacen de un largo rechazo», me parece la mejor definición de un proceso

---

[105] El ejemplo de Garcilaso es de Cortázar, en *Rayuela* (Buenos Aires, Sudamericana, 1966), pág. 435.

en el que escribir es de alguna manera exorcizar, rechazar criaturas invasoras proyectándolas a una condición que paradójicamente les da existencia universal a la vez que las sitúa en el otro extremo del puente, donde ya no está el narrador que ha soltado la burbuja de su pipa de yeso. Quizá sea exagerado afirmar que todo cuento breve plenamente logrado, y en especial los cuentos fantásticos, son productos neuróticos, pesadillas o alucinaciones neutralizadas mediante la objetivación y el traslado a un medio exterior al terreno neurótico; de todas maneras, en cualquier cuento breve memorable se percibe esa polarización, como si el autor hubiera querido desprenderse lo antes posible y de la manera más absoluta de su criatura, exorcizándola en la única forma que le era dado hacerlo: escribiéndola [106].

---

[106] Julio Cortázar, *Último round* (México, Siglo XXI, 1969), pág. 37.

SEGUNDA PARTE

ALGUNOS CONTEXTOS DE LO NEOFANTÁSTICO EN LA OBRA DE CORTÁZAR

> *Y se afirma que aún en nuestro tiempo,*
> *después de la puesta del sol, animales ve-*
> *nenosos emponzoñan el agua para que los*
> *animales buenos no puedan beber de ella;*
> *pero por la mañana, después de la salida*
> *del sol, viene el unicornio, sumerge su cuer-*
> *no en la corriente y le quita el veneno...*
> *Esto lo he visto con mis propios ojos.*
>
> (John of Hesse, 1389.)

I

CUENTO Y NOVELA

Ciertas declaraciones de Cortázar, posteriores a la aparición de *Rayuela*, dejan la impresión de que el novelista subordina sus relatos breves a esa parte de su obra que se inicia con «El perseguidor»: «Los cuentos fantásticos —dice— ya eran indagaciones, pero indagaciones terapéuticas, no metafísicas»[1]. Cortázar pareciera reservar a sus novelas el derecho de vehículos de una búsqueda de «tipo existencial, de tipo humano», y relegar a una función menor el género breve:

> Hasta «El perseguidor» —dice— me sentía satisfecho con invenciones de tipo fantástico. En todos los cuentos de *Bestiario* y *Final del juego*, el hecho de crear, de imaginar una situación fantástica que se resolviera estéticamente, que produjera un cuento satisfactorio para mí, que siempre he sido exigente en ese terreno, me bastaba. *Bestiario* es el libro de un hombre que no problematiza más allá de la literatura[2].

Pero, ya en la misma entrevista, Cortázar rectifica la impresión equívoca de que sus cuentos son apenas «juegos estéticos», cuyo mayor mérito residiría en ser puntos de apoyo de sus novelas:

---

[1] Luis Harss, *Los nuestros*, Buenos Aires, Sudamericana, 1968, pág. 270.
[2] *Ibid.*, pág. 273.

La verdad es que esos cuentos, si se los mira, digamos, desde
el ángulo de *Rayuela*, pueden parecer juegos; sin embargo tengo
que decir que mientras los escribía no tenían absolutamente nada
de juegos. Eran atisbos, dimensiones, ingresos a posibilidades que
me aterraban o me fascinaban, y que tenía que tratar de agotar
mediante la escritura del cuento[3].

Cortázar emite estos juicios cuando *Rayuela* es todavía un
acontecimiento editorial. En textos posteriores, con mayor am-
plitud de mira, sitúa sus cuentos en una perspectiva más justa
y más en consonancia con la totalidad de su obra. Después de
Rayuela, publica dos novelas (*62, modelo para armar*, 1968, y
Libro de Manuel, 1973) y cuatro colecciones nuevas de cuentos
(*Todos los fuegos el fuego*, 1966; *Octaedro*, 1974; *Alguien que
anda por ahí*, 1977, y *Queremos tanto a Glenda*, 1980): un detalle de cronología bibliográfica que es en sí mismo un juicio
y una prueba contundente de su revaloración del género breve.
Con el correr del tiempo irá explicando las razones. En el
ensayo «Del sentimiento de no estar del todo», aclara a los
lectores que le

reprochan escribir novelas donde casi continuamente se pone en
duda lo que acaba de afirmarse (...) y que insisten en que lo más
aceptable de su literatura son algunos cuentos donde se advierte
una creación unívoca, que sus narraciones cortas, bien o mal escritas, son en su mayoría de la misma estofa que sus novelas,
aperturas sobre el extrañamiento, instancias de una descolocación
desde la cual lo insólito cesa de ser tranquilizador porque nada
es sólito apenas se lo somete a un escrutinio sigiloso y sostenido[4].

Y, más adelante, picado por la comodidad de ese lector que
convierte sus preferencias en patrón de méritos y deméritos,
agrega:

En tanto lector, tiene pleno derecho a preferir uno u otro vehículo (cuento o novela), optar por una participación o por una

---

[3] *Ibid.*, pág. 270.
[4] Julio Cortázar, *La vuelta al día en ochenta mundos*, México, Siglo XXI, 1967, pág. 25.

reflexión. Sin embargo, debería abstenerse de criticar la novela
en nombre del cuento (o a la inversa si hubiera alguien tentado
de hacerlo), puesto que la actitud central sigue siendo la misma
y lo único disímil son las perspectivas en que se sitúa el autor
para multiplicar sus posibilidades intersticiales. *Rayuela* es de
alguna manera la filosofía de mis cuentos —una indagación sobre
lo que determinó a lo largo de muchos años su materia o su impulso [5].

Cuento y novela, nos dice Cortázar, responden a la misma «actitud central», a las mismas preocupaciones que forman ese contexto intelectual y vital desde el cual el escritor dispara su
obra. El vehículo —cuento, novela, poema, ensayo— varía a
fin de otorgar una solución más eficaz a los monstruos y «ali-
mañas» que asedian al escritor, pero en cada una de esas
formas, diferentes en sus posibilidades y alcances, reconocemos
una «estofa» semejante, una motivación común, a la cual habría
que volver para barruntar las implicaciones primeras de la
obra de Cortázar. El texto que mejor define esa motivación o
motivaciones se encuentra en una conferencia pronunciada por
Cortázar en La Habana en 1961:

> Casi todos los cuentos que he escrito pertenecen al género lla-
> mado fantástico por falta de mejor nombre, y se oponen a ese
> falso realismo que consiste en creer que todas las cosas pueden
> describirse como lo daba por sentado el optimismo filosófico y
> científico del siglo XVIII, es decir, dentro de un mundo regido más
> o menos armoniosamente por un sistema de leyes, de principios,
> de relaciones de causa a efecto, de psicologías definidas, de geo-
> grafías bien cartografiadas. En mi caso, la sospecha de otro orden
> más secreto y menos comunicable, y el fecundo descubrimiento
> de Alfred Jarry, para quien el verdadero estudio de la realidad
> no residía en las leyes, sino en las excepciones a esas leyes, han
> sido algunos de los principios orientadores de mi búsqueda per-
> sonal de una literatura al margen de todo realismo demasiado
> ingenuo [6].

[5] *Ibid.*, pág. 25.
[6] *Ibid.*, «Algunos aspectos del cuento», *Casa de las Américas* (La
Habana), núm. 15-16, 1962-1963, págs. 3-4.

Así entendido, lo fantástico representa no ya una evasión o una digresión imaginativa de la realidad sino, por el contrario, una forma de penetrar en ella más allá de sistemas que la fijan a un orden que en literatura reconocemos como «realismo», pero que, en términos epistemológicos, se define en nuestra aprehensión racionalista de la realidad. El problema preocupa a Cortázar no solamente desde una perspectiva literaria. Aunque su aproximación a la realidad como un orden que se define no en una sino en varias geometrías tiene lugar desde y a través de la literatura, su ficción responde a una búsqueda que no se queda en lo puramente estético y explora territorios que generalmente asociamos a la abstracción metafísica:

> El tipo de problemas que suscitaron la reflexión en la Atenas del siglo V antes de Cristo —dice Cortázar— sigue siendo el mismo básicamente, porque nuestras estructuras lógicas no se han modificado. La cuestión es ésta: ¿Se puede hacer otra cosa, llegar a otra cosa? Más allá de la lógica, más allá de las categorías kantianas, más allá de todo el aparato intelectual de Occidente —por ejemplo, postulando el mundo como quien postula una geometría no euclidiana— ¿es posible un avance? ¿Llegaríamos a tocar un fondo más auténtico? Por supuesto, no lo sé. Pero creo que sí [7].

He aquí, quintaesenciado, el planteamiento de un interrogante que, como un eje, atraviesa toda la obra de Cortázar. Pero ese interrogante así planteado es un punto de llegada. Es necesario recorrer los primeros atisbos de Cortázar, sus primeros asomos a ese umbral en el que Morelli reconoce «un contacto con la realidad sin interposición de mitos, religiones, sistemas y reticulados» [8], para comprender más cabalmente los contextos desde los cuales irá tejiendo sus relatos breves.

---

[7] Luis Harss, *op. cit.*, pág. 288.
[8] Julio Cortázar, *Rayuela*, Buenos Aires, Sudamericana, 1963, pág. 558.

II

EXISTENCIALISMO

Una de las huellas más tempranas de esa trayectoria que aquí nos proponemos reconstruir se encuentra en la reseña del libro de León Chestov *Kierkegaard y la filosofía existencial*. Cortázar la escribió para la revista de artes y letras *Cabalgata*, en 1948, un año antes de la publicación de *Los Reyes*.

> Para quien avance en este libro —escribe en el primer párrafo de la reseña— aferrándose obstinado al esquema que el promedio de la cultura occidental propone y cimenta como explicación de la realidad y del puesto que el hombre ocupa en ella, la lectura del estudio de Chestov tendrá esa consistencia indecible de las pesadillas en las que toda relación, toda jerarquía, todo canon aceptado en la vigilia, se deshacen o alteran monstruosamente (y sin embargo nada es monstruoso en una pesadilla, la calificación la ponemos al despertar) [9].

Ya en esta primera aproximación a ese interrogante clave, Cortázar distingue entre los esquemas de la cultura y la realidad, entre ésta y su posible explicación. La distinción es algo más que una mera constatación: es la toma de conciencia de

---

[9] *Cabalgata. Revista mensual de letras y artes*, Buenos Aires, núm. 16, febrero de 1948, pág. 12. Para un balance de su colaboración literaria en *Cabalgata*, véase nuestro artículo «Cortázar en la década de 1940: 42 textos desconocidos» en *Revista Iberoamericana*, núm. 110-111, enero-junio 1980, págs. 259-297.

la realidad como algo diferente de la descripción que de ella
nos suministra la cultura. Más importante todavía es lo que
Cortázar agrega en el paréntesis: si los cánones y jerarquías
con los cuales pensamos y fundamos nuestra realidad parecen
de pronto derrumbarse sacudidos por «el salto teológico» de
Kierkegaard como si se tratara de una monstruosa pesadilla,
lo de monstruoso y lo de pesadilla sólo son tales desde el
contexto de nuestra cultura. Desde la vigilia, la pesadilla es
monstruosa; pero, vista desde la pesadilla, ésta recobra una
vigencia no menos válida que la vigencia de aquélla, nos dice
Cortázar elípticamente, como un guiño de ojo que hace redun-
dante toda explicitación. Ya aquí, Cortázar establece la legiti-
midad de los sueños y de esos monstruos que habitan una
tierra de nadie pero de alguien, un territorio invisible a las
retinas de la razón pero igualmente real. Los habitantes de ese
territorio se presentan como irreales o fantásticos a nuestra
vigilia de los ojos abiertos, y, cuando el escritor los convierte
en criaturas de lo neo-fantástico, tendemos a verlos a través
de una lógica de la causalidad, de cuya órbita buscan escapar,
a cuyas jerarquías se resisten. Cortázar, que ya había publicado
sus primeros cuentos («Casa tomada», 1946; «Bestiario», 1947,
y «Lejana», 1948), define aquí una geografía de lo fantástico
dentro de cuyos límites crecerán y vivirán sus personajes.

> A nuestra necesidad de lucidez —agrega—, Kierkegaard responde
> con el grito irracional de la fe, con la demanda de la suspensión
> de todo orden (...). Y a las estructuras que la razón defiende y la
> filosofía jerarquiza, se contesta con las deducciones de la pasión,
> las únicas seguras, las únicas convincentes [10].

En este pasaje reaparece un Cortázar profundamente enrai-
zado en la tradición occidental, el escritor que ve en esa tradición «la lucidez y el orden» y en ellos una necesidad y una
libertad que la fe y la pasión irracionales de Kierkegaard niegan para estatuir nuevas necesidades y nuevas libertades. Tal
negación equivale a hacer trizas ese espejo en el cual nos reco-

---

[10] *Ibid.*, pág. 12.

nocemos y con cuya ayuda hemos encontrado la identidad que
nos define.

> Nos ata —explica Cortázar— la adhesión milenaria a lo medi-
> terráneo, a los prestigios de una filosofía, a un conocimiento orde-
> nado por esas virtudes que alcanzan su filósofo en Aristóteles y
> su poeta en Valéry [11].

Veinte años más tarde, Cortázar manifestará su ruptura
con esas «ataduras» y abrazará adhesiones más heterodoxas
pero más afines a su nueva visión de mundo:

> En mi juventud —declara en 1968— la literatura era para mí la
> «grande», es decir, aparte de los clásicos, la literatura de vanguar-
> dia que mostraba ya su clasicismo: Valéry, Eliot, Saint-John Perse,
> Ezra Pound, una literatura que cabría llamar goethiana para en-
> tenderse; hoy en día todo eso me atrae mucho menos, porque me
> encuentro más o menos de punta con ella. Nadie puede negar sus
> notables logros, pero al mismo tiempo está enteramente circuns-
> crita dentro de la corriente principal de la tradición occidental.
> Lo que me interesa cada vez más actualmente es lo que llamaría
> la literatura de excepción. Una buena página de Jarry me incita
> mucho más que las obras completas de La Bruyère [12].

Pero hasta entonces, Cortázar, lector insaciable, recorre «todos»
los libros de esa tradición —claro, los que mejor la representan—, y es natural que al reseñar el libro de Chestov exprese
algo de esa desgarradura que produce en la sensibilidad occidental «el grito irracional» de Kierkegaard:

> nadie oye sin horror a Kierkegaard —concluye— proclamando el
> pecado del conocimiento, la mentira de la razón; nadie aceptará
> sin desmayo que la nada nos agobie *precisamente porque hemos
> elegido el árbol de la ciencia*, y porque la libertad ha muerto con
> el amanecer de la razón [12b].

Al año siguiente, sin embargo, en un artículo aparecido en
la revista *Realidad*, Cortázar retoma el tema con mayor liber-

---

[11] *Ibid.*, pág. 12.
[12] Luis Harss, *op. cit.*, pág. 297.
[12b] *Cabalgata, op. cit.*, pág. 12.

tad, acicateado, tal vez, por las ácidas observaciones de Guillermo de Torre en un capítulo titulado «Existencialismo y
nazismo» de su libro *Valoración literaria del existencialismo*.
De Torre busca relacionar el existencialismo con el nazismo y
concluye que ambos parten de una fuente común, el irracionalismo. La respuesta de Cortázar intenta «enfrentar la noción
misma de irracionalidad para contemplarla a la luz del balance
ya algo más que provisorio que nos dan cincuenta años del
siglo veinte» [13]. Dos argumentos opone Cortázar para replicar
a la conclusión de Guillermo de Torre de que, «pese a las
muchas discrepancias particulares que pueden aislarse, lo incuestionable es que existencialismo heideggeriano y nazismo
tienen un tronco común: el irracionalismo»; primero se vale de
la misma

> imagen botánica para recordar que la flor, la hoja y la espina
> proceden igualmente del tronco, sin que su valor funcional (aparte
> de los otros valores) pueda ser confundido. El tronco interesa
> menos que el proceso por el cual una substancia común deviene
> flor en un punto y tiempo dados, o llega a ser hoja o espina [14].

Segundo, invita a su lector a pensar, a riesgo de perogrullada,

> en un solo proceso histórico, de consecuencias negativas capitales,
> que emane de un desborde irracional. Lo que ocurre es todo lo
> contrario —continúa Cortázar—. Las persecuciones, las reacciones
> más abominables, las estructuras de la esclavitud, la servidumbre
> y el envilecimiento, los desbordes raciales, la fabricación despó-
> tica de imperios, todo lo que cabe agrupar en el lado en sombras
> del proceso histórico, se cumple conforme a una ejecución por
> lo menos tan racional y sistemática como los procesos de signo
> positivo [15].

Pero, más que el lado polémico del ensayo, lo que interesa del
texto de Cortázar es su vindicación de lo irracional como con-

---

[13]   Julio Cortázar, «Irracionalismo y eficacia», *Realidad*, núm. 6, sep-
tiembre-diciembre de 1949, pág. 251.

[14]   *Ibid.*, pág. 254.

[15]   *Ibid.*, pág. 257.

dición para recuperar una libertad amenazada y violada precisamente por la tradición racionalista. A la falacia de que en el irracionalismo se engendran algunos de los horrores de este siglo, Cortázar opone la noción de que es justamente el agotamiento o la hipertrofia de la razón lo que conduce a esas catástrofes y a una parálisis de la capacidad humana de crear, imaginar y crecer:

> Cuando el siglo XIX —dice— muestra en la poesía los primeros signos de la «rebelión de lo irracional», el fenómeno traduce el ya insoportable exceso de tensión a que la hegemonía racional había llevado al hombre, y el brusco salto —por vía de escape poético— de fuerzas necesitadas de ejercitación más libre. Europa descubre entonces, con tanta maravilla como temor, que la razón puede y debe ser dejada de lado para alzancar determinados logros [16].

Las crisis del mundo occidental no se explican por el desborde de fuerzas irracionales que domeñan el poderío de la razón, sino por la impotencia o ineficacia de la razón para contener esas fuerzas de lo irracional negativo.

> El signo de la razón —explica Cortázar— guiaba hasta ahora al Occidente; ¿pero adónde lo ha llevado? (...). Es la razón la que cede a la crueldad escogiéndola, dándole paso libre para cimentar una Gestapo (...). De pronto, bajo el signo irracional, nace una tentativa —acaso inútil, pero digna del hombre— para alterar el rumbo de esa marcha. ¿Parecen pueriles sus esfuerzos? Son los de ochenta años contra veinte siglos. El esfuerzo de Cristo, a ochenta años de cumplido, parecía pueril a los Césares [17].

En esas fuerzas liberadoras de lo irracional, que para el Cortázar de 1949 se manifiestan en el psicoanálisis, en el cubismo, en la poesía dadaísta, en «el vasto experimento surrealista» y en el existencialismo, se define un sendero para salir del atolladero de la crisis del mundo moderno:

---

[16] *Ibid.*, pág. 257.
[17] *Ibid.*, págs. 257-259.

> Llevará tiempo comprender —concluye —que el existencialismo
> no traiciona al Occidente, sino que procura rescatarlo de un trá-
> gico desequilibrio en la fundamentación metafísica de su historia,
> dando a lo irracional su puesto necesario en una humanidad des-
> concertada por el estrepitoso fracaso del «progreso» según la
> razón [18].

Pero, en esta nota, Cortázar subordina todavía las posibilidades liberadoras de lo irracional a la buena o mala conducta
de la razón. Lo que propone es más bien un eclecticismo, un
equilibrio que hace depender la eficacia de lo irracional del
buen funcionamiento de lo racional. Su ensayo concluye con
una advertencia que restituye la función reguladora de la razón,
su incuestionable responsabilidad en los resultados y consecuencias últimas de lo irracional:

> La eficacia (la «peligrosidad» posible) del existencialismo de-
> pende *históricamente* de la formidable dialéctica con que lo expo-
> nen y lo propugnan sus maestros, tanto en la línea germánica
> como en las ramas francesas. También aquí será la razón quien,
> a la hora de las responsabilidades, deberá enfrentar una posible
> acusación si traiciona su signo. Pero la función racional en el
> existencialismo, a esta altura en que escribo, nada tiene de común
> con la función racional que hizo posible el nazismo; es mecanismo
> vigilante, dentro de un orden humano que incluye irrazón y razón
> con igual necesidad y derecho [19].

Cortázar defiende, a esta altura de su obra, «un orden humano que incluye la irrazón y la razón con igual necesidad y derecho». Tal conclusión dista todavía de ese «contacto con una
realidad sin interposición de mitos, religiones, sistemas y reticulados» [20], de ese orden «más allá de la lógica y de todo el
aparato intelectual de Occidente» que se busca y postula a
través de las páginas de *Rayuela*, pero indica inequívocamente
que, antes de publicar su primer libro de cuentos, Cortázar

---

[18] *Ibid.*, pág. 259.
[19] *Ibid.*, pág. 259.
[20] Julio Cortázar, *Rayuela*, pág. 558.

tenía ya una clara imagen de la dirección que seguiría toda su obra narrativa: ha definido y formulado sus contextos, ha preparado su cajón de sastre, ha madurado una visión de mundo desde la cual irán emergiendo sus criaturas literarias. Un resumen de su percepción y valoración del existencialismo aparece en su reseña de la traducción al español (hecha por Aurora Bernárdez) de *La nausée* de Sartre. En esa nota, escrita en 1948 para la revista *Cabalgata,* dice Cortázar:

> Hoy, que sólo las formas aberrantes de la reacción y la cobardía pueden continuar subestimando la tremenda presencia del existencialismo en la escena de esta postguerra, y su influencia sobre la generación en plena actividad creadora, la versión al español de la primera novela de Sartre mostrará a multitud de desconcertados y ansiosos lectores la iniciación a lo que el autor llamó posteriormente «los caminos de la libertad»; caminos que liquidan vertiginosamente todas las formas provisorias de la libertad, y que ponen al hombre comprometido existencialmente en la dura y espléndida tarea de renacer, si es capaz, sobre la ceniza de su yo histórico, su yo conformado, su yo conformista [21].

---

[21] *Cabalgata,* año III, núm. 15, enero de 1948, pág. 11.

III

SURREALISMO

Junto a la defensa del existencialismo como alternativa frente a «la razón razonante», frente a esa razón empantanada en sus propias crisis, Cortázar defenderá el surrealismo como «la más alta empresa del hombre contemporáneo, como previsión y tentativa de un humanismo integrado» [22]. El texto más explícito sobre este tema es la nota que, a propósito de la muerte de Antonin Artaud en 1948, escribe para la revista *Sur* ese mismo año. En oposición a la mayoría de escritores españoles e hispanoamericanos que vieron en el surrealismo una técnica literaria más que una visión integradora, Cortázar lo ve como lo habían visto Artaud y sus compañeros más ortodoxos: no como una técnica, sino como un movimiento de liberación total; no como una escuela literaria, sino como un acontecimiento «no literario y hasta anti y extra literario»; en resumen, no como un «ismo» literario más, sino «como el más alto y difícil grado de autenticidad» [23]. La tendencia de la crítica a convertirlo en un capítulo concluido de la historia literaria encuentra su reprobación indignada:

> Da asco advertir —dice— la violenta presión de raíz estética y profesoral que se esmera por completar con el surrealismo un

---

[22] Julio Cortázar, «Irracionalismo y eficacia», pág. 253.
[23] *Ibid.*, «Muerte de Antonin Artaud», *Sur*, núm. 163, mayo de 1948, página 80.

capítulo más de la historia literaria y que se cierra a su legítimo sentido [24].

Para Cortázar,

el surrealismo es cosmovisión, no escuela o ismo; una empresa de conquista de la realidad, que es la realidad cierta en vez de la otra de cartón piedra y por siempre ámbar; una reconquista de lo mal conquistado (lo conquistado a medias: con la parcelación de una ciencia, una razón razonante, una estética, una moral, una teología) y no la mera prosecución, dialécticamente antitética, del viejo orden supuestamente progresivo [25].

A quince años de *Rayuela*, Cortázar encuentra en el surrealismo algunas de las ideas clave (la búsqueda de un reino perdido, la poesía como magia y como fuerza capaz de cambiar la realidad, el arte como revelación más que como invención, el advenimiento de una edad de oro, el amor como una forma de posesión de la realidad) que cruzan la novela como sus arterias mayores y que forman esos trampolines desde los cuales Horacio Oliveira se lanza a sus búsquedas. En nombre de ese surrealismo que «representa el estado y la conducta propios del animal humano», Cortázar rechaza ese otro surrealismo de *tic*, de etiqueta, que se manifiesta en

relojes blandos, en giocondas con bigotes, en retratos tuertos premonitorios, en exposiciones y antologías (...), porque el ahondamiento surrealista pone más el acento en el individuo que en sus productos (...), y vivir importa más que escribir, salvo que el escribir sea —como tan pocas veces— un vivir [26].

El surrealismo al cual Cortázar se adhiere es

un salto a la acción: propone el reconocimiento de la realidad como poética (...); desaparece así la diferencia esencial entre un poema de Desnos (modo verbal de la realidad) y un acaecer poé-

[24] *Ibid.*, pág. 80.
[25] *Ibid.*, pág. 80.
[26] *Ibid.*, pág. 81.

tico —cierto crimen, cierto «knock-out, cierta mujer— (modos fác-
ticos de la misma realidad) [27].

Si soy poeta o actor —dice Cortázar citando a Artaud— no lo
soy para escribir o declamar poesías, sino para vivirlas [28].

En el capítulo 112 de *Rayuela*, Morelli expresará —como un
eco de la visión literaria de Artaud— su repulsión a la retórica
y a un lenguaje literario en el cual «el desecamiento verbal es
paralelo y correlativo a otro vital» [29], para proponer una belleza que es fin y no medio, porque emerge de la total identificación «entre la condición humana y la condición de artista
del creador» [30]. Finalmente, Cortázar da expresión, ya en esa
nota de 1948, a un pensamiento cardinal que luego reaparece,
en formulaciones diferentes, a lo largo de *Rayuela* y que con-
densa uno de los impulsos centrales de toda su obra; refirién-
dose a Artaud, dice:

> Sospecho que su locura —sí, profesores, calma: estaba lo-co—
> es un testimonio de la lucha entre el homo sapiens milenario (¿eh,
> Sören Kierkegaard?) y ese otro que balbucea más adentro, se
> agarra con uñas nocturnas desde abajo, trepa y se debate, buscan-
> do con derecho coexistir y colindar hasta la fusión total [31].

Es el hombre nuevo cortazariano que en *Rayuela* se define no
como «el hombre que es sino que busca ser» [32] y que visto
desde el existencialismo emergía como el hombre libre que
busca renacer sobre las cenizas de su yo histórico y confor-
mado [33].

Al año siguiente Cortázar publicó en *Realidad* una brevísima
nota titulada «Un cadáver viviente». La alusión es al surrealis-

---

[27] *Ibid.*, pág. 81.

[28] Antonin Artaud, «Carta a Henri Parisot» (escrita desde el asilo
de alienados de Rodez). Citada por Cortázar en «Muerte de A. Artaud»,
página 81.

[29] J. C., *Rayuela*, pág. 538.

[30] *Ibid.*, pág. 539.

[31] J. C., «Muerte de A. Artaud», pág. 82.

[32] J. C., *Rayuela*, pág. 418.

[33] *Cabalgata*, año III, núm. 15, enero de 1948, pág. 11.

mo, que, aunque enterrado en los manuales como movimiento literario, continúa muy vivo en su espíritu y cosmovisión.

> Es extraordinario —escribe Cortázar— cómo las buenas gentes se lo imaginan concluido, bien muertecito y ya con historias al modo de ésta que Maurice Nadeau ha luchado por hacerle (y que es informativa y útil como los catálogos de tuberosas o las láminas de algas o caracoles) [34].

El tono de toda la nota es sardónico, y la metáfora del surrealismo como «cadáver viviente» alcanza visos de alegoría:

> Lo que yace allí mohoso y compuesto es nada más que la piel brillante y falsa de la culebra, la literatura y las artes del surrealismo (que es antiliterario). Al entierro del surrealismo se llevan los despojos de todas las substancias que esa libre poesía utilizó en su momento: tela, colores, diccionarios, celuloide, objetos vivos e inanimados. En la carroza fúnebre, de primera clase como es debido, el nombre del difunto va de menor a mayor para que la gente lea bien lo de ISMO: otro más que baja al gran olvido de la tierra. Después, a casita y todo perfecto [35].

Como en la nota dedicada a Artaud, también aquí el elemento central es la distinción entre el surrealismo como moda o modo literario y el surrealismo como movimiento de liberación total. Esencialmente, es la vieja querella en torno al surrealismo, que es en realidad un movimiento de poetas y artistas y se niega, sin embargo, a ser juzgado con criterios estéticos. Cortázar toma partido por ese surrealismo radical que se niega a ser embalsamado en un «ismo» y por eso advierte a sus «enterradores»:

> Cuidado, señores, la cosa no es tan simple... Todos conocemos la disolución del equipo espectacular del surrealismo francés; Artaud ha caído, y Crevel, y hubo cismas y renuncias, mientras otros retornaron profesionalmente a la literatura o a los caballetes, a la utilización de las recetas eficaces. Mucho de esto huele a museo,

---

[34] J. C., «Un cadáver viviente», *Realidad*, núm. 5, mayo-junio de 1949, página 349.

[35] *Ibid.*, pág. 349.

y las gentes están contentas porque los museos son sitios segu-
ros donde se guardan bajo llave los objetos explosivos; uno va
el domingo a verlos, etc. Pero conviene recordar que del primer
juego surrealista con papelitos nació este verso: *El cadáver exquisito beberá el vino nuevo.* Cuidado con este vivísimo muerto que
viste hoy el más peligroso de los trajes, el de la falsa ausencia,
y que, presente como nunca allí donde no se lo sospecha, apoya
sus manos enormes en el tiempo para no dejarlo irse sin él, que
le da sentido [36].

Es evidente que para el Cortázar de 1949, preocupado por
interrogantes ontológicos, el surrealismo es un punto de apoyo
en el que hacen palanca sus propias búsquedas. Su entusiasmo
no nace de esas técnicas o recursos asociados al surrealismo
y que en última instancia terminaron popularizándolo como
un «ismo» más, al que se resiste y contra el cual se rebela
Cortázar. Lo que le interesa del surrealismo es su cosmovisión,
su condición de alternativa a la razón razonante, su intento
de posesión de la realidad sin intervención del homo sapiens.
De ahí que se ocupe, en esos textos dedicados al surrealismo,
más que de sus productos o de sus poetas o pintores, de su
filosofía y de la fe de sus creyentes, de su visión del hombre
y del mundo, de sus esfuerzos por trascender los esquemas de
una cultura que para el surrealismo estaba agotada. En *Rayuela* ofrece Cortázar una síntesis de su valoración del surrealismo
como un movimiento liberador que, no obstante, no supo encontrar los medios de expresión consecuentes con sus propias
premisas. Cuando, en una reunión del Club de la serpiente,
Perico insiste en que «para surrealismos ya ha habido de so-
bra», Etienne retruca:

No se trata de una empresa de liberación verbal. Los surrealistas creyeron que el verdadero lenguaje y la verdadera realidad
estaban censurados y relegados por la estructura racionalista y
burguesa de Occidente. Tenían razón, como lo sabe cualquier
poeta, pero eso no era más que un momento en la complicada
peladura de la banana. Resultado: más de uno se la comió con

---

[36] *Ibid.*, pág. 350.

cáscara. Los surrealistas se colgaron de las palabras en vez de despegarse brutalmente de ellas, como quisiera hacer Morelli desde la palabra misma. Fanáticos del verbo en estado puro, pitonisos frenéticos, aceptaron cualquier cosa mientras no pareciera excesivamente gramatical. No sospecharon bastante que la creación de todo un lenguaje, aunque termine traicionando su sentido, muestra irrefutablemente la estructura humana, sea la de un chino o un piel roja. Lenguaje quiere decir residencia en una realidad, vivencia en una realidad. Aunque sea cierto que el lenguaje que usamos nos traiciona (y Morelli no es el único en gritarlo a todos los vientos), no basta con querer liberarlo de sus tabúes. Hay que revivirlo, no re-animarlo [37].

Aquí la perspectiva es diferente. Cortázar acepta el surrealismo como un experimento concluido, y desde esa nueva perspectiva deja de lado sus premisas, que el tiempo ha convertido en un contexto más de ese mismo orden que buscaron trascender, y enjuicia sus productos. Lo que critica ahora a los surrealistas es el haber buscado, inútilmente, liberarse de un orden y de una estructura desde el lenguaje y, a veces, ni siquiera desde el lenguaje, sino a partir de tiras y aflojas con la gramática:

> No se puede —agrega Gregorovius— revivir el lenguaje si no se empieza por intuir de otra manera casi todo lo que constituye nuestra realidad. Del ser al verbo, no del verbo al ser [38].

Juzgando ahora, no la filosofía del surrealismo —con la cual la obra de Cortázar tiene marcados contactos [39]—, sino los resultados de su creación literaria, que Cortázar se negó siempre a aceptar como el metro para medir los alcances del movimiento, es natural que, desde el punto de vista de Morelli, la escritura automática, la asociación libre, la omnipotencia y transposición de los sueños y otras recetas surrealistas aparezcan como malabarismos lingüísticos, como juegos verbales que dejan intocado ese juego ontológico que Morelli propone

[37] J. C., *Rayuela*, págs. 502-503.
[38] *Ibid.*, pág. 503.
[39] Sobre este aspecto, véase Evelyn Picon Garfield, *¿Es Julio Cortázar un surrealista?*, Madrid, Gredos, 1975.

jugar: «Lo que Morelli busca es quebrar los hábitos mentales del lector»[40] —dice Etienne en *Rayuela*—, para tocar ¿qué realidad?

> Yo diría —responde Oliveira—, para empezar, que esta realidad tecnológica que aceptan hoy los hombres de ciencia y los lectores de *France-Soir*, este mundo de cortisona, rayos gamma y elución de plutonio, tienen tan poco que ver con la realidad como el mundo del *Roman de la Rose*. Si se lo mencioné hace un rato a nuestro Perico, fue para hacerle notar que sus criterios estéticos y su escala de valores están más bien liquidados y que el hombre, después de haberlo esperado todo de la inteligencia y el espíritu, se encuentra como traicionado, oscuramente consciente de que sus armas se han vuelto contra él, que la cultura, la civiltà, lo han traído a este callejón sin salida donde la barbarie de la ciencia no es más que una reacción muy comprensible[41].

En *Rayuela*, pues, la valoración del surrealismo se ensancha, pero en la novela reconocemos los atisbos del primer Cortázar. Su defensa del existencialismo y el surrealismo representan versiones primeras de ideas y actitudes que después encuentran en *Rayuela* un campo visual más ancho y abarcador, pero en esas notas y ensayos están ya, en germen, las preocupaciones y búsquedas de Horacio Oliveira; la semilla primera de esas excursiones juveniles se hace árbol en *Rayuela*. La importancia de esos ensayos para el estudio de sus cuentos es su condición de documento y evidencia de que el Cortázar que escribe relatos neo-fantásticos hacia 1948 está motivado por los mismos interrogantes y problemas que estimularon al autor de *Rayuela* quince años más tarde. Corroboran, además, lo que el propio Cortázar ha dicho respecto a sus cuentos: que «son en su mayoría de la misma estofa que sus novelas» y que «*Rayuela* es de alguna manera la filosofía de mis cuentos —una indagación sobre lo que determinó a lo largo de muchos años su materia o su impulso»[42]. Para comprender, pues, cabalmente

---

[40] J. C., *Rayuela*, pág. 505.
[41] *Ibid.*, págs. 506-507.
[42] J. C., *La vuelta al día en ochenta mundos*, pág. 25.

«la materia o impulso» de sus cuentos, *Rayuela* representa un contexto indispensable, constituye el arco que genera la tensión necesaria para que el cuento, como un flechazo, se produzca. En los cuentos, Cortázar nos ofrece una solución fantástica a problemas que en las novelas se resolverán existencial o vitalmente; pero cuento y novela están disparados por las mismas tensiones, por esas urgencias que *Rayuela* puntualiza, en ancho y profundidad, y que ya estaban esbozadas en notas y ensayos escritos mientras escribía los cuentos de *Bestiario* y *Final del juego*. Remitirnos a *Rayuela* es una forma de precisar las motivaciones más íntimas de sus relatos neofantásticos.

IV

RAYUELA

Rayuela —dijo Cortázar en una entrevista de 1967— es un poco una síntesis de mis diez años de vida en París, más los años anteriores. Allí hice la tentativa más a fondo de que era capaz en ese momento para plantearme en términos de novela lo que otros, los filósofos, se plantean en términos metafísicos. Es decir, los grandes interrogantes, las grandes preguntas [43].

Y más adelante:

El problema central para el personaje de *Rayuela*, con el que yo me identifico en este caso, es que él tiene una visión que podríamos llamar maravillosa de la realidad. Maravillosa en el sentido de que él cree que la realidad cotidiana enmascara una segunda realidad que no es ni misteriosa, ni trascendente, ni teológica, sino que es profundamente humana pero que por *una* serie de equivocaciones (...) ha quedado como enmascarada detrás de una realidad prefabricada con muchos años de cultura, una cultura en donde hay maravillas pero también hay profundas aberraciones, profundas tergiversaciones. Para el personaje de *Rayuela* habría que proceder por bruscas irrupciones en una realidad más auténtica [44].

---

[43] Margarita García Flores, «Siete respuestas de J. C.», *Revista de la Universidad de México*, vol. XXI, núm. 7, marzo de 1967, págs. 10-11.
[44] *Ibid.*, págs. 10-11.

Cortázar no estaba solo en esa búsqueda de «una realidad
más auténtica». Lionel Trilling ha observado que

> una de las características más salientes de la cultura de nuestro
> tiempo es la intensa y casi obsesiva preocupación por la auten-
> ticidad como cualidad de la vida personal y como criterio del
> arte [45].

Pero la palabra «autenticidad», tan usada y abusada en nuestro tiempo, tiene tantos sentidos y alcances como exégetas y
creyentes; es un proteo que cada cual emplea como mejor se
aviene a sus propósitos. Sin embargo, no es imposible delimi-
tarla definiendo no lo que es sino lo que no es auténtico. Trilling, por ejemplo, escribe:

> Una buena medida de la inautenticidad en la narración pro-
> vendría de la premisa de que la vida es susceptible de ser com-
> prendida y, por lo tanto, controlada (...). La historia no la narra
> un idiota, sino una conciencia racional, que percibe en las cosas
> los procesos que son la razón de aquéllas y deriva de esa per-
> cepción un principio de conducta, una manera de vivir entre las
> cosas. ¿Podemos, en nuestro tiempo, someternos a un modo de
> explicación tan primitivo, tan flagrantemente aristotélico? [46].

Si la respuesta es negativa, y no cabe duda de que lo es, la
dificultad reside en la posibilidad de encontrar alternativas a
esas formas de la narración cuya óptica de percepción es deci-
didamente racional. Cortázar encuentra una respuesta en lo
neo-fantástico. Su designación es todavía un resabio de nuestros viejos hábitos mentales, porque decir que esta literatura
es «fantástica» implica que todavía la evaluamos desde nuestra
segura vereda silogística, donde lo que no es «real» es «irreal
o fantástico», como aún seguimos diciendo que «el sol sale y
se pone», a pesar de que Ptolomeo es apenas una reliquia olvi-

---

[45] Lionel Trilling, «Authenticity and the Modern Unconscious», *Commentary*, New York, vol. 52, núm. 3, septiembre de 1971, pág. 39. Incluido
en el volumen *Sincerity and Authenticity*, Harvard University Press, 1972,
del mismo autor.
[46] *Ibid.*, pág. 39.

dada en algún rincón de la Antigüedad y la Edad Media. En
rigor, lo fantástico nuevo es un arte más «realista», en el sentido de que se propone calar más hondo en la realidad, entrever
porciones de realidad sepultadas bajo esa costra de racionalismo segregada por siglos de tradición aristotélica. Que los
cuentos neo-fantásticos de Cortázar están lejos de ser meros
juegos estéticos y que son, muy al contrario, esfuerzos por
tocar una realidad escamoteada por nuestra percepción lógica,
lo demuestra su vigorosa defensa de movimientos que, como
el existencialismo y el surrealismo, buscan un acceso a la realidad por caminos diferentes a los recorridos por nuestra cultura. Cuando Cortázar llama a *Rayuela* «la filosofía de mis
cuentos», no exagera. Al hacer novela de «las grandes preguntas», hace una síntesis —como él ha explicado— de las preocupaciones y búsquedas que lo impulsaron a escribir sus cuentos.

Esas preguntas no son diferentes de las que se plantea y
busca responder lo neo-fantástico. En el capítulo 62, por ejemplo, Morelli ha dejado algunas notas sueltas de un libro que
había pensado escribir:

> Si escribiera ese libro —dice—, las conductas standard (incluso
> las más insólitas, su categoría de lujo) serían inexplicables con el
> instrumental psicológico al uso. Los actores parecerían insanos o
> totalmente idiotas... En ellos, algo que el homo sapiens guarda
> en lo sublimal se abriría penosamente un camino, como si un
> tercer ojo parpadeara penosamente debajo del hueso frontal. Todo
> sería como una inquietud, un desasosiego, un desarraigo continuo,
> un territorio donde la causalidad psicológica cedería desconcertada,
> y esos fantoches se destrozarían o se amarían o se reconocerían
> sin sospechar demasiado de que la vida trata de cambiar la clave
> en y a través y por ellos, que una tentativa apenas concebible
> nace en el hombre como en otro tiempo fueron naciendo la clave-
> razón, la clave-sentimiento, la clave-pragmatismo [47].

Un ser o seres al margen de esa causalidad psicológica que les
otorga identidad se dibuja inmediatamente como un ser fan-

---

[47] J. C., *Rayuela*, pág. 417. Citas subsiguientes indicadas en el texto
por el número de página de esta edición.

tástico: un tercer ojo debajo del hueso frontal, una conducta que se descarrila de la psicología freudiana, fantoches al borde de la locura o la idiotez. Pero, a través de esos seres, Morelli se propone explorar una realidad que responde a claves diferentes de las nuestras, una realidad que debe comprenderse según una geometría que rebasa los postulados de la causalidad y tiene tanta validez como la que hemos adoptado como la única dimensión de todo lo conmensurable. En esencia, lo que Morelli dice es que el hombre es infinitamente más complejo que esa imagen con que lo define «el instrumental psicológico al uso», pero ese hombre yace aún sepulto, ignorado, esperando su propia liberación.

La libertad heredada después de treinta siglos de «dialéctica judeocristiana es la más falsa de las libertades» (616), y Cortázar se vuelve en *Rayuela* y a lo largo de toda su obra contra esa dialéctica, contra «el criterio griego de verdad y error» (515), contra el homo sapiens (417) y el «homo occidentalis» (568), contra «la gran máscara de Occidente» (560), contra «la gran Costumbre» (439), contra la lógica aristotélica (602), «el principio de razón suficiente» (433) y, finalmente, contra «la Gran Infatuación-Idealista-Realista-Espiritualista-Materialista del Occidente, S. R. L.» (510). Más difícil, en cambio, es precisar qué se busca:

> ¿Qué se busca? ¿Un reino milenario, un edén, un otro mundo?, pero sobre todo un detrás de todo eso (siempre es detrás, hay que convencerse de que es la idea clave del pensamiento moderno) (pág. 432).

> Puede ser que haya otro mundo dentro de éste, pero no lo encontraremos recortando su silueta en el tumulto fabuloso de los días y las vidas, no lo encontraremos ni en la atrofia ni en la hipertrofia. Ese mundo no existe, hay que crearlo como el fénix (págs. 434-435).

> Ese famoso Yonder no puede ser imaginado como futuro en el tiempo o en el espacio. Si seguimos ateniéndonos a categorías kantianas, parece querer decir Morelli, no saldremos nunca del atolladero. Lo que llamamos realidad, la verdadera realidad, que también llamamos Yonder, no es algo por venir, una meta, un

último peldaño, el final de una evolución. No, es algo que ya está aquí, en nosotros. Se la siente, basta tener el valor de estirar la mano en la oscuridad (pág. 508).

Se busca «alguna oscura sensación de certidumbre» en cuyo nombre se ataca «lo que parece más falso» (512).

Cortázar, que conoce los avances de la ciencia y sus esfuerzos por cruzar sus propias fronteras para tocar un territorio que desde el nuestro se definiría como una anti-realidad, escribe en *Rayuela*:

> Morelli abrazaba con entusiasmo las hipótesis de trabajo más recientes de la ciencia física y de la biología y se mostraba convencido de que el viejo dualismo se había agrietado ante la evidencia de una común reducción de la materia y el espíritu a nociones de energía (pág. 558).

Y en una página de *Morelliana* se lee:

> Basta mirar un momento con los ojos de todos los días el comportamiento de un gato o de una mosca para sentir que esa nueva visión a que tiende la ciencia, esa des-antropomorfización que proponen urgentemente los biólogos y los físicos como única posibilidad de enlace con hechos tales como el instinto o la vida vegetal, no es otra cosa que la remota, aislada, insistente voz con que ciertas líneas del budismo, del vedanta, del sufismo, de la mística occidental, nos instan a renunciar de una vez por todas a la mortalidad (pág. 620).

En el capítulo 104 de *Rayuela* se define la vida «como un *comentario* de otra cosa que no alcanzamos y que está ahí al alcance del salto que no damos» (522). (Nietzsche decía que «todo nuestro llamado conocimiento es un comentario más o menos fantástico de un texto desconocido, tal vez inconocible y sin embargo presentido»); entre esa «otra cosa» y su *comentario*, entre ese «texto desconocido» y su exégesis, se levanta «la valla kantiana y la conducta lógica del hombre» [48]. Toda *Rayuela* es una búsqueda de

---

[48] *Ibid., La vuelta al día en ochenta mundos*, pág. 212.

esa reconciliación con un mundo del que nos ha separado y nos separa un aberrante dualismo de raíz occidental, y que el Oriente anula en sistemas y expresiones que sólo de lejos y deformadamente nos alcanzan [49].

Hay momentos privilegiados en que nos asomamos a esa posible reconciliación:

> Un silencio en una música de Weber, un acorde plástico en un óleo de Picasso, una broma de Marcel Duchamp, ese momento en que Charlie Parker echa a volar *Out of Nowhere,* estos versos de Attãr:

> > Tras de beber los mares nos asombra
> > que nuestros labios sigan tan secos como las playas
> > y buscamos una vez más el mar para mojarnos en él, sin ver
> > que nuestros labios son las playas y nosotros el mar [50].

---

[49] *Ibid.,* pág. 207.
[50] *Ibid.,* pág. 207.

V

ENSAYOS

En este último ensayo de *La vuelta al día en ochenta mundos*, Cortázar replantea la disyuntiva del cuadro de Chirico: el filósofo que inventa los signos y en ellos acepta la valla que lo separa de las cosas, y el poeta que busca una posesión directa y total de la realidad. Con esa imagen de Chirico en mente, oigamos la explicación de Cortázar:

> En el acto racional del conocimiento *no hay* pérdida de identidad; por el contrario, el sujeto se apresura a reducir el objeto a términos categorizables y petrificables, en procura de una simplificación lógica a su medida (...). La conducta lógica del hombre tiende siempre a defender la persona del sujeto, a parapetarse frente a la irrupción osmótica de la realidad, ser por excelencia el antagonista del mundo, porque si al hombre lo obsesiona conocer es siempre un poco por hostilidad, por temor a *confundirse*. En cambio el poeta renuncia a defenderse. Renuncia a conservar una identidad en el acto de conocer porque precisamente el signo inconfundible (...) se lo da tempranamente el sentirse a cada paso otro, el salirse tan fácilmente de sí mismo para ingresar en las entidades que lo absorben, enajenarse en el objeto que será cantado, la materia física o moral cuya combustión lírica provocará el poema. Sediento de ser, el poeta no cesa de tenderse hacia la realidad buscando con el arpón infatigable del poema una realidad cada vez mejor ahondada, más real. Su poder es instrumento de posesión; como una red que pescara para sí misma, un anzuelo que fuera a la vez ansia de pesca. Ser poeta es ansiar,

pero sobre todo obtener en la exacta medida en que se ansía. De ahí las distintas dimensiones de poetas y poéticas [51].

Ya en su ensayo de 1950 sobre la «Situación de la novela», Cortázar escribía acerca del poderío ontológico de la poesía:

> Lo que llamamos poesía comporta la más honda penetración en el ser de que es capaz el hombre. Sedienta de ser, enamorada de ser, la poesía cruza por las napas superficiales sin iluminarlas de lleno, centrando su haz en las dimensiones profundas. Y entonces ocurre que como el hombre está fenomenalmente en relación a sus esencias como la masa de la esfera en relación a su centro, la poesía incide en el centro, se instala en el plano absoluto del ser, y sólo su irradiación refleja vuelve a la superficie y abarca su contenido en su luminoso continente [52].

Frente a la novela del siglo XIX, observa Cortázar en el mismo ensayo, que responde a la pregunta de *cómo* es el hombre, la novela de hoy se pregunta su *por qué* y *para qué*; y, frente a la racionalidad y al esteticismo de esa novela que antecede a la contemporánea, la novela de nuestro tiempo busca responder a esos interrogantes recurriendo al lenguaje poético como «medio de conocimiento antropológico»:

> Algunos novelistas (Joyce, Proust, Gide, D. H. Lawrence, Kafka, Virginia Woolf, Thomas Mann) tiran por la borda el lenguaje mediatizador, sustituyen la forma por el ensalmo, la descripción por la visión, la ciencia por la magia [53].

Pero, aclara Cortázar,

> la irrupción de la poesía en la novela no supuso necesariamente la adopción de formas verbales poemáticas, ni siquiera ésa que tan vagamente se llamaba en un tiempo «prosa poética», o el denominado «estilo artista» al modo de los Goncourt. Lo que cuenta

---

[51] *Ibid.*, pág. 212.
[52] J. C., «Situación de la novela», *Cuadernos americanos*, México, volumen 3, núm. 4, julio-agosto de 1950, pág. 228.
[53] *Ibid.*, pág. 232.

es la *actitud poética* en el novelista (que justamente no tenían los Goncourt, tan finos estéticamente); lo que cuenta es la negativa a mediatizar, a embellecer, a hacer literatura[54].

Estas consideraciones sobre «la actitud poética» de la novela contemporánea se articulan con la idea de Cortázar de una literatura más allá del hecho estético, de una literatura como «una empresa de conquista verbal de la realidad»[55], y son de una sola pieza con sus esfuerzos por hermanar el cuento (o más bien el relato de tipo neo-fantástico) con la poesía[56]:

> No hay diferencia genética —escribe en su ensayo «Del cuento breve y sus alrededores»— entre este tipo de cuentos y la poesía como la entendemos a partir de Baudelaire (...). El génesis del cuento y del poema es el mismo, nace de un repentino extrañamiento, de un *desplazarse* que altera el régimen «normal» de la conciencia; en un tiempo en que las etiquetas y los géneros ceden a una estrepitosa bancarrota, no es inútil insistir en esta afinidad que muchos encontrarán fantasiosa. Mi experiencia me dice que,

---

[54] *Ibid.*, págs. 232-233.

[55] *Ibid.*, pág. 223.

[56] En su ensayo «Algunos aspectos del cuento» llama al relato breve «hermano misterioso de la poesía», *op. cit.*, pág. 4. En otro artículo, «Para una poética», publicado en *La Torre*, Puerto Rico, julio-septiembre de 1954, págs. 121-138, ofrece una visión complementaria de la poesía. Allí, Cortázar equipara el poder ontológico de la poesía con la cosmovisión mágica del primitivo: «El poeta —dice— significa la prosecución de la magia en otro plano.» Y agrega: «El poeta hereda de sus remotos ascendientes un ansia de dominio, aunque no ya en el orden fáctico; el mago ha sido vencido en él (en ese orden) y sólo queda el poeta, mago metafísico, evocador de esencias, ansioso de posesión creciente de la realidad en el plano del ser» (pág. 133). Esa posesión mágica de la realidad se cumple —en la poesía como en la magia— a través de una alquimia que tiene lugar en la aprehensión por analogía de las cosas: «Cuando alguien afirmó bellamente que la metáfora es la forma mágica del principio de identidad, hizo evidente la concepción poética de la realidad, y la afirmación de un enfoque estructural y ontológico ajeno al entendimiento científico de aquélla. Una mera revisión antropológica muestra en seguida (según los hallazgos de Lévy-Bruhl) que tal concepción coincide (¡analógicamente, claro!) con la noción mágica del mundo que es propia del primitivo» (pág. 124).

de alguna manera, un cuento breve como los que he tratado de caracterizar no tiene una *estructura de prosa* [57].

A estas afinidades entre cuento y poesía, contrapone Cortázar netas diferencias:

> Pero si el acto poético me parece una suerte de magia de segundo grado, tentativa de posesión ontológica y no ya física como en la magia propiamente dicha, el cuento no tiene intenciones esenciales, ni indaga ni transmite un conocimiento o un «mensaje» [58].

La poesía prescinde de circunstancias que el cuento se esfuerza por establecer y se centra en un yo que percibe el mundo desde ese yo exclusivo; mientras que el cuento es algo así como la sorpresa de ese yo ante varios yos y circunstancias que se entretejen en torno al personaje o personajes como una tela de araña en cuyo centro se abrirá un espacio que revela un orden nuevo y desde el cual el personaje redescubre sus circunstancias que, ahora, muestran un reverso insospechado. Cortázar define el cuento como

> una síntesis viviente a la vez que vida sintetizada, algo así como un temblor de agua dentro de un cristal, una fugacidad en una permanencia, ya que sólo con imágenes se puede transmitir esa alquimia secreta que explica la profunda resonancia que un gran cuento tiene en nosotros [59].

Y en otro lugar:

> Un cuento es significativo cuando quiebra sus propios límites con esa explosión de energía espiritual que ilumina bruscamente algo que va mucho más allá de la pequeña y a veces miserable anécdota que cuenta (...). Todo cuento perdurable es como la semilla donde está durmiendo el árbol gigantesco. Ese árbol crecerá en nosotros, dará su sombra en nuestra memoria [60].

---

[57] J. C., *Último round*, México, Siglo XXI, 1969, pág. 42.
[58] *Ibid.*, pág. 42.
[59] *Ibid.*, «Algunos aspectos del cuento», pág. 5.
[60] *Ibid.*, pág. 8.

Para que esa «explosión o apertura» se produzca, el escritor busca para el tema que ha escogido una forma o tratamiento desde donde ese fragmento de la realidad, como una buena fotografía, «abra de par en par una realidad mucho más amplia, como una visión dinámica que trasciende espiritualmente el campo abarcado por la cámara» [61].

La predilección de Cortázar por el tratamiento fantástico de muchos de sus cuentos arranca de una confesión fortuita: «Julio Verne me hizo dudar de la realidad que me enseñaban en la escuela» [62], hecha de pasada en una entrevista y que luego expande analíticamente en su ensayo «Del sentimiento de lo fantástico». Allí, no sin ironía, dice:

> Parecerá raro, pero el sentimiento de lo fantástico no es tan innato en mí como en otras personas que luego no escriben cuentos fantásticos [63].

La ironía apunta a una inversión en la cual lo real puede ceder fácilmente a lo sobrenatural, por lo menos con un margen que todos aceptamos de buena gana; más predispuestos a afantasmar la realidad, nos negamos, en cambio, a aceptar en la literatura de lo fantástico una medida o ángulo de la realidad:

> En otra parte —manifiesta Cortázar— he dicho mi asombro de que un condiscípulo encontrara fantástica la historia de Wilhelm Storitz que yo había leído con la más absoluta suspensión de la incredulidad. Comprendo que cumplía una operación inversa y bastante ardua: acorralar lo fantástico en lo real, *realizarlo*. El prestigio de todo libro me facilitaba la tarea: ¿cómo *dudar* de Julio Verne? [64].

Lo fantástico puede, así, abrirnos a una realidad que, aunque está fuera de la cancha, participa del juego, aun cuando su participación se de al margen de las reglas que controlan el partido. Cualquier entusiasta del fútbol sabe que, aunque el

[61] *Ibid.*, pág. 6.
[62] «Entrevista a J. C.», *Alcor*, Paraguay, núm. 29, 1964.
[63] J. C., *La vuelta al día en ochenta mundos*, pág. 43.
[64] *Ibid.*, pág. 43.

partido está limitado a lo que ocurre en la cancha, el juego se prolonga más allá de ese cuadrilátero, y que en la realidad del partido, hic et nunc, actúan otras realidades: entrenamiento, buena salud de los jugadores, estadio visitante o local, entusiasmo de la hinchada, mal día o buen día, y noventa y nueve «factores» más, que *por invisibles no son menos reales* dentro de esa realidad más inmediata y visible. Si en un cuento describiéramos un partido en el que esos noventa y nueve «jugadores invisibles» se integraran al juego y jugaran esa parte que en realidad juegan, el juego se afantasmaría, pero recobraría, a su vez, una realidad cancelada. La idea de un partido en el que gambetean el jugador y «sus compañeros invisibles» no es muy diferente de «ese encuentro fortuito de un paraguas y una máquina de coser». A esa supra o infrarrealidad apunta lo fantástico que, violando las reglas del juego, ha aumentado a 99 el número de jugadores de un equipo que reglamentariamente tiene 11.

> Cuando lo fantástico me visita —escribe Cortázar— me acuerdo siempre del admirable pasaje de Víctor Hugo: «Nadie ignora lo que es el punto vélico de un navío; lugar de convergencia, punto de intersección misterioso hasta para el constructor del barco, en el que se suman las fuerzas dispersas en todo el velamen desplegado» (...). Lo fantástico *fuerza* una costra aparencial, y por eso recuerda el punto vélico; hay algo que arrima el hombro para sacarnos de quicio. Siempre he sabido que las grandes sorpresas nos esperan allí donde hayamos aprendido por fin a no sorprendernos de nada, entendiendo por esto no escandalizarnos frente a las rupturas del orden. Los únicos que creen verdaderamente en los fantasmas son los fantasmas mismos, como lo prueba el famoso diálogo en la galería de los cuadros. Si en cualquier orden de lo fantástico llegáramos a esa naturalidad, Teodoro (el gato) ya no sería el único en quedarse tan quieto, pobre animalito, mirando lo que todavía no sabemos ver [65].

---

[65] *Ibid.*, pág. 47.

VI

DOS GEOMETRÍAS

A nuestra geometría causal de la realidad, lo fantástico suministra medidas y relaciones que, sin invalidar esa realidad apariencial, la relativizan y completan. Desde el punto de vista de lo neo-fantástico, la realidad narrativa se reorganiza de tal manera que lo que parecía irreal o inverosímil en el plano de la causalidad recobra ahora una incontrovertible validez. La relación entre los dos planos o puntos de vista es semejante a la relación que existe entre la geometría métrica o euclidiana y geometrías más avanzadas. Es sabido que, cuando pasamos de una geometría elemental a otra más desarrollada, las distinciones válidas para una desaparecen en la otra. En la geometría afín, por ejemplo, desaparece la noción de longitud y de ángulo, y la distinción entre círculo y elipse pierde toda relevancia; en cambio, se mantiene todavía la distinción entre espacio finito e infinito, que desaparece, sin embargo, cuando pasamos a la geometría proyectiva. Finalmente, cuando se alcanza el análisis situs, la distinción entre un cono, un cubo y una pirámide deja de tener lugar: estos cuerpos «diferentes» dejan de ser diferentes, para transformarse en una sola estructura, ya que cualquiera de ellos puede convertirse en el otro por una transformación continua [66].

También entre la realidad objetiva y la literatura más realista hay una distancia semejante a la que existe entre

---

[66] Véase Ernst Cassirer, *The Problem of Knowledge; Philosophy, Science, and History since Hegel*, Yale University Press, 1950, págs. 33-34.

nuestra percepción ordinaria de las cosas que reconoce solamente figuras individualizadas y espacialmente determinadas y la geometría euclidiana, en la que triángulos similares, distinguibles solamente por su posición absoluta en el espacio y la longitud de sus lados, no son figuras diferentes, sino una figura única [67].

Aun la literatura más realista, y no cabe duda de que hay diferentes grados de realismo, representa una abstracción de la realidad, abstracción que, por otro lado, está ya implícita en la naturaleza semiológica del lenguaje. Nadie objetaría la validez del *sintagma*:

> A las cuatro de la tarde, la chiquillería de la escuela pública de la plazuela del Limón salió atropelladamente de clase, con algazara de mil demonios,

aun cuando es evidente que escamotea mil detalles presentes en el *hecho* de que

> A las cuatro de la tarde, la chiquillería de la escuela pública de la plazuela del Limón salió atropelladamente de clase, con algazara de mil demonios.

Nos hemos resignado al carácter de signo del lenguaje de la misma manera que aceptamos en un rectángulo el símbolo geométrico de una mesa o una casa o un parque. Lo paradójico es nuestra resistencia a aceptar en lo fantástico una dimensión de lo real porque contradice nuestros hábitos «realistas» de la realidad (recuérdese la frase de Morelli cuando dice que «se proponía quebrar los hábitos mentales del lector»), aunque esos hábitos «realistas» contradicen, a su vez, o por lo menos reducen, nuestra imagen de la realidad.

Desde esta condición de lo fantástico como un orden no menos real que el orden realista, podemos comprender la relación de naturalidad que Cortázar se esfuerza por rescatar para lo fantástico. Aceptar el orden de lo fantástico no es negar el otro, sino elevarlo a un plano desde el cual se redefine

---

[67] *Ibid.*, pág. 33.

y cede a sus limitaciones, pero, a su vez, se afirma en el radio
de su espacio. Si es posible aceptar, como se ha dicho, que no
hay grados de precisión entre las varias geometrías y que
todas son igualmente verdaderas e igualmente necesarias, es
inconducente y estéril considerar lo fantástico como una mera
paradoja cuya irrealidad se descubre de inmediato desde un
contexto realista. Más válido (y preciso) es postular lo contrario: que solamente a partir de esos contextos realistas lo fantástico emerge como una dimensión más ancha de la realidad
física. Si en el plano de la geometría se ha reconocido que «la
geometría proyectiva se sitúa por encima de la geometría ordinaria porque el grupo de transformaciones proyectivas contiene
como parte de sí el grupo 'principal' sobre el cual descansa la
geometría euclidiana» [68], no es menos legítimo reconocer que
el segmento de realidad que revela lo fantástico contiene ese
mismo segmento realista que rectifica y amplía, y que lo fantástico y lo realista se rechazan solamente para alcanzar una
síntesis más honda de la realidad, en la cual los dos órdenes
están contenidos, aunque se opongan y contradigan, o tal vez
por eso.

No otra es la explicación de Cortázar cuando, en 1965, el
entrevistador para el diario *Expreso*, Mario Vargas Llosa, le
pregunta si «el aspecto fantástico de su obra le parece más
importante que el realista» [69]. La respuesta de Cortázar:

> Toda persona que tenga una concepción surrealista del mundo
> sabe que esa alianza de «dos géneros» (el realista y el fantástico)
> es un falso problema (...). Desde luego, siempre ha sido más fácil
> encontrar un caballo que un unicornio, aunque nadie negará que
> el unicornio proyecta en la vida significativa del hombre una ima-
> gen por lo menos tan intensa como el caballo. Para una visión
> surrealista, la determinación del grado de realidad del caballo y
> del unicornio es una cuestión superflua, que a lo sumo tiene im-
> portancia pragmática, sin contar que en ciertas circunstancias un
> caballo puede ser mucho más fantástico que un unicornio; así, en

---

[68]   *Ibid.*, pág. 33.
[69]   Mario Vargas Llosa, «Preguntas a J. C.», *Expreso*, Lima, 7 de febrero de 1965.

esa alternación en que una u otra modalidad del ser se nos impone con una evidencia total e indeclinable, los términos escolásticos de realidad y fantasía, de natural y sobrenatural, acaban por perder todo valor clasificatorio. Yo no sé dónde empieza o termina lo real y lo fantástico; en mis primeros libros preferí insertar lo fantástico en un contexto minuciosamente realista, mientras que ahora tiendo a manifestar una realidad ordinaria dentro de circunstancias con frecuencia fantásticas. Es evidente que me he alejado del unicornio para trabar una amistad más estrecha con el caballo; pero este cambio de acento no entraña renuncia ni elección unilateral. Hay el Yin y hay el Yang: eso es Tao [70].

De la misma manera que geometrías diferentes dejan de excluirse cuando trascendemos los límites de sus sistemas particulares para verlas como diversos ángulos de una ciencia de relaciones que no tiene nada que ver con la determinación de las cosas y sus cualidades, de las sustancias y sus propiedades, sino con órdenes de ideas únicamente [71], las fronteras que separan el arte realista del arte fantástico comienzan a borrarse y a desaparecer si recordamos que aun el lenguaje más cargadamente realista es una forma de representación o ideación de la realidad y no su presentación, y que aun esos símbolos que la representan son abstracciones arbitrarias de las cosas pero no las cosas, como el espacio geométrico no es el espacio físico.

No solamente para «una visión surrealista» (aunque surrealismo no se emplea aquí como el rótulo de un movimiento sino en su significación más extensa de una visión de la realidad al margen de categorías fundadas en un orden unitariamente lógico y excluyente), como dice Cortázar, sino para cualquier visión que no vea el modo realista como la única forma de representación artística de la realidad, «la determinación del grado de realidad del caballo y del unicornio es una cuestión superflua». El problema puede plantearse también en los términos que empleaba Unamuno cuando decía que don Qui-

---

[70] *Ibid.*, págs. 84-86.
[71] Ernst Cassirer, *op. cit.*, págs. 34-35.

jote era más real que Cervantes. Si un sueño puede dejar en
nuestra conciencia una huella más profunda que muchas experiencias vividas en la realidad de vigilia, es evidente que, si al
cabo de cierto tiempo recordamos el sueño y esas experiencias
vividas, el sueño emergerá con mayor «realidad» que nuestra
realidad de vigilia. El tiempo convierte nuestras experiencias
en meras imágenes no diferentes de nuestras imágenes oníricas, y la memoria reduce unas y otras a numeradores de la
conciencia. Esa conciencia no es un espejo de nuestras experiencias, oníricas o de vigilia, sino su conversión en represen-
taciones y, desde este plano, su origen vital u onírico es irre-
levante. Consideraciones semejantes pueden aplicarse a la literatura. Podemos argüir que, mientras vemos caballos todos los
días, jamás hemos visto un unicornio; pero ¿quién puede negar
que el unicornio como criatura de la imaginación no es diferente de esas criaturas que a diario irrumpen en nuestros sueños, y que la realidad literaria del unicornio no es un ápice
menos real que la realidad literaria del caballo? Nos hemos
acostumbrado a ver galopar al uno a través de las páginas de
la literatura realista y a ver retozar al otro en los confines de
la literatura fantástica, de la misma manera que el uso nos
ha acostumbrado a distinguir entre un cubo y una pirámide.
Lo neo-fantástico viene ahora a decirnos que la distinción entre
el caballo y el unicornio «es una cuestión superflua», del mismo
modo que para el análisis situs la distinción entre un cubo y
una pirámide deviene superflua. Cuando Cortázar dice «yo no
sé dónde empieza o termina lo real y lo fantástico», se sitúa
en un plano de la literatura donde los varios modos de representar o «significar» la realidad son igualmente válidos, rechaza la dicotomía real-fantástico como términos excluyentes, pero
sabe que están allí, existen, porque responden a sistemas de
enunciación diferentes y que es tan equivocado ver lo fantástico
con los supuestos que gobiernan la literatura realista como
practicar la operación contraria.

Cassirer ha observado respecto a las varias geometrías que
«pareciera no haber grados de precisión entre ellas; todas son
igualmente verdaderas e igualmente necesarias». Pero agrega:

Es posible, sin embargo, reconocer rangos cuando se comparan los diversos grupos de transformación sobre los cuales están fundados, puesto que esos grupos no están simplemente yuxtapuestos, sino ordenados en serie. Así, por ejemplo, la geometría proyectiva se sitúa por encima de la geometría métrica ordinaria porque el grupo de transformaciones proyectivas contiene como parte integrante de sí mismo el grupo principal sobre el cual descansa la geometría euclidiana o métrica. Las geometrías afín y proyectiva reconocen como propiedades geométricas sólo aquellas que no son modificables por proyección paralela o central, ensanchando así el horizonte de la geometría euclidiana al agregar una proyección paralela o central a figuras que son ordinariamente semejantes [72].

Algo similar ocurre con lo fantástico nuevo. Se parte de un código realista (o, en rigor, causalista) para avanzar luego hacia niveles que pueden parecer irreales o fantásticos si los vemos desde un orden realista, pero cuya función es trascender ese orden para instituir un orden nuevo que contiene al anterior, pero que también se sitúa por encima de él. Desde esta nueva perspectiva, el horizonte se ensancha descubriendo planos y relaciones invisibles desde la perspectiva realista.

Cuando Cortázar dice que «se ha alejado del unicornio para trabar una amistad más estrecha con el caballo», admite la validez y urgencia del caballo, pero ahora sabe que en cualquier momento el caballo puede toparse con el unicornio. Admitida la existencia de varias geometrías, es posible volver al orden euclidiano sin el prurito de que el espacio se agota en ese sistema, con la convicción de que el espacio puede organizarse de manera diferente si ascendemos una geometría más, sin sorprendernos de que más allá de la frontera euclidiana el cubo deje de ser el prolijo cubo. Análogamente, no deberíamos sorprendernos si un personaje se convierte en insecto, como en *La metamorfosis* de Kafka, o si un mago procrea un hombre en su sueño, como en «Las ruinas circulares» de Borges, o si un personaje muerto retorna a la órbita de los vivos,

---

[72] *Ibid.*, págs. 32-33.

como en «Cartas de mamá» de Cortázar. ¿Se ha notado que,
en esos cuentos, tales «incoherencias» ocurren con la misma
naturalidad con que la novela del siglo XIX nos ha acostumbrado a esa coherencia literaria que llamamos realismo y que
tendemos a identificar con la imagen de la realidad? Es la
misma naturalidad con que el matemático maneja guarismos
sin preocuparse de la posible relación entre esas abstracciones y
el mundo de los fenómenos, aun cuando esta o aquella operación aritmética comporte un esfuerzo —muy humano— por
comprender más íntimamente la naturaleza de esos fenómenos. Si las ciencias se han visto obligadas a prescindir cuando
no a violar las premisas fundamentales del racionalismo filosófico para alcanzar una comprensión más profunda de la naturaleza, es comprensible y justificable que la literatura aban-
done también esas premisas para poder penetrar en un territorio menos coherente y realista, pero más próximo a esa
realidad del hombre que rebasa la cuadrícula de un orden pro-
lijamente causal. La literatura neo-fantástica es, en este sentido,
una suerte de geometría no euclidiana, donde los límites que
separan al unicornio del caballo se borran, como en el análisis
situs las diferencias que separan un cono de un cubo desaparecen.

TERCERA PARTE

BESTIARIO

Haggard y Lir y Drinn y tú y yo vivimos en un cuento de hadas y debemos ir donde el relato nos lleve. Pero el unicornio es real, es real.

(Peter S. Beagle, *The Last Unicorn*.)

Durante la cena, Schmendrick contó historias de su vida de encantador errante llenas de reyes y dragones y damas nobles. No mentía; simplemente organizaba los hechos más razonablemente, de manera que, aun para los más astutos, sus cuentos tenían gusto a verdad.

(*Ibid.*, pág. 56.)

TERCERA PARTE

BESTIARIO

I

TRADUCCIÓN VERSUS SIGNIFICACIÓN

Si algunas parábolas de Kafka presentan, como se ha dicho, «acciones que permanecen profundamente impenetrables y que aceptan tantas interpretaciones que, en última instancia, desafían a aquéllas y a todas»[1], se comprende que la conclusión inevitable sea lo imposible de una interpretación unívoca. Tal vez porque, como se ha observado, Kafka «fue el primero en expresar la insoluble paradoja de la existencia humana usando esta paradoja como el mensaje de sus parábolas»[2]. Su mensaje reside, entonces, no en la pluralidad inagotable de interpretaciones a que invitan los contenidos de sus relatos, sino en ese principio del cual parte Kafka para configurarlo. Un principio de indeterminación fundado en la ambigüedad, que funciona como principio estructurador del relato. La indeterminación no es sino una advertencia a toda forma de conceptualización como inevitable limitación a nuestra capacidad de conocer, y la ambigüedad, la respuesta de la literatura y del arte en general a esa limitación humana. El resultado es una metáfora que escapa a toda interpretación unívoca para proponer los términos de esa metáfora irreductible como el único mensaje a que accede el texto. Ese mensaje no puede expresarse sino a

---

[1] Heinz Politzer, *Franz Kafka; Parable and Paradox*, Cornell University Press, 1966, págs. 17-21.

[2] *Ibid.*, pág. 22.

través de una metáfora que, como en el caso de lo místico, que expresa lo inexpresable, según la observación de Wittgenstein, puede trasmitir «el misterio de la existencia pero se resiste a ser traducida a la lógica y a la gramática del lenguaje coherente»[3]. Toda traducción resulta así una mutilación o una deformación: la coherencia del lenguaje forzando a esas metáforas de lo neo-fantástico a acostarse en su lecho de Procusto.

Reconstruir las reglas de funcionamiento de esas metáforas sería, así, la aproximación más sensata a que accede la literatura de lo neo-fantástico para su estudio. En el fondo, se trata solamente de diseñar un *simulacro* del objeto, pero un simulacro, ha observado Roland Barthes, «dirigido, interesado, puesto que el objeto imitado hace aparecer algo que permanecía invisible, o, si se prefiere, ininteligible en el objeto natural»[4]. El estructuralismo ha hecho extensiva esta aproximación que proponemos para lo neo-fantástico a toda la literatura. Distingue, así, entre *crítica* y *poética*. La crítica se aplica a los sentidos de un texto y se esfuerza por interpretarlos; la poética, en cambio, busca reconstruir la estructura según la cual funciona ese texto.

> Toda obra posee una estructura, que consiste en la relación que se establece entre elementos tomados de las diferentes categorías del discurso literario; y esta estructura es al mismo tiempo el lugar del sentido. En *poética* nos contentamos con establecer la presencia de ciertos elementos en la obra; pero es posible adquirir un elevado grado de certeza, puesto que este conocimiento puede ser verificado por una serie de procedimientos. Por el contrario, el crítico se propone una tarea más ambiciosa: nombrar el sentido de la obra; pero el resultado de esa actividad no puede aspirar a ser ni científico ni «objetivo». Existen, por cierto, interpretaciones más justificadas que otras; pero no es posible considerar a ninguna de ellas como la única verdadera.
>
> Cuando en un estudio temático se habla del doble o de la mujer, del tiempo o del espacio, se trata de volver a formular, en

---

[3] *Ibid.*, pág. 15.
[4] Roland Barthes, *Ensayos críticos*, Barcelona, Seix Barral, 1967, página 257.

términos más explícitos, el sentido del texto. Al señalar los temas, se los interpreta; al parafrasear el texto, se nombra el sentido. La actitud del *traductor* es incompatible con nuestra posición, respecto de la literatura. No creemos que ésta quiera significar otra cosa más que ella misma, y que, por consiguiente, sea necesaria una traducción. Por el contrario, lo que tratamos de hacer es la descripción del *funcionamiento* del mecanismo literario (aunque no haya un límite infranqueable entre traducción y descripción)[5].

Se puede disentir o estar en acuerdo con esa distinción; se puede aceptar o rechazar la validez del método estructuralista como «ciencia de la literatura», pero no se puede negar, como ha observado Robert Scholes en uno de los balances más precisos y completos del estructuralismo, «lo impresionante de sus logros»[6]. La actividad estructuralista es un relativismo que aspira a reemplazar los antiguos lenguajes para hablarlos de una manera nueva, pero sabe y admite «que bastará que surja de la historia un nuevo lenguaje que le hable a su vez, para que su tarea haya terminado»[7]:

> la historia de las ciencias sociales sería, así, una diacronía de metalenguajes, y cada ciencia, incluyendo por supuesto la semiología, contendría los gérmenes de su propia destrucción en la forma del lenguaje destinado a hablarla[8].

Lo que propone el estructuralismo sería, entonces, una dialéctica cuyas leyes no escapan a su propia teoría: rasgo esencial de toda disciplina que aspire a convertirse en ciencia. Aun aquellos que se niegan a aceptarlo como un sistema cerrado, como un onanismo que rechaza todo enlace con los sentidos, admiten, sin embargo, que el estructuralismo «es irreemplaza-

---

[5] Tzvetan Todorov, *Introducción a la literatura fantástica*, Buenos Aires, Editorial Tiempo Contemporáneo, 1972, págs. 167-168, 179.

[6] Roberto Scholes, *Structuralism in Literature; An Introduction*, Yale University Press, 1974, pág. IX.

[7] Roland Barthes, *op. cit.*, pág. 262.

[8] Roland Barthes, *Elements of Semiology*, Boston, Beacon Press, 1967, página 93.

ble cuando el sentido se sustrae a un examen inmediato»[9],
para luego explicar:

> Es sobre todo el caso de los mitos, para los cuales Lévi-Strauss
> elaboró a conciencia el instrumental analítico: obras herméticas
> que gravitan en un cielo extranjero nos mantienen a distancia y
> sólo entregan algo de su secreto con la condición de poderlas
> confrontar, de lejos, unas con otras, analizándolas hasta descubrir
> en ellas el equivalente de un código; el único camino *para penetrar*
> *en lo impenetrable* pasa por la lógica de las combinaciones, y la
> decodificación consiste en la puesta en forma lógica... Comprender
> el mito es, pues, captarlo como sistema dotado de estructura[10].

Tal sería también el caso de esas metáforas de lo neo-fantástico
que se resisten a una traducción al lenguaje de los enunciados
lógicos. Puesto que se deben a las insuficiencias de esos enunciados, su traducción equivaldría a pedir a los números irracionales que se condujeran como números racionales, o a reducir
a los términos de la geometría euclidiana los sistemas de
relaciones que sólo pueden formularse desde la geometría no
euclidiana. Lo intolerable en el plano de los números racionales encuentra expresión en el plano de los números irracionales, una operación impracticable en el primer sistema se
resuelve en el segundo.

> Para los grandes matemáticos del siglo XVII —explica Cassirer—
> los números imaginarios no eran instrumentos de conocimiento
> matemático, sino una clase especial de objetos con los cuales había
> tropezado el conocimiento en el curso de su desarrollo y que con-
> tenían algo que no solamente resultaba misterioso, sino virtual-
> mente impenetrable... Esos mismos números, sin embargo, que
> habían sido considerados como algo imposible o como una mera
> adivinanza, a la cual se miraba con asombro y sin poder com-
> prender, se convirtieron en uno de los instrumentos más impor-
> tantes de las matemáticas... Como las varias geometrías, que ofre-
> cen diferentes niveles del orden espacial, los números imaginarios

[9] R. Barthes, M. Dufrenne, G. Genette, et al., *Estructuralismo y lite-*
ratura, Buenos Aires, Nueva Visión, 1972, pág. 213.
[10] *Ibid.*, pág. 213.

han perdido ese misterio metafísico que se buscó en ellos desde su descubrimiento, para constituirse en nuevos símbolos operacionales[11].

Si una crítica de la traducción es inaplicable a la literatura de lo neo-fantástico, puesto que tal traducción restablece un orden lógico que el texto busca trascender, la reconstrucción de su propio código es tal vez la única alternativa de estudio y una posible vía de acceso a su sentido. Desde la estructura, el sinsentido de sus metáforas cede a un sentido. Se podrá replicar que, para el estructuralismo, «el sentido nunca es lo esencial», puesto que, según la definición de Roland Barthes,

> la literatura no es más que un *lenguaje*, es decir, un sistema de signos; su ser no está en su mensaje, sino en ese sistema, y por eso mismo el crítico no tiene que restituir el mensaje de la obra, sino solamente su sistema[12].

Barthes alude aquí al sentido como una traducción, a los mensajes que una obra propone desde el lenguaje y no a partir de ese sistema de signos lingüísticos con los cuales la literatura ha creado su propio código. No se trata, pues, de una paráfrasis de los signos del lenguaje, sino del sentido connotado en el sistema de signos de la literatura. En sus reflexiones sobre el libro de Vladimir J. Propp —*Morfología del cuento*—, Lévi-Strauss ha anotado las diferencias entre el formalismo ruso y el estructuralismo y ha sugerido una respuesta al problema de los sentidos. Para Lévi-Strauss esas diferencias residirían en la relación del método formalista y del método estructuralista hacia el valor de la forma y del sentido:

> Para el primero, los dos campos (forma y contenido) deben estar completamente separados, ya que sólo la forma es inteligible y el contenido no es más que un residuo sin valor significativo. Para el estructuralismo, esa oposición no existe; no hay de un lado lo concreto y de otro lo abstracto. Forma y contenido tienen

---

[11] Ernst Cassirer, *The Problem of Knowledge; Philosophy, Science, and History since Hegel*, Yale University Press, 1950, págs. 71-73.
[12] R. Barthes, *Ensayos críticos, op. cit.*, pág. 306.

la misma naturaleza, y son de la incumbencia del mismo análisis. El contenido deriva su realidad de la estructura, y lo que se define como forma es la «puesta en estructura» de las estructuras locales en que consiste el contenido... A menos de reintegrar subrepticiamente el contenido en la forma, ésta se ve condenada a permanecer a un nivel de abstracción tal que acaba por no significar nada y por no tener ningún valor heurístico. *El formalismo destruye su objeto* [13].

Lévi-Strauss alude, pues, no al contenido del lenguaje, sino al contenido de la forma, no al significado de los significantes del lenguaje, sino a los nuevos significados que propone la literatura como un sistema de significantes construido a partir del sistema de signos del lenguaje. Hay un contenido literal que emerge del primer sistema (el lingüístico), y hay un contenido del discurso generado por el segundo sistema (el literario); los sentidos del primero corresponden a la denotación, y los del segundo, a la connotación. En un mito o, para el caso, en un texto literario coexisten

> dos sistemas de significaciones que están imbricados o superpuestos: el primer sistema (el lenguaje) se convierte en el plano de expresión, o significante, del segundo sistema (la literatura); el primer sistema constituye el plano de *denotación*, y el segundo, el de *connotación* [14].

Las lecturas horizontal y vertical que Lévi-Strauss hace del mito de Edipo corresponden, respectivamente, al plano de la denotación la primera, y al de la connotación la segunda. La primera es una lectura literal del mito: la segunda, una lectura estructural, que descubre un sistema de relaciones a través del cual el mito cede su sentido.

Al final de su artículo sobre «El brujo y la magia», Lévi-Strauss nos confronta con el difícil problema de la condición intelectual del hombre:

---

[13] Claude Lévi-Strauss y Vladimir Propp, *Polémica*, Madrid, Fundamentos, 1972, págs. 30-31.

[14] R. Barthes, *Elements of Semiology*, op. cit., pág. 89.

Solamente la historia de la fundación simbólica —dice— puede permitirnos comprender la condición intelectual del hombre: el universo no está nunca lo suficientemente cargado de sentido, y la mente tiene siempre más sentidos disponibles que el número de objetos con los cuales puede relacionarlos. Desgarrado entre estos dos sistemas de referencia —el significante y el significado—, el hombre le pide al pensamiento mágico que le proporcione un sistema de referencia dentro del cual los elementos hasta ahora contradictorios puedan ser integrados [15].

De manera semejante, las metáforas que propone la narración neo-fantástica buscan conciliar lo irreconciliable: decir, con un lenguaje que ha conceptualizado el mundo, mensajes (entrevisiones) que escapan a la coherencia del concepto. No hay objetos que correspondan a los sentidos de esos relatos (como no hay hombres que vomiten conejos); no hay significados que traduzcan el sentido de esos significantes. Los significantes que propone lo neo-fantástico son esas metáforas en que los términos de dos sistemas contradictorios han sido integrados; su sentido descansa en la estructura del discurso que los ha integrado.

Por otra parte, ya Gérard Genette ha insistido en la necesidad de incorporar los sentidos a la esfera de investigación del estructuralismo:

El estudio estructural del «lenguaje poético» y de las formas de la expresión literaria en general no puede negarse a analizar las relaciones entre código y mensaje... Durante demasiado tiempo se había mirado a la literatura como un mensaje sin código, como para que se tornara necesario mirarla un instante como un código sin mensaje... El método estructuralista se constituye como tal en el momento preciso en el cual se encuentra el mensaje en el código rescatado mediante un análisis de las estructuras inmanentes y no ya impuesto desde el exterior por prejuicios ideológicos. Ese momento no pudo tardar mucho, pues la existencia del signo, en todos los niveles, reposa sobre la vinculación de la forma y del sentido... El análisis estructural debe permitir establecer la

---

[15] Claude Lévi-Strauss, *Structural Anthropology*, New York, Doubleday, 1967, pág. 178.

relación que existe entre un sistema de formas y un sistema de
sentidos, sustituyendo la búsqueda de analogías término a término
por la de las homologías globales [16].

Un solo ejemplo ilustrará hasta qué punto la pluralidad de
interpretaciones de un texto las invalida a todas. Ningún cuento de Cortázar invita a una diversidad tan abigarrada de interpretaciones como «Casa tomada». Se lo «ha traducido» como
«una alegoría al peronismo» [17]. En el narrador y su hermana
se ha visto «una pareja incestuosa» [18] y, además, «restos de
oligarcas que matan el tiempo en una casa que excede sus
necesidades» [19]. Se lo ha definido como «una expresión de miedo a lo desconocido y la plasmación real de una huida» [20], y
también como «la imposibilidad de una libertad interior, ya
sea en su versión estoica o en la del existencialismo sar-
treano» [21]. Para otros, «Casa tomada»

revela el aislamiento nacional de toda América como resultado de
la segunda guerra mundial, y en particular sugiere que nada ha
entrado en el país para mantenerlo vivo, así como nada de lo que
existe allí es interesante [22].

En la misma dirección sociológica se ha observado que,

sin entrar a considerar su palpable semejanza con la toma peronista del poder y sin negar o afirmar que la mansión que brinda

---

16 Gérard Genette, *Figuras; retórica y estructuralismo*, Córdoba (Argentina), Nagelkop, 1970, págs. 171-172, 174.

17 Saúl Sosnowski, *J. C., una búsqueda mítica*, Buenos Aires, Noe,
1973, pág. 23. Véase también Juan José Sebreli, *Buenos Aires: vida cotidiana y alienación*, Buenos Aires, Siglo Veinte, 1965, págs. 102-104.

18 Néstor García Canclini, *Cortázar, una antropología poética*, Buenos
Aires, Nova, 1968, pág. 22.

19 Saúl Sosnowski, *op. cit.*, pág. 23.

20 Graciela de Sola, *J. C. y el hombre nuevo*, Buenos Aires, Sudamericana, 1968, pág. 45.

21 Malva E. Filer, *Los mundos de J. C.*, Nueva York, Las Américas,
1970, pág. 40.

22 Alfred MacAdam, *El individuo y el otro*, Buenos Aires, La Li-
brería, 1971, pág. 65.

el escenario representa el viejo orden, el lector menos avispado comprobará que la soledad de la neutralidad argentina durante la contienda mundial se ve reflejada en la feliz clausura de los hermanos protagonistas. Sin que ellos puedan hacer nada, al igual que la oligarquía que había conseguido sobrevivir desde el siglo XIX, la casa se ve invadida por entes extraños al ambiente [23].

García Canclini reseña algunas de estas interpretaciones y agrega la suya:

La riqueza de este cuento desborda la simple fascinación y sugiere varias interpretaciones. Según como se mire, la invasión de los extraños puede simbolizar la presencia obsesiva de los antepasados, efectivamente sufrida por los protagonistas, que les impide gozar la vida; al revés, podría ser el ingreso de las nuevas generaciones, intolerantes con la decadencia de los hermanos. Esa decadencia (el incesto) podría representar también la declinación de una clase social, desplazada por otra, como sucedía en cierto modo en la Argentina de aquel tiempo. Se nos ocurre, por fin, que la creciente penetración en la vida íntima de la pareja puede aludir a la mirada de los vecinos, a sus comentarios escandalizados, que condenan el incesto [24].

Consciente de que la sola diversidad de interpretaciones tan dispares prueba que todas ellas son válidas y que ninguna lo es, Canclini agrega:

El autor respondería, tal vez, que todas las interpretaciones son legítimas, y tendría derecho a decirlo porque es de esas obras concebidas con un registro humano tan amplio que pueden referirse a situaciones diversas [25].

Semejante es la conclusión de Jean L. Andreu. Luego de hacer un balance de las interpretaciones propuestas en torno a «Casa tomada», advierte:

---

[23] Joaquín Roy, *J. C. ante su sociedad*, Barcelona, Península, 1974, página 66.
[24] N. G. Canclini, *op. cit.*, pág. 22.
[25] *Ibid.*, págs. 22-23.

Nous ne prétendons pas apporter la clef merveilleuse et unique qui nous ferait pénétrer enfin les arcanes troublants de «Casa tomada». Notre ambition est plus modeste: essayer de montrer comment, à partir d'un même conte, cette multiplicité d'interprétations a été et reste possible; et nous engager à notre tour dans d'autres directions qui nous mèneront, non pas à épuiser la signification de «Casa tomada», mais à éclairer quelques aspects inattendus, partiels et partiaux du conte [26].

Andreu, en el único estudio totalmente dedicado a este cuento, sugiere que

la vida de claustro que los hermanos han elegido voluntariamente evoca la vida conventual; las ocupaciones domésticas componen un rito puntual. La casa se convierte a la vez en el templo silencioso y en la divinidad exigente en que los dos hermanos serían los sacerdotes serviciales y sumisos; la casa les ha impuesto también un celibato forzado. Ellos mismos están dispuestos a impedir por todos los medios la profanación de su santuario, a protegerlo del sacrilegio. ¿Qué pecado han cometido para ser bruscamente expulsados del templo? [27].

Puesto que, para Andreu, la ambigüedad del cuento posibilita una multiplicidad de interpretaciones —todas posibles y ninguna excluyente—, propone otras imágenes que el texto contendría. Una interpretación segunda es la idea de un laberinto de sentido contrario:

El laberinto evoca generalmente una idea de extravío y adversidad. Para Cortázar, al contrario, el laberinto y la vida en el centro de un laberinto inextricable (y por lo mismo inaccesible) están ligados a la idea de la felicidad. Hemos mostrado ya la configuración dedaliana de la casa. Hay más. En la huida precipitada de la casa, Irene se lleva consigo el tejido en el que trabajaba: «El tejido le colgaba de las manos y las hebras iban hasta la cancela y se perdían debajo.» Ariadna infeliz, Irene suelta el hilo

---

[26] Jean L. Andreu, «Pour une lecture de *Casa tomada* de J. C.», *Caravelle; Cahiers du monde hispanique et Luso-Brésilien*, núm. 10, 1968, página 58.

[27] *Ibid.*, págs. 62-63.

de lana irrisorio que la une al paraíso perdido. Ese hilo ya no es el medio de escapar de la prisión del laberinto, es la esperanza insensata de un retorno imposible [28].

Hay aún una tercera interpretación que el texto admitiría. Para Andreu,

la vida apacible y parasitaria de los dos hermanos en la casa-madre evoca irresistiblemente la vida fetal. El plan de la casa se transforma en una lámina anatómica de curiosa precisión... Los signos anunciadores, la expulsión convulsiva de los hermanos, que no comprenden lo que les pasa, que lo aceptan como una fatalidad y que se reencuentran en la calle desamparados: las angustias de un parto doloroso. E Irene, en un último gesto, cortará el cordón umbilical [29].

Finalmente, Jean Andreu acepta también la tesis que ve en «Casa tomada» la historia de una relación incestuosa, con la salvedad: «Nada permite afirmar que se trata de un incesto; todo, sin embargo, lo sugiere» [30].

«Claustro», «laberinto al revés», «parto», «incesto» son para Andreu algunas de las imágenes contenidas en «Casa tomada». La fundamental ambigüedad del texto admite un número ilimitado de interpretaciones, pero ninguna lo agota: «todas son verosímiles, ninguna es evidente». Andreu ha observado certeramente que la ambigüedad del texto alcanza su punto más alto en el misterioso carácter del invasor:

Los dos personajes no oponen sino una débil y lamentable resistencia a la invasión, la aceptan finalmente y en ningún momento buscan descubrir la naturaleza del invasor (que tal vez conocen demasiado bien). No vemos al invasor, y los personajes no hablan de él. Sus manifestaciones son sonoras, pero de una rara imprecisión... Esta total falta de certeza respecto al invasor tiene ventajas. Si pudiéramos nombrar al invasor, todo se tornaría claro. Indefinido al extremo, este invasor podrá tomar todas las formas

---

[28] *Ibid.*, pág. 63.
[29] *Ibid.*
[30] *Ibid.*, pág. 64.

que se le quiera dar, según la interpretación que se haga de la
expulsión. Será sucesivamente y a la vez un proletario justiciero,
un antepasado vengador, una inhibición liberada, etc. Lo importante
no es elegir una solución exclusiva, sino aceptar honestamente la
ambigüedad del cuento [31].

En la conclusión que propone Andreu respecto a «Casa tomada» hay una contradicción lo bastante obvia para no ser
notada. Si la ambigüedad en que se funda el texto impide nombrar al invasor, toda interpretación (proletario, antepasado,
inhibición, etc.) es una manera inequívoca de nombrarlo. Hay
que concluir, entonces, que, al nombrar lo innominado en el
cuento, traducimos la ambigüedad del texto a un lenguaje coherente y forzamos a la ambigüedad a decirnos lo que la ambigüedad se niega a decir. Y, sin embargo, la ambigüedad dice
algo, y todo lector percibe un sentido que, aunque escapa a
nuestros códigos en uso, se nos impone irrecusablemente. In-
terpretar ese sentido es traducirlo a un lenguaje que restaura
un orden que la ambigüedad busca trascender. «Casa tomada»
es una metáfora sin tenor posible o con una multiplicidad de
tenores que se cancelan mutuamente. Con estas metáforas podemos jugar al juego de la nube (cualquier nube sugiere una
cantidad ilimitada de formas) para finalmente comprender,
como ha observado Walter Benjamin respecto a las parábolas
de Kafka, «que carecemos de la doctrina que esas parábolas
interpretan» [32]. También de las parábolas de Kafka se ha dicho
que «son multifacéticas, ambiguas y capaces de tantas interpretaciones que, en última instancia, desafían a cualquiera de
ellas y a todas» [33].

El valor de esas interpretaciones residiría, como el conocido test Rorschach [34], no en lo que nos dicen sobre el cuento,
sino en lo que revelan respecto al intérprete. Habría así tantas
interpretaciones como lectores, lo cual, aunque inevitable como

---

[31] *Ibid.*, págs. 64-65.
[32] Walter Benjamin, *Illuminations,* New York, Schocken, 1969, pág. 122.
[33] Heinz Politzer, *op. cit.,* pág. 21.
[34] H. Politzer usa la misma analogía respecto a algunas parábolas
de Kafka en pág. 21 de *op. cit.*

rasgo inherente al acto de la lectura, no puede constituir un criterio de estudio. Antón Arrufat vio claramente esta dificultad cuando, en el prólogo a la antología de los cuentos de Cortázar publicada por Casa de las Américas, advirtió:

> Estos cuentos significan algo, pero el lector puede disfrutarlos sin descubrir su significado, que es múltiple e inagotable. Se trata de ficciones, es decir, ejercen sobre el lector *la seducción*. Lo demás, este prólogo inclusive, son meras especulaciones [35].

El placer y la seducción, sin embargo, se producen porque el texto emite señales, invita significados, funciona como un preciso artefacto literario. Definir sus mensajes es *mera especulación*, porque carecemos de un código de la ambigüedad que nos permita reconstruir su semántica; pero disponemos, en cambio, del texto como realización impecable de una sintaxis, y en esa sintaxis operan las leyes que hacen posible el texto y cuya formulación es tarea, tal vez la única, del crítico. Puede parecer descabellado dejar de lado lo que tradicionalmente ha sido considerado como el ser mismo de la literatura —sus mensajes, sus sentidos—, pero tal concepto de la literatura ignora el único rasgo que la distingue de otros medios de comunicación: su dependencia de una forma o de un sistema de signos con cuyos significados la literatura interroga al mundo [36]. Y

> al igual que el lingüista, que no tiene que descifrar el sentido de una frase, sino establecer la estructura formal que permite a ese sentido transmitirse, la crítica no tiene que reconstruir el mensaje de la obra, sino solamente su sistema, puesto que la literatura no es más que un *lenguaje*: su ser no está en su mensaje, sino en su sistema [37].

Para explicar la premisa más básica del método estructural aplicado a la antropología, Lévi-Strauss ofrece el siguiente ejemplo:

[35] Julio Cortázar, *Cuentos* (selección y prólogo de Antón Arrufat), La Habana, Casa de las Américas, 1964, pág. XVI.
[36] Véase R. Barthes, *Ensayos críticos, op. cit.*, págs. 192-193.
[37] *Ibid.*, pág. 306.

En un cuento, un «rey» no es sólo rey, y una «pastora», pastora,
sino que estas palabras y los significados que recubren se convierten en medios sensibles para construir un sistema inteligible for-
mado por las oposiciones: *macho/hembra* (en la relación de la
naturaleza) y *arriba/abajo* (en la relación de la cultura), y por
todas las permutaciones posibles entre los seis términos [38].

Los seis términos definen dos planos que emergen con mayor
claridad si los agrupamos en el siguiente diagrama:

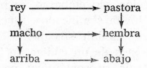

El plano horizontal constituye el nivel del sintagma, y el vertical, el del paradigma o asociación.

El sintagma es una combinación de signos; cada término deriva su valor de su oposición con lo que lo precede y lo que lo
sigue... En el plano de la asociación (según la terminología de
Saussure) las unidades que tienen algo en común están asociadas
en la memoria y forman así grupos dentro de los cuales pueden
encontrarse varias relaciones... Los planos sintagmático y asociativo están unidos por una estrecha relación que Saussure ha expresado por medio del siguiente símil: cada unidad lingüística es
como una columna en un edificio de la antigüedad: esta columna
está en una relación real de contigüidad con otras partes del
edificio, por ejemplo el arquitrabe (relación sintagmática); pero,
si esta columna es dórica, evoca en nosotros una comparación
con otros órdenes arquitectónicos, el jónico o el corintio; y ésta
es una relación potencial de sustitución (relación asociativa): los
dos planos están ligados de tal manera que el sintagma no puede
«progresar» sino a condición de recurrir sucesivamente a nuevas
unidades tomadas del plano asociativo. Desde Saussure, el análisis
del plano asociativo ha experimentado una considerable transformación; hasta su nombre ha cambiado: no hablamos hoy del plano
asociativo, sino *paradigmático* o del plano *sistemático*... Jakobson,

---

[38] C. Levi-Strauss y Vladimir Propp, *op. cit.*, pág. 42.

en un texto ahora famoso, ha aplicado la oposición de la *metáfora* (del orden paradigmático) y la *metonimia* (del orden sintagmático) a lenguajes no-lingüísticos: habrá, por lo tanto, «discursos» de tipo metafórico y de tipo metonímico. Es obvio que ninguno de los dos tipos implica el uso exclusivo de uno de los dos modelos (puesto que sintagma y sistema son necesarios para todo discurso), sino solamente el dominio de uno de ellos [39].

Barthes resume los ejes de sintagma y sistema en el siguiente esquema, que reduce a una fórmula el diagrama del cuento del rey y la pastora de Lévi-Strauss:

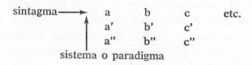

Como Lévi-Strauss, Barthes reconoce las relaciones entre los términos y distingue entre relaciones de sintagma y relaciones de sistema o paradigma:

Una vez que las unidades sintagmáticas han sido definidas para cada sistema, queda la tarea de encontrar las reglas que determinan su combinación y ordenamiento en el sintagma... Hay varios modelos de combinatorias posibles; citaremos aquí, como ejemplo, tres tipos de relación que, según Hjelmslev, dos unidades sintagmáticas pueden establecer cuando son contiguas: 1) relación de *solidaridad,* cuando cada una implica necesariamente la otra; 2) de *simple implicación,* cuando la una implica la otra sin reciprocidad; 3) de *combinación,* cuando ninguna de las dos implica la otra... En el otro plano de las relaciones, el ordenamiento interno de los términos en un campo asociativo o paradigmático se llama generalmente —al menos en lingüística, y, más precisamente, en fonología— una *oposición...* Los tipos de oposición son muy variados, pero, en sus relaciones con el plano del contenido, una oposición siempre aparece como una homología (significante/ significado) y no simplemente como analogía... A primera vista, cuando se pasa de un sistema fonológico a un sistema semántico, las oposiciones en este último son innumerables, puesto que cada

---

[39] R. Barthes, *Elements of Semiology, op. cit.,* págs. 58, 60.

significante parece ser opuesto a todos los demás; es posible, sin
embargo, un principio de clasificación, si se elige como guía *una
tipología de las relaciones entre el elemento similar y el elemento
disimilar de la oposición* [40].

Si se clasifican las oposiciones según sus relaciones con el todo
del sistema, Barthes distingue entre *oposiciones bilaterales y
multilaterales* y *oposiciones proporcionales y aisladas;* si se las
clasifica según la relación entre los términos de las oposiciones,
hay que distinguir entre *oposiciones privativas* (completo/in-
completo) y *oposiciones equipolentes* (poeta/poetisa); finalmente, si el criterio de clasificación es la medida de su valor dife-
renciante, se puede distinguir entre *oposiciones constantes*
(significados que tienen siempre significantes diferentes: como/
comemos), *oposiciones que pueden eliminarse o neutralizarse* y
oposiciones semiológicas (nuevos tipos de oposición que se ale-
jan del modelo binario) [41].

La aproximación estructuralista ofrece, pues, un método de
estudio que, en el caso de las metáforas de lo neo-fantástico,
permite penetrar en sus significantes prescindiendo de los significados. Definidas las unidades sintagmáticas de cada relato
y establecidas sus reglas de ordenamiento, es posible tratar a
cada cuento como un sintagma y al conjunto de narraciones
que responden a una poética de lo neo-fantástico como un
sistema. El sistema ofrece un contexto desde el cual cada
sintagma, sin renunciar a lo específico de sus relaciones, encuentra en las relaciones más globales del sistema una confirmación del sentido o significado a que apuntan sus significantes, sentido que emerge, no de los signos del lenguaje, sino
de los signos que la literatura troquela con los signos del
lenguaje. La crítica de la traducción nos ha dado *analogías* de
los relatos de Cortázar, traducciones de lo *no* significado en
el texto. En oposición, la crítica estructuralista habla más
modestamente de *homologías*, es decir, de relaciones que nacen
de un lenguaje primero para constituirse en un lenguaje se-

---

[40] *Ibid.*, págs. 69-75.
[41] *Ibid.*, págs. 75, 88.

gundo y emitir desde ese nuevo lenguaje significados no expresados en el lenguaje primero. Las analogías de la crítica de la traducción derivan de lo denotado por el primer lenguaje; las homologías que busca la crítica estructural derivan de las connotaciones que propone el segundo lenguaje, que no es sino el lenguaje de la connotación de la literatura. Para que la literatura se produzca, la denotación cede a la connotación, una operación que la vieja retórica conocía demasiado bien.

El hecho retórico comienza donde es posible comparar la forma de esta palabra o de esta frase con la de otra palabra o de otra frase que hubiesen podido emplearse en su lugar y de las cuales puede considerarse que ocupa el lugar. *Navío*, o *yo te amo*, o *yo te odio*, no tienen en sí mismas forma retórica. La forma retórica —la figura— está en el empleo de *vela* para designar un navío (sinécdoque) o de *yo no te odio* para significar el amor (lítote)... Bally dirá que la expresividad turba la linealidad del lenguaje haciendo percibir a la vez la presencia de un significante (*vela*) y la ausencia de otro significante (*navío*)... La forma retórica es una *superficie* delimitada por dos líneas: la del significante presente y la del significante ausente... Pero, si la figura debe ser *traducible*, no puede ser *traducida* sin perder su calidad de figura. La retórica sabe que la palabra *vela* designa un *navío*, pero también sabe que lo designa de distinta manera que la palabra *navío;* el sentido es el mismo, pero la significación, es decir, la relación entre el signo y el sentido, es diferente, y la poesía depende de las significaciones, no del sentido. *Vela* en lugar de navío, denota al navío, pero al mismo tiempo connota la motivación por el detalle, la desviación sensible impresa a la significación y, por lo tanto, cierta modalidad de visión o de intención [42].

La retórica corresponde a un período determinado y a un concepto limitado de la literatura; pero lo que Gérard Genette se ha esforzado por rescatar de la retórica no es su contenido, que, aplicado «a nuestra literatura, sería un anacronismo estéril», sino su ejemplo:

Lo que se puede conservar de la vieja retórica no es, pues, su contenido, sino su ejemplo, su forma, su ideal paradójico de la

---

[42] Gérard Genette, *op. cit.*, págs. 234-236, 244.

Literatura como un orden fundado sobre la ambigüedad de los
signos, sobre el espacio exiguo, pero vertiginoso, que se abre entre
dos palabras del mismo sentido, dos sentidos de la misma palabra:
dos lenguajes del mismo lenguaje [43].

En la retórica sabemos lo que designa la palabra *vela*, pero
aun aquí no podemos traducirla (*navío*) sin perder la figura y,
con ella, «la modalidad de visión o de intención» en ella implicada; en la literatura de lo neo-fantástico, no sabemos lo
que designan sus metáforas, y, sin embargo, un cuento como
«Casa tomada» ha sido glosado con una libertad que cancela el
texto, lo borra para escribir otro (una alegoría del peronismo,
la historia de un incesto, o de un parto, o de una Ariadna al
revés, etc). Lo que proponemos es un retorno al texto y una
lectura que, en lugar de desrealizarlo, permita rescatarlo desde
el principio en que se funda y sobre el que se erige como
realidad significante.

---

[43] *Ibid.*, pág. 246.

II

¿CÓMO ESTÁ HECHO «CASA TOMADA»?

La historia es elemental: dos hermanos viven solos en una vieja casa, herencia de una larga línea de antepasados; algo o alguien toma la casa sin resistencia alguna (fuera del gesto de cerrar las puertas), y los dos hermanos la abandonan. Dos partes son claramente distinguibles: en la primera, se describe la casa y la vida de los hermanos en ella; en la segunda, la toma sucesiva de las dos partes de la casa en dos movimientos intermitentes, y sus efectos en la vida de los dos hermanos. Lo narrado en el relato define una presencia (la casa, los hermanos, la vida de los hermanos en la casa), y esa presencia define un significante ausente (las fuerzas invasoras que toman la casa). El «invasor» está presentado como un «sonido impreciso y sordo, como un volcarse de silla sobre la alfombra o un ahogado susurro de conversación» o simplemente como un «ruido» o «los ruidos», pero no sabemos quién o qué los provoca. Sin embargo, lo que puede parecer misterioso o extraño desde el punto de vista del lector no lo es desde el punto de vista de los personajes, que parecen reconocer al invasor y aceptan la inutilidad de toda resistencia. Como el relato está narrado por uno de ellos (el hermano), el silencio del narrador respecto al invasor está justificado dentro de la narración. Pero en ese silencio se apoya todo el relato. Jean L. Andreu ha notado bien que «de poder nombrar al invasor, todo se tornaría claro» y, habría que agregar, el relato desaparecería o perdería la razón de ser que lo motiva. El relato está hecho alrededor de ese silencio, o para que ese silencio se produzca. Aunque tenga la apariencia de una adivinanza (una descripción que omite la única palabra que nombra al sujeto de la adivinanza), no lo es, porque una adivinanza está construida sobre la certeza del eslabón o palabra ausente, y en «Casa tomada» no sabemos, no podemos saber, con qué palabra llenar ese silencio, aunque haya un número ilimitado de soluciones y todas tengan algún mérito o justificación. Los personajes saben lo que el lector no puede saber, porque el narrador se calla respecto a lo que sabe: en ese silencio se funda el relato. Puesto que todas las soluciones son posibles, pero ninguna acierta a decirnos lo que el narrador sabe y calla, es inútil ensayar nuevas soluciones. Más conducente es puntualizar lo que sí sabemos. Sabemos que la casa y la vida de los hermanos en ella definen un orden, un orden lo suficientemente fuerte para impedir que ninguno de los dos hermanos se casara («A veces llegamos a creer que era la casa la que no nos dejó casarnos»); sabemos también que una fuerza reconocible para los personajes, pero indefinida en el relato (más allá de unos ruidos «imprecisos y sordos»), expulsa a los hermanos de la casa y los obliga a abandonar el viejo orden puntillosamente descrito en la primera parte del cuento; sabemos, finalmente, que esa fuerza es más poderosa que la voluntad de los personajes y que su apego a la casa, pues la abandonan casi sin resistencia. El relato se define, así, como una oposición entre un orden (la vida de los hermanos en la casa) y una fuerza que conmueve ese orden (manifestada en el relato a través de los ruidos) y termina destruyéndolo (con el abandono de la casa por los hermanos). El esquema define una parábola de innumerables soluciones. Hemos reseñado algunas, y no sería difícil agregar otras, lo cual significaría aumentar el número de traducciones y dejar, en cambio, el texto intocado. Nos concentraremos, pues, no en la semántica del texto, sino en su gramática.

«Casa tomada» recuerda *El proceso* de Kafka en la imposibilidad, por parte del personaje, de descubrir la naturaleza de su delito y de establecer el sentido de las leyes según las cuales es juzgado y condenado. Esta ambigüedad convierte a la novela en una parábola o en una metáfora de la existencia humana [44]. El mismo principio de ambigüedad actúa en el relato de Cortázar. No sabemos qué o quiénes «toman» la casa; tampoco sabemos por qué los personajes ceden la casa sin resistencia alguna. La segunda de las incógnitas es, se comprende, una consecuencia de la primera: si tuviéramos una respuesta para ésta, resolveríamos aquélla. Cortázar ha comentado que relatos como «Casa tomada»

> captan algo incomunicable que el lector comparte como una experiencia autónoma, casi sin puntos de apoyo en los caracteres o las situaciones de la vida cotidiana... Estamos en un circuito cerrado, poseídos por fórmulas verbales que, al ser invocadas, desencadenan en nosotros la misma secuencia de acontecimientos psíquicos que se desencadenó en el autor [45].

La fórmula actúa, pues, como un modelo operacional aplicable a situaciones tan múltiples como heterogéneas. Es extraño, por ejemplo, que, a pesar de las muchas paráfrasis que se han hecho de este cuento, no se haya advertido su semejanza, *in abstracto*, con la historia bíblica de la caída. La vida de los hermanos en la casa recuerda la existencia de complacencias colmadas de Adán y Eva en el jardín edénico:

> No necesitábamos ganarnos la vida, todos los meses llegaba la plata de los campos y el dinero aumentaba. Pero a Irene solamente le entretenía el tejido, mostraba una destreza maravillosa, y a mí se me iban las horas viéndole las manos como erizos plateados, agujas yendo y viniendo y una o dos canastillas en el suelo donde se agitaban constantemente los ovillos. Era hermoso [46].

Los hermanos son expulsados de la casa según un mandato irreversible, reminiscente del episodio del Paraíso: «Han tomado la parte del fondo», y, como Adán y Eva, aceptan la nueva

---

[44] Heinz Politzer, *op. cit.*, pág. 173.
[45] Luis Harss, *Los nuestros*, Buenos Aires, Sudamericana, 1968, página 271.
[46] Julio Cortázar, *Bestiario*, Buenos Aires, Sudamericana, 1951, pág. 11.

situación con resignación y un vago sentimiento de culpa:
«Entonces tendremos que vivir en este lado», es decir, todavía
dentro de los límites no ocupados de la casa, al este del jardín:

> Los primeros días nos pareció penoso, porque ambos habíamos
> dejado en la parte tomada muchas cosas que queríamos... Libros,
> unas carpetas, un par de pantuflas, mi pipa de enebro, una botella
> de Hesperidina... Una cosa más de todo lo que habíamos perdido
> al otro lado de la casa.

La expulsión definitiva sobreviene en un segundo movimiento,
que finalmente los deja en la calle: «Han tomado esta parte»,
como el relato bíblico, en que el hombre es condenado a errar
por la Tierra, fuera del paraíso. ¿Qué pecado han cometido
Irene y su hermano y quién los condena a dejar la casa? A
diferencia de la historia del paraíso perdido, «Casa tomada»
se resiste a tal grado de explicitación. Es posible especular, y
es lo que se ha hecho, pero esas soluciones son ajenas al texto.
El cuento de Cortázar no es ni una parábola ni una paráfrasis
de la historia bíblica; puede ser, a lo sumo, la reescritura de
una polvorienta metáfora. Freud ha observado que «la casa-
vivienda fue un substituto del vientre materno, el primer aloja-
miento que el hombre aún añora y en el cual se sintió seguro
y cómodo» [47]; es decir, la casa-vivienda como una metáfora o
substituto de la vida intrauterina. También de la historia bíblica de la caída se ha dicho que es una metáfora de la gesta-
ción y el nacimiento: ese episodio del Génesis es, así, un símil
de la génesis del hombre. No se trata de yuxtaponer, en una
relación original/calco, texto/traducción, «Casa tomada» al
proceso del parto, como hace Jean L. Andreu, sino de establecer la relación entre dos metáforas cuyos tenores difieren pero
cuyos vehículos (la casa tomada, el paraíso perdido) apuntan a
una noción semejante: un territorio perdido, la violación de
un orden cerrado. Si, como Borges ha dicho, «una literatura
difiere de otra, ulterior o anterior, menos por el texto que por

---

[47] Sigmund Freud, *Civilization and Its Discontents*, New York, Norton,
1962, pág. 38.

la manera de ser leída»[48], y si en última instancia «la historia
universal es quizá la historia de la diversa entonación de algunas metáforas»[49], es del todo sensato ver en «Casa tomada»
la relectura, por un escritor argentino contemporáneo, de la
vieja metáfora bíblica. Los paralelos anotados respecto a las
dos imágenes no importan tanto por lo que puedan contribuir
a definir el sentido de «Casa tomada»; su carácter de relectura
de una antigua metáfora facilita, sí, la descripción de su he-
chura. En la metáfora del paraíso no hay silencios: todos los
eslabones de la narración se encadenan causalmente según el
siguiente esquema:

Paraíso ⟶ Adán y Eva ⟶ desobediencia ⟶ condena
                                    (fruto prohibido,   (caída)
                                    serpiente)

En «Casa tomada» hay una secuencia semejante, pero con un
eslabón ausente:

Casa ⟶ Irene y su hermano ⟶ X ⟶ condena

En el relato bíblico, la transgresión de Adán y Eva está claramente explicitada; en «Casa tomada» no hay referencia directa
a culpa alguna, y tampoco es indispensable asumir que la haya.
Definir la pertenencia de los hermanos a una clase parasitaria
como su culpa o pecado por el cual son expulsados de la casa,
es decir, despojados de sus privilegios de clase, sería leer el
relato como un juicio político, que niega la realidad del relato,
puesto que «Casa tomada» se construye desde y por la ambigüedad, y todo juicio político la evita cuidadosamente y tiende, en cambio, a la explicitación excesiva o, lo que es lo mismo,
al *overstatement*. Para la Biblia, texto escrito desde una perspectiva radicalmente religiosa, la culpa reside en la desobediencia a la autoridad divina. En *El proceso*, en cambio, no

---

[48] Jorge Luis Borges, *Otras inquisiciones*, Buenos Aires, Emecé, 1960,
página 218.
[49] *Ibid.*, pág. 17.

sabemos cuál es la culpa de Joseph K.; el protagonista es condenado sin comprender por qué, y el texto no permite inferir que la condena implique culpa alguna. «Casa tomada» tampoco alude a culpa alguna de manera explícita, pero tampoco niega que no la haya. No sabemos quién (Dios en el relato bíblico) y por qué (la desobediencia a la palabra de Dios en el jardín) condena a los hermanos. Pero este silencio o ausencia del relato es su más poderosa declaración. Inocentes o culpables de un delito que el texto no menciona, los hermanos, como Joseph K., aceptan la condena como un hecho inevitable e irreversible: un orden cerrado cede a la intromisión de fuerzas más poderosas, que desbaratan y destruyen ese orden.

Hemos distinguido cuatro eslabones narrativos en la estructura de «Casa tomada»: *a)* la casa como escenario o espacio del relato; *b)* la vida de los hermanos en ella (personajes-acción); *c)* la aparición de fuerzas hostiles (conflicto), y *d)* la expulsión de los hermanos de la casa por las fuerzas hostiles (desenlace). Desde el punto de vista de la sintaxis del relato, *a, b, c* y *d* son unidades coherentemente articuladas y constituyen los ingredientes (indicados en paréntesis) con los cuales está hecha la narración; forman el sujeto y el predicado, por así decirlo, de una oración construida según las leyes de una gramática inequívoca. Como significantes, las funciones y relaciones de cada unidad forman un organismo perfecto: *a* y *b* se entrelazan en las primeras cuatro páginas; en *c* y *d* reaparecen los elementos de *a* y *b*: en *c*, para plantear el conflicto o nudo del relato; en *d*, para resolverlo o desatarlo; pero lo que diferencia a *c* de las unidades previas es la aparición de «los ruidos», y lo que convierte a *d* en una unidad autónoma con funciones distintivas es su condición de solución del conflicto planteado en *c*. De esta manera, cada unidad es autónoma y depende a su vez de las otras. Desde el punto de vista de la semántica del relato, en cambio, *c* es una incógnita: *a, b* y *d* dependen del valor que otorguemos a *c*. *C* acepta todas las soluciones posibles, lo cual es una manera de decir que no acepta ninguna, porque el texto escoge la ambigüedad; no tiene un significado unívoco, como las demás unidades: es un elemento polivalente o un término polisémico. Esta polivalencia o polisemia no es un accidente, sino una elección del texto, y desde ella el texto rechaza la atribución de un valor o significado definido y exclusivo, y controla, a su vez, el significado de las demás unidades del relato. Si «Casa tomada» se resiste a una crítica «de la traducción», accede, en cambio, al estudio de su sintaxis, que no es sino una manera de decir, al estudio de su lenguaje como un sistema literario y no lingüístico, como una nueva unidad expresión/contenido, en la cual el lenguaje ingresa para significar otra cosa.

Si retomamos las cuatro unidades que organizan el texto en un relato y ascendemos a un nivel más abstracto todavía, comprobamos que es posible reagrupar *a, b, c* y *d* en una relación binaria en que *a* y *b* conforman un orden (cerrado) y *c* y *d* se definen como un nuevo orden (abierto) que cuestiona y desplaza al primero. Este desplazamiento es verificable, en mayor o menor medida, en todos los relatos de Cortázar que hemos definido como neo-fantásticos.

En «Carta a una señorita en París» hay una relación semejante, sólo que ahora el narrador-protagonista actúa a contrapelo de ese «orden cerrado» en el cual ingresa. Si en «Casa tomada» el punto de vista de la narración se sitúa dentro de ese orden cerrado, del cual el narrador forma parte, en «Carta...» el punto de vista de la narración toma el lugar de «los ruidos» que en «Casa tomada» cuestiona y destruye el orden primero. Los conejitos que vomita el personaje de «Carta...» toman el lugar de «los ruidos» de «Casa tomada» y deshacen (o intentan deshacer) el «orden cerrado, construido hasta en las más finas mallas del aire», del departamento de la calle Suipacha. De alguna manera, «Carta a una señorita en París» es el reverso o inversión de «Casa tomada». Veamos cómo.

También en este cuento se pueden definir cuatro unidades narrativas: *a)* el departamento de la calle Suipacha (espacio); *b)* la mudanza del narrador a la residencia de su amiga (personaje-acción); *c)* aparición de los conejos destructores (conflicto), y *d)* sacrificio de los conejos y suicidio del narrador (desenlace). En los dos cuentos el espacio es semejante en el sentido de que define «un orden minucioso» que será violado, pero mientras en «Casa tomada» los personajes forman parte de ese orden, en «Carta...» el personaje ingresa en ese orden para cuestionarlo. Las unidades *c* y *d*, en cambio, son semejantes en los dos relatos: los conejos toman el lugar de los ruidos como transgresores de ese orden primero, y la expulsión de los hermanos se resuelve en «Carta...» con el suicidio del protagonista. La inversión consistiría, entonces, primero en el punto de vista de la narración (no el de los invadidos, sino el del invasor) y segundo en las consecuencias del conflicto: el invasor no destruye ese orden primero, sino que es destruido por el orden. «Carta a una señorita en París» se define así, estructuralmente, como la reflexión invertida de «Casa tomada». Tal reducción no intenta cancelar lo específico y diferenciable de cada relato, que una lectura de los dos cuentos rescata de inmediato. Se trata apenas de establecer ciertas leyes de funcionamiento comunes a las dos narraciones y de prescindir de lo particular, en cuya materia descansa, en última instancia, la eficacia del relato, para tornar visible una textura, un significante segundo, también él portador de significados no distinguibles desde la totalidad del relato.

III

«CEFALEA»

La incógnita representada en «Casa tomada» por los ruidos y en «Carta a una señorita en París» por los conejitos es configurada en «Cefalea» en las mancuspias. En el mismo orden está dado el grado de hermetismo de cada una de estas metáforas. Si en el primero el vehículo se resiste a admitir un tenor único, en el segundo el texto alude a «obsesiones, tensiones, fobias, fatigas, confusión emocional, constricción intelectual y demás posibles efectos y causas de una neurosis» [50] que reducen considerablemente el ángulo o apertura de la metáfora. En «Cefalea», vehículo y tenor se yuxtaponen hasta tocarse, porque las mancuspias y todo su complicado régimen alimenticio no es sino una representación o imagen de la cefalea. En pág. 75 el texto presenta a las mancuspias como un símil de la cefalea:

> Empieza en el momento mismo en que nos domina el sueño, es un perder la estabilidad, un salto adentro, un vértigo que trepa por la columna vertebral hacia el interior de la cabeza; *como* el mismo trepar reptante (*no hay otra descripción*) de las pequeñas mancuspias por los postes de los corrales. Entonces, de repente, sobre el pozo negro del sueño donde ya caímos deliciosamente, somos ese poste duro y ácido al que trepan jugando las mancuspias. Y es peor cerrando los ojos. Así se va el sueño, nadie duerme con ojos abiertos, nos morimos de cansancio, pero basta un

---

[50] Véanse págs. 72-80, «Una metáfora de lo neofantástico», de la primera parte del presente estudio.

leve abandono para sentir el vértigo que repta, un vaivén en el
cráneo, *como si* la cabeza estuviera llena de cosas vivas que giran
a su alrededor. *Como mancuspias* (B. 75).

El texto todo del cuento es, pues, un símil de la cefalea. El
desdoblamiento del símil en tenor y vehículo como dos entidades diferenciadas puede parecer un vuelo desorbitado de la
imaginación. No lo es. En ningún momento el texto identifica
el cuidado de las mancuspias con los efectos de las cefaleas,
pero, como en la cita anterior, es lo suficientemente claro para
conducir a equívocos. El narrador advierte que su descripción
de la cefalea son «notas» destinadas a

> documentar estas fases (el nacimiento y desarrollo de camadas
> de mancuspias) para que el doctor Harbín las agregue a nuestra
> historia clínica cuando volvamos a Buenos Aires (B. 78).

Toda la descripción de la cría de mancuspias es una descripción de las cefaleas, pero no en una relación lógica sino, al
contrario, como una violación de esa coherencia a que está
sujeta toda comparación. Lo desorbitado de la descripción
irrumpe como la respuesta del texto a las cortedades del lenguaje:

> Sí, las cefaleas vienen con tal violencia que apenas se las puede
> describir (pág. 84).

El relato se origina y produce allí donde falla el lenguaje de
la comunicación. Wittgenstein ha observado que «no hay relación alguna entre el dolor y la palabra *dolor*» [51], el signo es
una abstracción de la cual desaparece todo vestigio de realidad;
en la palabra *dolor* nada queda de ese complejo de sensaciones
somáticas que produce dolor, de la misma manera que no
hay relación alguna entre los números y las entidades de la
naturaleza a las cuales se aplican o designan. La literatura y

---

[51] Ludwig Wittgenstein, *Philosophical Investigations*, New York, 1968,
páginas 89 en adelante.

demás formas del arte son también símbolos, artificios que intentan lo imposible: superar ese abismo que separa las palabras de las cosas. Por eso se ha dicho que la literatura cancela un lenguaje (el de los signos lingüísticos) para instaurar otro o, como ha observado Paz respecto a la poesía moderna: «Destrucción de las palabras y de los significados, reino del silencio; pero, igualmente, palabra en busca de la Palabra», para explicar:

> Se trata de una experiencia que implica una negación —así sea provisional, como en la meditación filosófica— del mundo exterior... La poesía moderna es una tentativa por abolir todas las significaciones, porque ella misma se presiente como el significado último de la vida y el hombre. Por eso es, a un tiempo, destrucción y creación del lenguaje... La poesía moderna es inseparable de la crítica del lenguaje que, a su vez, es la forma más radical y virulenta de la crítica de la realidad [52].

Desde su lenguaje primero el tema de «Cefalea» (descripción de violentos dolores de cabeza) puede parecer frívolo; desde su lenguaje segundo —la metáfora de las mancuspias— «Cefalea» es una poderosa crítica de la realidad a través del cuestionamiento y la transgresión del lenguaje primero que no es sino un cuestionamiento de una realidad laboriosamente construida con los signos del lenguaje. En más de una ocasión el narrador se queja de las limitaciones a que lo obliga el lenguaje:

> Dolor de estallido; como si se empujara el cerebro; peor agachándose, como si el cerebro cayera hacia afuera, como si fuera empujado hacia adelante, o los ojos estuvieran por salirse. (*Como* esto, *como* aquello; pero nunca como es de veras.) (B. 81.)

En este texto del primer Cortázar asoma ya el autor de *Rayuela*, que dice de Morelli: «Inevitable que una parte de su obra fuese una reflexión sobre el problema de escribirla» (R. 501), texto que alude por igual a la obra de Morelli como

---

[52] Octavio Paz, *Corriente alterna*, México, Siglo XXI, 1967, págs. 5, 7.

a la obra de Cortázar. Pero «no se trata —como dice Etienne desde las páginas de *Rayuela*— de una empresa de liberación verbal», para explicar:

Los surrealistas creyeron que el verdadero lenguaje y la verdadera realidad estaban censurados y relegados por la estructura racionalista y burguesa del Occidente. Tenían razón, como lo sabe cualquier poeta, pero eso no era más que un momento en la complicada peladura de la banana. Resultado, más de uno se la comió con la cáscara. Los surrealistas se colgaron de las palabras en vez de despegarse brutalmente de ellas, como quisiera hacer Morelli desde la palabra misma. Fanáticos del verbo en estado puro, pitonisos frenéticos, aceptaron cualquier cosa mientras no pareciera excesivamente gramatical. No sospecharon bastante que la creación de todo un lenguaje, aunque termine traicionado su sentido, muestra irrefutablemente la estructura humana, sea la de un chino o la de un piel roja. Lenguaje quiere decir residencia en una realidad, vivencia en una realidad. Aunque sea cierto que el lenguaje que usamos nos traiciona, no basta con querer liberarlo de sus tabúes. Hay que re-vivirlo, no re-animarlo (R. 502-503).

Todo el capítulo 99 de *Rayuela* es una excursión en la naturaleza del lenguaje y una toma de conciencia de sus limitaciones como pasos previos para, como según Etienne ha hecho Morelli, «desescribirlo» o «destruirlo» («¿Para qué sirve un escritor si no para destruir la literatura?», pág. 503). Este empeño de «destrucción de las palabras» (como dice Paz) o de «destrucción de la literatura» (como quiere Oliveira) no es sino un esfuerzo de aproximación a las cosas reemplazando los viejos lenguajes por un lenguaje nuevo, aboliendo las claves del uso para instituir una clave nueva. Si conocer el mundo es, desde Nietzsche, la posibilidad de poder nombrarlo, se comprende que el lenguaje se convierta en vía de acceso a la realidad y que un lenguaje ya codificado nos conduzca inevitablemente a una realidad ya configurada desde ese lenguaje. Se comprende, también, que para alcanzar «un significado último de la vida y del hombre», «para ganarse el derecho de entrar de nuevo en la casa del hombre» (R. 502), sea necesario acuñar un nuevo lenguaje aunque las palabras, como metal refundido, sean las mismas del antiguo código. Según este código *cefalea* no es sino «un violento dolor de cabeza», un gastado signo que reemplaza el objeto por su símbolo. El relato de Cortázar, «Cefalea», es un intento de retornar al objeto, de «re-vivirlo» desde un nuevo lenguaje o, como se dice en *Rayuela*: «No se puede revivir el lenguaje si no se empieza por intuir de otra manera casi todo lo que constituye nuestra realidad. Del ser al verbo, no del verbo al ser» (R. 503). La imagen que propone «Cefalea» nos impresiona como un relato fantástico porque lo leemos desde un lenguaje que el texto busca trascender. Las metáforas de las mancuspias constituyen un nuevo lenguaje, aunque aún dependa de viejos agarraderos («*como* esto, *como* aquello»), y desde ese nuevo lenguaje comienza un nuevo juego que abre las puertas al humor, la fantasía y a una percepción más intensa de su objeto.

«Ruidos», «conejos», «mancuspias» se mueven en los tres relatos en el plano de la agresión y asedian un espacio cerrado: casa y departamento en los dos primeros cuentos. En «Cefalea» hay dos espacios: los corrales y la casa. Como los ruidos en «Casa tomada», que invaden la casa hasta desalojar a los hermanos, y los conejos en «Carta...», que se reproducen vertiginosamente hasta destruir al narrador, en «Cefalea» las mancuspias amenazan con invadir la casa:

> Tenemos que forzar la voz para oírnos entre el clamor de las mancuspias, otra vez las sentimos cerca de la casa, en los techos, rascando las ventanas, contra los dinteles (B. 89),

y pasando del lenguaje de la figuración al de la literalidad, del vehículo al tenor:

> Algo viviente camina en círculo dentro de la cabeza. (Entonces la casa es nuestra cabeza, la sentimos rondada, cada ventana es una oreja contra el aullar de las mancuspias ahí afuera.) (B. 89-90.)

A diferencia de los dos cuentos anteriores, no hay un desenlace dramático en «Cefalea»: las mancuspias que aúllan «contra las ventanas, contra los oídos» y que ya habían comenzado a morirse en páginas anteriores continúan muriéndose en las últimas líneas del cuento. Tampoco hay en «Cefalea» eslabones narrativos a la manera de «Casa tomada» y «Carta...». Falta tanto la progresión espacial como la temporal. En los dos primeros relatos, *c* («ruidos», «conejos») es el eslabón metafórico que contamina al resto del relato (de apariencia realista) y lo reorganiza como una gran metáfora; en «Cefalea», la totalidad del cuento funciona como una metáfora: no hay eslabones intermedios o de transición, las mancuspias aparecen en las primeras líneas —«Cuidamos las mancuspias hasta bastante tarde...»— y no abandonan el texto hasta su conclusión. Lo insólito no irrumpe en el relato: es la *terra firme* de toda la narración. *C* se ha convertido de eslabón generador del conflicto en una omnipresencia que llena la totalidad del relato: texto transgredido y ocupado por el lenguaje metafórico desde el comienzo hasta el final. Los ruidos de «Casa tomada» y los conejos de «Carta...» invaden un espacio consignado por un código realista (la casa, el departamento); en «Cefalea» las mancuspias están instaladas ya desde el comienzo en un espacio que sólo existe desde la metáfora, cuya realidad descansa exclusivamente en el lenguaje. Por eso si hay un conflicto en «Cefalea», una transgresión comparable a la de los ruidos y los conejos en los cuentos anteriores, ese conflicto reside en una transgresión lingüística: el lenguaje de la figuración «desaloja» y suprime el lenguaje de la literalidad no solamente a partir de uno de los eslabones narrativos, sino en el texto todo: los corrales, las mancuspias y la casa son desde un comienzo atributos de la figuración, a ella se deben y por ella existen. El orden violado en «Cefalea» es el de un lenguaje cerrado (*cefalea*, f., del gr. *kephalê*, cabeza. *Med.* Dolor de cabeza violento) que cede a un lenguaje «que busca quebrar los hábitos mentales del lector» (R. 505), un lenguaje que irrumpe en el diccionario para transgredirlo y violarlo, pero también para expandir los límites de su territorio. Un lenguaje que instaura un orden nuevo y que por estar en conflicto con el orden cerrado del lenguaje del uso está obligado a confrontar y reemplazar. En «Casa tomada» y «Carta a una señorita en París» estamos todavía en el territorio del caballo violado por el unicornio; en «Cefalea», el unicornio funda su propio territorio.

IV

«ÓMNIBUS»

«Ómnibus», como «Casa tomada», está tejido alrededor de
un silencio. La hostilidad de los pasajeros y del guarda y luego
la agresividad del conductor hacia los únicos dos personajes
que no llevan flores se explican en el texto en la condición de
excepción de Clara y su acompañante, aunque esa condición
no sea un acto libre sino un mero accidente. Clara y su acompañante violan, accidentalmente, un estado de uniformidad:

> «¿Usted cree que todos...?» «Todos —dijo Clara—. Los vi apenas
> había subido. Yo subí en Nogoyá y Avenida San Martín, y casi en
> seguida me di cuenta y vi que todos, todos...» (B. 64-65).

En un ómnibus en que todos los pasajeros llevan flores, puesto
que es domingo y el cementerio es uno de los puntos de su
itinerario, ¿por qué es un delito no llevarlas? Porque han in-
fringido un orden, aunque esa violación sea puramente accidental:

> Clara quería llorar. Y el llanto esperaba allí, disponible pero
> inútil. Sin siquiera pensarlo tenía conciencia de que todo estaba
> bien, que viajaba en un 168 vacío aparte de otro pasajero, y que
> toda protesta *contra ese orden* podía resolverse tirando de la
> campanilla y descendiendo en la primera esquina. Pero todo estaba
> bien así; lo único que sobraba era la idea de bajarse, de apartar
> esa mano que de nuevo había apretado la suya (B. 62).

Lo primero que harán Clara y su acompañante al bajar del ómnibus será comprar flores y continuar caminando, cada uno con su ramo. No son rebeldes, sino inocentes despistados que desde su inocencia ponen al descubierto un orden que no tolera la disidencia o la excepción aunque ésta sea involuntaria. Como «los ruidos» de «Casa tomada», las flores significan otra cosa pero no sabemos qué, de allí su carácter de metáfora o hipérbole. Metáfora si alude a un objeto o situación otra, hipérbole (caricatura) si ese orden aceptado por todos es tan abusivamente rígido que hasta el simple acto de no llevar flores, cuando todos las llevan, representa una violación condenable.

Escrito durante los años del peronismo, «Ómnibus» puede aludir, entre otras cosas, a la intolerancia del régimen peronista. Cortázar ha dicho de este período de su vida:

> En los años 1944-1945, participé en la lucha política contra el peronismo, y cuando Perón ganó las elecciones presidenciales, preferí renunciar a mis cátedras (en la Universidad de Cuyo) antes de verme obligado a «sacarme el saco», como les pasó a tantos colegas que optaron por seguir en sus puestos [53].

Pero «sacarse el saco» o «llevar flores» importan no por lo específico de éste o aquel acto, sino porque a través de él se define un orden represivo. Para Cortázar «tirar de la campanilla y descender en la primera esquina» significó la renuncia de sus cátedras, pero «Ómnibus», aunque haya sido motivado por una situación muy particular, no se debe a ella sino a su texto, y desde el texto, llevar flores o no llevarlas es una metáfora de múltiples tenores posibles.

Como en los cuentos anteriores, el acto de no llevar flores viola un orden cerrado y responde a una estructura semejante:

---

[53] Luis Harss, *Los nuestros*, Buenos Aires, Sudamericana, 1966, página 262.

«Casa tomada»	casa	hermanos	ruidos	expulsión
«Carta...»	departamento	narrador	conejos	suicidio
«Cefalea»	casa	cabeza	mancuspias	muerte de las mancuspias
«Ómnibus»	ómnibus	pasajeros con flores	pasajeros sin flores	compra de flores

Difiere en cambio de los dos primeros relatos y coincide con el
tercero en el último de los eslabones narrativos: las mancuspias que amenazan con invadir la casa mueren de hambre y
los pasajeros que no llevan flores terminan comprándolas. Pero
la amenaza de las mancuspias y el acto involuntario de los
dos pasajeros sin flores son suficientes para definir un orden
(de salud en el primero, de sumisión en el segundo).

V

«LAS PUERTAS DEL CIELO»

En «Las puertas del cielo», el elemento fantástico no está
dado sino a través de un vago presentimiento del narrador de
que la Celina muerta está allí, en ese baile del Santa Fe Palace,
entre «los monstruos», porque «cualquiera de las negras podría
haberse parecido más a Celina que ella en ese momento»
(B. 137). El artificio velado del reencuentro con Celina tiene,
sin embargo, una función semejante a la unidad narrativa *c* de
los cuentos anteriores: contribuye a cartografiar un orden violado. Como los pasajeros sin flores y las mancuspias de «Cefalea», la presencia de una Celina evanescente en el Santa Fe
la devuelve a «su duro cielo conquistado» y restituye un orden
violado:

> Nada la ataba ahora en su cielo sólo de ella, se daba con toda
> la piel a la dicha y *entraba otra vez en el orden* donde Mauro no
> podía seguirla (B. 137-138).

Celina pertenece a un orden que en el relato se corporiza en
«la milonga del griego Kasidis» y en «un infierno de parque
japonés», y Mauro, «puestero del abasto», la arranca de ese
orden. Pero

> irse con Mauro había sido un error. Lo aguantó porque lo quería
> y él la sacaba de la mugre de Kasidis, la promiscuidad y los va-
> sitos de agua azucarada entre los primeros rodillazos... (B. 132).

Celina había renunciado a su cielo de milonga, a su caliente vocación de anís y valses criollos. Como condenándose a sabiendas,
por Mauro y la vida de Mauro, forzando apenas su mundo para
que él la sacara a veces a una fiesta (B. 133).

En la renuncia de Celina hay un movimiento semejante a la
expulsión de los dos hermanos en «Casa tomada»: desde adentro, los ruidos desalojan a los dos hermanos; desde afuera,
Mauro obliga a Celina a abandonar un territorio que es a la
vez físico (la milonga de Kasidis) y vital (prostitución), pero
tanto «los ruidos» como Mauro son factores extraños al territorio invadido. En «Las puertas del cielo» hay un grado de
explicitación y motivación ausentes en «Casa tomada», de allí
que éste funcione como una metáfora de múltiples tenores y
que aquél se aproxime al modelo realista. Muy poco queda sin
explicar en «Las puertas del cielo»; hasta el detalle de la visión
de Celina en la última parte del cuento es explicado por el
narrador:

Lo vi levantarse y caminar por la pista con paso de borracho,
buscando a la mujer que se parecía a Celina (B. 138).

En «Casa tomada», en cambio, la precisión de la narración
traza una metáfora fundada en la ambigüedad, sus sentidos no
están en el texto, sino detrás de él. Los dos textos definen dos
estilos que recuerdan la caracterización hecha por Auerbach
del estilo homérico y del estilo bíblico de la narración en el
sentido de que mientras el primero es

externalizado, sus fenómenos están uniformemente iluminados, en
un tiempo definido y en un lugar definido, relacionados entre ellos
sin lagunas sobre un transfondo constante; pensamientos y sentimientos están completamente expresados; las acciones tienen lugar
de manera pausada y con muy poco suspenso,

en el segundo, en cambio,

los fenómenos externalizados son los necesarios para el propósito
de la narración y todo el resto permanece en la oscuridad; se
acentúan solamente los puntos decisivos de la narración y nada

se dice fuera de ellos; el tiempo y el lugar son indefinidos y exigen interpretación; pensamientos y sentimientos están inexpresados y apenas sugeridos por el silencio y los textos fragmentarios; toda la narración, impregnada de un suspenso marcadamente uniforme y dirigido hacia un objetivo singular, permanece misteriosa y cargada de sentidos inexpresados [54].

Y de la misma manera que «Homero puede ser analizado pero no interpretado», «Las puertas del cielo», como todo texto que sigue el modelo realista, se resiste a la interpretación porque la narración misma contiene ya su propia interpretación.

En el modelo bíblico, en cambio, como en «Casa tomada», hay una doctrina que invita a la interpretación; más aún: esa

doctrina está inextricablemente conectada con el costado físico de la narración y el relato corre el riesgo de perder su propia realidad, lo cual ocurre, en rigor, cuando la interpretación alcanza tales proporciones que lo real desaparece [55].

Pero si el relato bíblico contiene y da expresión a una doctrina formulable en términos coherentes y discursivos, «Casa tomada», como toda metáfora de lo neo-fantástico, rechaza la formulación de una doctrina unívoca, de una interpretación exclusiva. La única formulación posible de la doctrina a la cual responde el relato, su sentido último, es la imagen misma que propone el relato. Borges ha observado que

la imposibilidad de penetrar el esquema divino del universo no puede disuadirnos de planear esquemas humanos, aunque nos conste que éstos son provisorios [56];

de manera semejante, la imposibilidad de penetrar en los sentidos de esas imágenes de lo neo-fantástico no ha impedido, ni impedirá, su incesante interpretación, aunque estas interpre-

---

[54] Erich Auerbach, *Mimesis; The Representation of Reality in Western Literature*, New York, Doubleday, 1957, pág. 9.

[55] *Ibid.*, pág. 12.

[56] Jorge Luis Borges, *Otras inquisiciones*, Buenos Aires, Emecé, 1960, página 143.

En busca del unicornio

taciones cancelen la única «realidad» del relato, su texto, para reemplazarla por una traducción.

Se entiende, entonces, que muy pocos entre los que han estudiado los cuentos de Cortázar se hayan detenido en ensayar una interpretación de «Las puertas del cielo»: el texto mismo contiene ya su propia interpretación. El narrador explica en el relato lo que Mauro, el protagonista, no puede comprender: que ese infierno en que vivía Celina y del cual la arranca Mauro fue para ella su cielo. Tal es el sentido de la última unidad narrativa que cierra el relato: el narrador y Mauro vuelven a ese infierno habitado por monstruos, el Santa Fe Palace, para verlo por vez primera con los ojos de Celina y comprender que para ella y las demás como ella ese antro *es* el paraíso:

> Me quedó inteligencia para medir la devastación de su felicidad, su cara arrobada y estúpida en el paraíso al fin logrado... (B. 137).

La presencia de Celina es aquí metafórica («Celina ahí sin estar, claro, cómo comprender eso en el momento».), aunque por momentos adquiera el aura de una presencia histórica: «Celina estaba sobre la derecha, saliendo del humo y girando obediente a la presión de su compañero.» Presencia metafórica o presencia metonímica («cualquiera de las negras podría haberse parecido más a Celina que ella»), su reaparición en el último eslabón de la narración tiene una función clara: la muerte de Celina es el precio último de su libertad y del retorno a su paraíso perdido.

Estructuralmente, «Las puertas del cielo» es más complejo que los relatos anteriores. Hay dos espacios narrativos: el velorio en casa de Mauro y el baile en el Santa Fe. El cuerpo del relato —la historia de Mauro y Celina y su amistad con el narrador— tiene lugar en el primer espacio, pero en forma de un fragmentado «flashback» en la conciencia del narrador durante el velorio. Cuando Mauro y el narrador se encuentran por segunda vez, estamos de nuevo en el tiempo del relato y este tiempo de la narración continuará linealmente hasta el final en el segundo espacio con una breve transición (en casa de Mauro y en un café de Palermo). El conflicto que el relato resuelve en la última parte no es la muerte de Celina sino el reestablecimiento de un orden suspendido con el casamiento de Celina:

> Toda esta mañana había estado pensando en Celina —dice el narrador al final de la primera parte—, no que me importaba tanto la muerte de Celina sino más bien *la suspensión de un orden*, de un hábito necesario (B. 124).

Y al final de la segunda parte agrega también el narrador:

> Nada la ataba ahora en su cielo sólo de ella, se daba con toda la piel a la dicha y *entraba otra vez en el orden* donde Mauro no podía seguirla. Era su duro cielo conquistado... (B. 137-138).

El relato, pues, describe un orden (la vida prostituida de Celina), su violación (casamiento de Celina y Mauro), la restitución imaginaria de ese orden (la muerte de Celina) y la toma de conciencia de esa restitución (el baile en el *Santa Fe* y la visión de Celina). Los dos primeros eslabones ocurren en el tiempo psicológico del narrador; los dos últimos, en el tiempo del relato.

VI

«CIRCE»

Desde el título, «Circe» señala que el relato es una re-creación de la leyenda griega. Por medio de drogas y encan-tamientos, Circe, hija de Helios y la ninfa Perséfone, trans-formaba a los hombres en lobos y leones y con ellos rodeó su palacio en la isla de Eea. Allí la visitó Odiseo con sus com-pañeros que la hechicera convirtió en cerdos, pero el héroe, protegido por hierbas que había recibido de Hermes, la obligó a devolverlos a su forma original. Odiseo residió un año en la isla de Circe, y cuando se propuso regresar, la bruja lo instruyó para que evitara los peligros durante su viaje de retorno. Hasta aquí el relato maravilloso interpolado en la *Odisea*.

Entre esta narración y el cuento de Cortázar hay una dis-tancia semejante a la que separa la literatura de maravilla del género fantástico. En rigor, la historia de Circe y la historia de Delia Mañara constituyen dos ejemplos de cómo funciona el relato maravilloso en oposición al cuento fantástico. El trasfondo del primero es un mundo en el que la maravilla es la norma; en el segundo, todo evoca nuestra propia realidad —un mundo demasiado coherente y celosamente regido por la concepción racionalista de las ciencias para acceder a las ar-bitrariedades de lo maravilloso—. Pero, como ya hemos visto [57],

---

[57] Véanse págs. 18-24, primera parte, del presente estudio.

esta causalidad irreversible que gobierna la narración realista es también la condición del relato fantástico:

> lo fantástico es lo imposible sobreviniendo de improviso en un mundo de donde lo imposible está desterrado por definición [58].

El texto de Cortázar está traspasado por una Buenos Aires que en 1923 oyó y lloró la pelea Firpo-Dempsey y, a su vez, por una Buenos Aires demasiado próxima para ahogarse en la pura nostalgia. El noviazgo de Mario y Delia es el asunto del cuento y es también una estampa más de esa ciudad cuyo ritmo el relato recobra: domingos de Palermo, confiterías de Rivadavia, bancos de Plaza Once. En esa Buenos Aires cotidiana y familiar, Delia Mañara (Circe) se impone con la misma naturalidad de la radio a galena de los Mañara y el Munich de Cangallo y Pueyrredon. Pero junto a esa naturalidad, este mundo reconocible y enclavado en su cotidianidad está envuelto en una atmósfera lo suficientemente ambigua e inquietante para abrir una brecha de vacilación en el lector: ¿Ha matado Delia a sus dos novios como se rumorea en el barrio, o se trata solamente de una coincidencia? ¿Hay alguna relación entre estas muertes y la afición de Delia a los licores y bombones? El último descubrimiento de Mario de la cucaracha en el bombón preparado por Delia, ¿confirma los chismes? Y finalmente: ¿sobrevive Mario a los hechizos confitados de Delia? Estos interrogantes puntean la narración y el texto se niega a ofrecer respuestas explícitas y definitivas de la misma manera que en el cuento de W. W. Jacobs «La pata del mono» los tres deseos son milagros ejecutados por los poderes mágicos de la pata y son, a la vez, extrañas coincidencias que la presencia constante de la pata del mono envuelve en una atmósfera de sugerente ambigüedad, próxima al milagro y la magia. También «Circe» oscila entre la coincidencia y la hechicería, porque se trata de romper un orden racional sin romperlo, de violar la coherencia realista del relato sin arriesgar su verosimilitud. Para mantener este peligroso equilibrio sin caerse de la cuerda, el relato

---

[58] Roger Caillois, *Imágenes, imágenes...*, pág. 11.

recurre a esos artificios en que se apoya la narración fantástica
del mismo modo que el arte ilusionista se sostiene en la des-
treza técnica del mago. El título es un primer pase, pero el
texto todo está armado con movimientos semejantes que ocultan
ese doble fondo del cual saldrá el hecho mágico —una paloma,
un conejo, un pañuelo de siete colores—. Cuando el relato tes-
timonia que

> un gato seguía a Delia, todos los animales se mostraban siempre
> sometidos a Delia, no se sabía si era cariño y dominación, le an-
> daban cerca sin que ella los mirara (B. 94).

esta declaración presenta de manera simultánea un anverso y
un reverso: «cariño o dominación», un hecho natural o un
acto sobrenatural. Como un catalizador, el título corrige, desde
fuera de la narración, el inevitable desequilibrio a que lo
obliga su textura realista. El apego de los animales a Delia es
un detalle que, sin violar el código realista de la narración,
está modificado por las reverberaciones que emite el título y
que obligan al texto a una significación segunda: las metamorfosis practicadas por la Circe de la leyenda griega contaminan
el detalle de la relación de Delia con los animales ¿domésticos?:

> Mario notó una vez que un perro se apartaba cuando Delia
> iba a acariciarlo... La madre decía que Delia había jugado con
> arañas cuando chiquita... Y las mariposas venían a su pelo... (B. 94).

También la extraña devoción de Delia a la preparación de
licores y bombones es un hecho que puede producir un injus-
tificado asombro, como su relación con los animales, o puede
leerse como un anticipo o acto preparatorio de un acontecimiento insólito. Estos y otros detalles (chismes sobre cómo
murieron los dos novios de Delia, su manera de examinar los
bombones —«como una menuda laucha entre los dedos de Delia que la aguja laceraba»—, la minuciosa y «alquímica» preparación de los licores y sus largos y laboriosos ensayos con
los bombones, las ceremonias al probarlos, las alusiones a las
cucarachas, el pez de color, la propuesta de matrimonio, los
anónimos, el estado de inquietud de Delia, hasta la escena

final en la sala) no están simplemente consignados: forman
una secuencia y sutilmente apuntan hacia un mismo blanco
—el desenlace insólito, la ruptura de un orden inviolable—.
Pero como todo buen relato fantástico, «Circe» no cede a la
facilidad de una respuesta tajante. El texto declara la travesura
última de Delia, bombones rellenos con cucarachas, pero ¿es
solamente una travesura o una indicación que confirma las
advertencias de los anónimos? Lo uno y lo otro, porque aunque
todo el relato se orienta hacia un desenlace inaudito, el final
de «Circe» es una confirmación de ese orden que cada detalle
del cuento busca violar: la posible condición psicótica de Delia.
Por eso «Circe» más que responder a una poética de lo neo-
fantástico, más que presentarnos una metáfora que define un
orden solamente representable desde esa metáfora, funciona
según la mecánica que gobierna el género fantástico. Primero
porque en «Circe», como en todo relato fantástico, la condición
de hechicera de Delia es una vacilación entre la ruptura de un
orden causal (lo maravilloso) y la permanencia de ese orden,
violado solamente por la imaginación excitada del lector (lo
extraño);

> o bien se trata de una ilusión de los sentidos, de un producto
> de la imaginación, y las leyes del mundo siguen siendo lo que son,
> o bien el acontecimiento se produjo realmente, es parte integrante
> de la realidad, y entonces esta realidad está regida por leyes que
> desconocemos... Lo fantástico ocupa el tiempo de esta incertidum-
> bre. En cuanto se elige una de las dos respuestas, se deja el te-
> rreno de lo fantástico para entrar en un género vecino: lo extraño
> o lo maravilloso [59].

O en la definición de Vladimir Soloviov:

> En el verdadero campo de lo fantástico, existe siempre la posi-
> bilidad exterior y formal de una explicación simple de los fenó-
> menos, pero, al mismo tiempo, esta explicación carece por com-
> pleto de posibilidad interna [60].

---

[59] Tzvetan Todorov, *Introduction à la littérature fantastique*, Paris,
Seuil, 1970, pág. 34.
[60] *Ibid.*, pág. 35.

Segundo porque todo el material narrativo en «Circe» está or-
ganizado en una línea ascendente en la que cada detalle es un
paso preparatorio dirigido a reforzar la sospecha o incertidumbre del lector respecto a esa ruptura que se produce sin producirse. Esta progresión ascendente del relato genera un suspenso de mayor intensidad que en el relato no fantástico, porque
está construido según un ordenamiento por gradación encau-
zado a vencer las resistencias del lector hasta quebrar su ex-
cepticismo y obligarlo a generar él mismo, en su imaginación,
el hecho insólito, o a aceptarlo desde las veladas alusiones del
texto. Cada uno de los detalles presentados por el narrador de
«Circe» actúa como un incremento de ese desenlace morosa-
mente postergado. Tal postergación produce en el lector un
efecto que todos los que han estudiado el género fantástico
definen como su rasgo distintivo: el miedo. Para Caillois lo
fantástico «es un juego con los miedos del lector... Si el prodigio da miedo es porque la ciencia lo destierra y porque se
lo sabe inadmisible, espantoso» [61]. Hay que notar que, a diferencia de los cuentos anteriores de *Bestiario*, «Circe», en su
primera lectura se entiende [62], provoca en el lector una inquietud rayana en el miedo. Tememos, no tanto que el destino
de Mario sea una recurrencia del destino fatal de los dos novios
anteriores de Delia, como la manera en que ese destino será
alcanzado. El miedo nace allí donde nuestras seguridades tras-
tabillan.

Estos rasgos que definen lo fantástico no se dan en los
relatos neo-fantásticos. La vacilación no se produce: el narrador de «Carta a una señorita en París» vomita *conejos;* los dos
pasajeros de «Ómnibus» son hostilmente amenazados por no
llevar *flores;* las *mancuspias* de «Cefalea» rondan amenazantes
la casa y se mueren de hambre. No hay una gradación conducente al desenlace insólito; lo insólito ocurre desde las primeras líneas del relato con la misma naturalidad que lo habitual,

---

[61] Roger Caillois, *op. cit.*, pág. 12.
[62] Aludimos a la reacción del lector implícito que Todorov identifica,
aunque no en todos los casos, con el protagonista de la historia. Véase
T. Todorov, *op. cit.*, pág. 109.

y el suspenso de la narración no alcanza la intensidad vertiginosa de «Circe». En resumen, «Circe», en contraste con los cuentos anteriores, tipifica el discurso del modelo fantástico. Por lo demás, «Circe», según observación del propio Cortázar, está motivado por un estado de excitabilidad nerviosa que linda con el miedo:

> Cuando escribí «Circe» pasaba por una etapa de gran fatiga en Buenos Aires, porque quería recibirme de traductor público y estaba dando los exámenes uno tras otro. En esa época buscaba independizarme de mi empleo y tener una profesión, con vistas de venirme alguna vez a Francia. Hice toda la carrera de traductor público en ocho o nueve meses, lo que me resultó muy penoso. Me cansé y empecé a tener síntomas neuróticos; nada grave —no se me ocurrió ir al médico—, pero sumamente desagradable, porque me asaltaban diversas fobias a cual más absurdas. Noté que cuando comía me preocupaba constantemente *el temor* de encontrar moscas o insectos en la comida. Comida, por lo demás, preparada en mi casa y a la que yo le tenía plena confianza. Pero una y otra vez me sorprendía a mí mismo en el acto de escarbar con el tenedor antes de cada bocado. Eso me dio la idea del cuento, la idea de un alimento inmundo. Y cuando lo escribí, por cierto que sin proponérmelo como cura, descubrí que había obrado como un exorcismo porque me curó inmediatamente[63].

A diferencia de «Carta a una señorita en París», motivado también por una experiencia semejante, Cortázar no se propuso en «Circe» dar expresión a esas fobias cuya irracionalidad se resuelve de la única manera tolerable a las conceptualizaciones del lenguaje, a través de una metáfora que sin desertar de los signos del lenguaje crea un lenguaje segundo, desde el cual lo inexpresable (en el lenguaje primero) alcanza ahora expresión (en el lenguaje segundo instituido por la metáfora), sino trasmitir al lector algo de ese temor que lo asaltaba durante esa época de síntomas neuróticos, recrear sus propios miedos en un texto que ahora sacude al lector de la misma manera que todo relato fantástico nos introduce inopinadamente en un dominio de lo insólito habitado por el miedo. Si la

---

[63] Luis Harss, *op. cit.*, págs. 269-270.

prueba del relato fantástico reside en su capacidad de convertir la trivialidad de todos los días en un territorio insólito, pero sin violar arbitrariamente las leyes físicas de esa realidad primera, el relato neo-fantástico prescinde de esa gradación progresiva, que desembocará en el miedo, y permite que los planos realista y fantástico cohabiten desde las primeras líneas del texto. En rigor, no se trata de un plano fantástico, puesto que la condición de lo fantástico es una habilidad mágica que aquí se rechaza, sino de un elemento que se desplaza del medio en el cual normalmente habita para irrumpir en un medio extraño, produciendo ese contraste que nos induce a llamarlo «fantástico». El efecto de maravilla del relato neo-fantástico nace de ese desplazamiento que recuerda el encuentro inesperado de un paraguas y la máquina de coser —el verso de Lautréamont que, como «el cadáver exquisito» de los surrealistas, representa una ruptura del orden lógico, una fisura desde la cual se puede entrever la posibilidad de otro orden—. En estas narraciones no hay ni seres féericos ni licantropías. Nada artificial o extraordinario hay en los conejos de «Carta a una señorita en París» o el tigre de «Bestiario» o los ruidos de «Casa tomada»; es su intromisión en un medio al cual no corresponden ordinariamente, lo que provoca nuestra sorpresa. La técnica de la narración neo-fantástica está más próxima a esa receta del surrealismo, que prescribía la asociación de dos entidades que no se habían enfrentado nunca, que a los procedimientos que configuran la literatura fantástica. Ya se sabe que esa técnica surrealista produjo sus mejores creaciones en la pintura: una serpiente que sale de un cesto y se arrolla alrededor de una estela funeraria en el cuadro de Hokusaï, del cual ha observado Marcel Brion:

> Il n'y a rien, ici, qui ne soit absolument naturel, et même banal; les objets quotidiens ont la robustesse simple des choses qui servent, dont la fonction est modeste et précise, et qui n'ont ni ombre ni profondeur secrète. Le souffle du surnaturel ne sort pas ici des objets eux-mêmes mais de leurs rapports [64].

---

[64] Marcel Brion, *L'art fantastique*, Paris, Marabout, 1968, pág. 359.

Tal encuentro de objetos que no se encontrarían jamás dentro
del orden irreversible, regido por una escala causal, no es un
mero ejercicio con el caos o un juego con lo fortuito, sino un
esfuerzo de aproximación a lo desconocido mediante el reem-
plazo de asociaciones coherentemente lógicas por asociaciones
incongruentes desde las cuales es posible trascender las limitaciones a que nos obliga el orden violado y asomarse a un orden
de apariencia fantástica, pero cargado de significaciones inexpresables dentro de ese orden primero. Los artistas de esta
pintura que se ha definido como «realismo fantástico» sabían
muy bien que

> expresar la atmósfera fantástica de cierta escena en la cual nada
> en sí mismo es fantástico es, como lo ha dicho Hokusaï, más di-
> fícil que pintar monstruos y fantasmas, puesto que lo más difícil
> es precisamente alcanzar el íntimo misterio de las cosas y descu-
> brir lo extraordinario bajo la máscara de lo ordinario [65].

De manera semejante, Cortázar ha advertido sobre las facili-
dades que amenazan a la literatura fantástica cuando se reemplaza «el tiempo ordinario por una especie de *full-time* de lo
fantástico» o cuando se practica la operación contraria y el
tiempo de lo fantástico es «una cuña instantánea y efímera
introducida en la sólida masa de lo consuetudinario» [66]. En el
primer caso lo fantástico deja de ser tal porque la ruptura del
orden realista es la norma; en el segundo, lo fantástico no
emerge del interior del relato: es un aditamento exterior que
no alcanza jamás a integrarse a la totalidad de la narración.
Lo difícil, en cambio, es llegar a lo fantástico siguiendo un
desarrollo temporal ordinario:

> Sólo la alteración momentánea dentro de la regularidad delata
> lo fantástico, pero es necesario que lo excepcional pase a ser tam-
> bién la regla sin desplazar las estructuras ordinarias entre las
> cuales se ha insertado [67].

---

[65] *Ibid.*, pág. 359.
[66] Julio Cortázar, *Último round*, México, Siglo XXI, 1969, págs. 44-45.
[67] *Ibid.*, pág. 44.

Si la técnica de lo neo-fantástico consiste en desarticular seres
o cosas de su medio natural para articularlos en un medio
extraño, la prueba de la eficacia de esa técnica reside en la
maestría con que se ejecuta esa rearticulación. Nada de extraordinario hay en los conejos de «Carta...», que son tan
conejos como los conejos ordinarios, y nada de extraordinario
hay tampoco en el departamento de la calle Suipacha; lo extraordinario es su encuentro, pero a condición de que ninguno
de los dos términos de la asociación suspenda o cancele la
verosimilitud del otro, su derecho de ciudad, y de que su enlace genere un relieve metafórico desde el cual se modifica el
valor individual de cada uno de los términos del enlace creando
significaciones que trascienden su literalidad.

También en la pintura, lo fantástico por desplazamiento y
reasociación está sujeto a condiciones semejantes:

> Sin que sea cuestión de recurrir a la entrevisión de demonios
> ocultos en los utensilios familiares, es suficiente que la manera
> como esos objetos se asocian deje sospechar de qué perversiones
> son capaces. Los *cadáveres exquisitos* de los surrealistas, las na-
> turalezas muertas de Salvador Dalí o de Pierre Roy, las composi-
> ciones de Magritte, muestran qué rica fuente de asombros y de
> emociones hay en esas aproximaciones de cosas que no esperan
> esa promiscuidad que despierta en ellas virtualidades desconó-
> cidas [68].

---

[68] Marcel Brion, *op. cit.*, págs. 359-360.

VII

«BESTIARIO»

En «Bestiario», ni la presencia constante y amenazadora del tigre desrealiza la vida de los Funes en Los Horneros, ni los hechos que conforman el relato del veraneo de Isabel en lo de los Funes amenazan la realidad del tigre, pero de su encuentro emerge un sentido no significado en el tigre y solamente aludido de manera muy velada en el resto del cuento. Se ha dicho que el tigre es el Nene, que «el tigre *es* la naturaleza real del Nene» [69], lo cual es, primero, extraño, puesto que al Nene lo deshace el tigre a zarpazos, y segundo, inconducente, porque tal supuesto cancela la puntillosa y exacta ambigüedad desde la cual funciona todo el relato. Si el tigre es apenas una máscara o el desdoblamiento del Nene, el relato se convierte en una fácil adivinanza y deja de ser ese complejo juego de vacilaciones y claroscuros que de manera ejemplar da cuenta el texto. Tal vez por allí habría que comenzar.

García Canclini ha subrayado la preferencia de Cortázar, en algunos de sus cuentos, por la adolescencia; es la edad de

la ruptura con lo heredado y del ingreso en un nuevo mundo...; es la edad del descubrimiento, de la iniciación. Si la sociedad

---

[69] Graciela de Sola, *Julio Cortázar y el hombre nuevo*, Buenos Aires, Sudamericana, 1968, pág. 49. También Malva E. Filer, *Los mundos de J. C.*, Nueva York, Las Américas, 1970, pág. 35.

procura atraparlos, los adolescentes se defienden con su imaginación... El adolescente es pura posibilidad, posibilidad de perder
o de ganar, como en el juego, pero vivida responsablemente [70].

Es, habría que agregar, la edad de la ambigüedad. «Bestiario»
centra el foco de la narración en Isabel, y aunque narrado en
tercera persona, el punto del narrador coincide con el punto de
vista de Isabel [71]. La importancia de este detalle reside en que
la ambigüedad del relato traza con riqueza de matices la ambigüedad en que se debate Isabel, que sale del mundo seguro
y definido de la infancia para entrar en la resbaladiza adolescencia. En la primera parte, Isabel comparte los juegos de niño
de Nino: criaderos de bichos, microscopio, calidoscopio, boti-
quín, herbario, formicario, pero hacia la segunda mitad del
cuento, Isabel pierde interés en los pasatiempos de Nino:

> Nino anduvo quejándose de la distracción de Isabel, la trató
> de mala compañera y de que no ayudaba a formar la colección.
> *Ella lo veía de repente tan chico,* tan un muchachito entre sus
> caracoles y sus hojas (B. 163).

Este cambio de Isabel está indicado con gran variedad de detalles a lo largo de toda la narración a través de sutiles observaciones y extraños descubrimientos. Isabel nota, por ejemplo,
que el Nene toma la mano de Rema cuando ésta le extiende
una taza de café, y que Rema tira la mano hacia atrás; observa
las relaciones veladas entre Rema y el Nene y pregunta con la
perspicacia de los adolescentes: «¿El Nene está enojado con
usted, Rema?»; busca la soledad y Rema la sorprende, por
primera vez, sola y absorta en el formicario; «al devolver con
un revés una pelota insidiosa que Nino le manda baja, Isabel
sintió como muy adentro la felicidad del verano, por primera
vez entendía su presencia en Los Horneros»; nota la sensuali-
dad del Nene en su boca «dura y hermosa, de labios rojísi-

---

[70] Néstor García Canclini, *Cortázar, una antropología poética*, Buenos
Aires, Nova, 1968, págs. 64-66.
[71] En *Último round*, Cortázar ha subrayado el uso de esta «tercera
persona que actúa como una primera disfrazada», *op. cit.*, pág. 36.

mos»; en las cartas a su madre, Isabel calla ciertas cosas que
ha visto o que sabe: Rema llorando de noche y «que la había
oído llorar pasando por el corredor a pasos titubeantes», la
reacción de Luis en una conversación entre él y Rema: «Es
un miserable, un miserable...» Estas insinuaciones acerca de
las relaciones entre Rema y el Nene se definen un grado más
en el episodio de la limonada. Finalmente, el formicario mismo
se convierte en el punto de intersección donde la infancia y la
adolescencia comienzan a separarse: el formicario es a la vez
el juego de los niños y un símbolo del juego de los grandes;
por la reflexión de la luz, la mano de Rema «parecía como si
estuviera dentro del formicario», y de pronto pensó Isabel «en
la misma mano dándole la taza de café al Nene ... y la mano
del Nene apretándole la yema». Y más adelante,

> cuando Isabel pudo mirar uno de los lados tuvo miedo; en plena
> oscuridad las hormigas habían estado trabajando..., trabajando
> allí adentro, como si no hubieran perdido todavía la esperanza de
> salir,

Isabel descubre, con una mezcla de timidez y tabú violado,
su difusa atracción erótica por Rema. Son sentimientos indefinidos, sensaciones en las cuales las hormigas del formicario
se confunden con las hormigas del deseo y que el relato configura a través de un narrador en tercera persona no menos
ambiguo —en el sentido de que su punto de vista se confunde
con el punto de vista de Isabel— que las sensaciones de su
protagonista. La atracción erótica de Isabel además de ambigua
es equívoca y el texto presenta esa atracción con la misma equívoca ambigüedad: «... y Rema que tocaba un caracol con la
punta del dedo, tan delicadamente que también su dedo tenía
algo de caracol» (B. 164); y en el último párrafo:

> [Isabel] inclinada sobre los caracoles esbeltos como dedos, quizá
> como los dedos de Rema, o era la mano de Rema que le tomaba
> el hombro, le hacía alzar la cabeza para mirarla, para estarla mi-
> rando una eternidad, rota por su llanto feroz contra la pollera
> de Rema, su alterada alegría, y Rema pasándole la mano por el

pelo, calmándola con un suave apretar de dedos y un murmullo contra su oído, un balbucear como de gratitud, de innominable aquiescencia (B. 165).

Y de manera más desvelada en el siguiente pasaje:

Rema. Rema. Cuánto la quería, y esa voz de tristeza sin fondo, sin razón posible, la voz misma de la tristeza. Por favor. Rema, Rema... Un calor de fiebre le ganaba la cara, un deseo de tirarse a los pies de Rema, de dejarse llevar en brazos por Rema, una voluntad de morirse mirándola y que Rema le tuviera lástima, le pasara finos dedos frescos por el pelo, por los párpados... (B. 160-161).

El texto presenta la relación entre el Nene y Rema con la misma morosidad y nebulosidad con que Isabel la percibe desde su restringido entendimiento de adolescente. Cuando finalmente comprende que la tristeza de Rema nace, tal vez, del hostigamiento del Nene, Isabel, en un acto de amor y devoción hacia Rema, miente sobre el paradero del tigre a sabiendas de que tal engaño provocará la destrucción del Nene.

Y este tigre que se pasea campantemente por la casa y la estancia y que organiza la vida en Los Horneros según el capricho de sus hábitos, ¿qué es? o ¿quién es? ¿Es el tigre una metáfora del Nene, de su instinto, de su sexualidad, de su deseo por Rema? En tal caso, ¿por qué sucumbe el Nene y por qué es necesario el engaño de Isabel para que la condena se cumpla? Si formular tales preguntas es ya una manera de restituir la lógica realista que el relato busca trascender, responderlas equivale a exigirle respuestas que el relato se niega a dar o a escribir una historia nueva no contenida en el texto. Reducir el cuento a una adivinanza es desvirtuarlo o, en el peor de los casos, desconfiar de la inteligencia del escritor: el relato no se calla para estimular al lector a resolver el acertijo. El tigre, como los conejos de «Carta...» o los ruidos de «Casa tomada», está allí para «captar algo incomunicable que el lector comparte como una experiencia autónoma», para resolver una situación que se resiste al llamado lenguaje de la comunicación porque, como ha explicado Cortázar, son atisbos, dimensiones, ingresos a posibilidades que me aterraban o me fascinaban, y que tenía que tratar de agotar mediante la escritura del cuento [72].

El texto, pues, da toda la medida de esos atisbos, «los agota». Es descabellado, entonces, obligarle a decir lo que el texto se niega a decir, obligarlo a una facilidad que lo suprime. Si a veces subrayamos, para definir estos relatos, su carácter de metáforas, es con la salvedad de que estas metáforas aceptan un número indefinido de tenores y los niegan a todos; se proponen, como ha dicho Cortázar respecto a «Ómnibus»,

> derrumbar barreras para dar acceso a un orden de la realidad que está del otro lado de la experiencia cotidiana. No son ni un puro juego verbal ni una simple metáfora, sino una ruptura [73].

Y tal vez así habría que empezar a leer «Bestiario».

Como «Casa tomada», «Carta a un señorita en París» y «Ómnibus», donde los protagonistas o ingresan en un espacio nuevo, el espacio del relato, o ceden el viejo espacio, Isabel viaja a la estancia de los Funes para descubrir un orden, revelarlo y provocar su ruptura. Como en «Ómnibus», hay en «Bestiario» una primera introducción del personaje: Clara deja la casa donde trabaja y se dispone a tomar el ómnibus; Isabel deja su casa para pasar el verano en la estancia de los Funes. Esta brevísima introducción establece un ritmo de lo consuetudinario, característico de la narración realista, que se mantendrá a lo largo de todo el cuento. Funciona también como punto de partida y marco de la narración y como tal la hace posible: mucho de lo que ocurrirá en Los Horneros depende de esa condición de visita de Isabel. Como en los cuentos anteriores, cuatro unidades narrativas son fácilmente distinguibles: a) vida en la estancia, presencia constante del tigre, juegos, relaciones entre los personajes; b) Isabel toma conciencia del tránsito de su edad, descubre su atracción hacia Rema y el acoso del Nene a Rema; c) y d) no hay un conflicto plan-

---

[72] Luis Harss, op. cit., pág. 270.
[73] Ibid., pág. 270.

teado de manera manifiesta, pero el desenlace indica de manera
clara que es la solución de un conflicto tácito que se incuba
lentamente en la conciencia de Isabel con la misma ambigüedad
deliberada del resto del cuento. Hasta aquí el relato se cumple
según un código realista, violado, primero, por la presencia
inaudita del tigre y, finalmente, por el ataque físico del tigre
al Nene. El tigre es a la vez no menos real que cualquiera de
los demás personajes y abstracto como portador de sentidos
que rechazan toda explicitación. Pero la presencia del tigre
confiere, a su vez, a un relato de textura aparentemente realista, sentidos ausentes en ese plano. Hay una mutua asimilación
entre el elemento fantástico (el tigre) y el elemento realista
(la vida en una estancia argentina), y desde esa hibridación el
relato genera sentidos no comunicables por ninguno de los
dos planos de manera aislada. El tigre puede apuntar, metafóricamente, al deseo excitado del Nene por Rema, pero qué
duda cabe que apunta también a la atracción de Isabel por
Rema y que podría apuntar además a otras relaciones menos
especificadas por el texto. Nada se nos dice, por ejemplo, de
la madre de Nino y muy poco de las relaciones entre Luis y
Rema y el Nene y Luis. Tal vez porque no interesan a los fines
del relato, pero tal vez, también, porque el narrador ha elegido la ambigüedad, que es una forma de declarar sin declarar
la naturaleza de esas relaciones, sobre las cuales nada sabemos
de manera manifiesta o muy poco. Usando el «test de la con-
mutación» formulado por Hjelmslev [74] podríamos reemplazar,
con fines puramente experimentales, un eslabón o elemento
narrativo por otro posible y observar los efectos que tal cambio produce en el resto del relato. Si el tigre representara,
como se ha dicho, los instintos excitados del Nene, sería sufi-

---

[74] Véase Philip Pettit, *The Concept of Structuralism*: *A Critical Ana-
lysis*, University of California Press, 1975. «El test consiste —explica
Pettit— en reemplazar una palabra en una frase y en observar el efecto
de los diferentes substitutos en el todo. En el análisis estético el test
consistiría en reemplazar —de hecho o imaginativamente— uno o algunos de los elementos de la obra de arte para obtener una idea de los
efectos que produce», pág. 57.

ciente con situar al tigre en los campos alrededor de la casa
y permitir que el ataque al Nene se cumpla sin la participación
de Isabel. Tal cambio eliminaría dos elementos presentes en
el relato: la presencia del tigre *en la casa* y la participación
decisiva de Isabel en el ataque del tigre al Nene. Es evidente
que si el texto escoge la casa y la participación de Isabel es
porque esos dos elementos cumplen funciones muy definidas
en la gramática de la narración. Si el tigre se mueve por toda
la casa es porque su presencia afecta no solamente al Nene,
sino a todos los personajes sujetos a su amenaza: Isabel, Rema,
Luis, el Nene y Nino; y si Isabel es responsable por el ataque
del tigre al Nene es porque su participación transmite cierta
información, respecto a las relaciones Isabel-Rema-Nene, que
quedaría ausente en la versión «conmutada». Como los cuentos anteriores, «Bestiario» da cuenta de un *orden cerrado* que
la presencia del tigre controla y que Isabel, que ha ingresado
en él (ruidos en «Casa tomada», conejos en «Carta...», Mauro
en «la mugre de Kasidis», los pasajeros sin flores en el «Ómnibus», las mancuspias en «Cefalea»), transgredirá. Hay un momento en que el texto accede a definir ese orden cerrado, es
cuando el formicario deviene metáfora de ese orden:

> El formicario valía más que todo Los Horneros, y a ella [Isa-
> bel] le encantaba pensar que las hormigas iban y venían sin miedo
> a ningún tigre, a veces le daba por imaginarse un tigrecito chico
> como una goma de borrar, rondando las galerías del formicario;
> tal vez por eso los desbandes, las concentraciones. Y le gustaba
> *repetir el mundo grande en el de cristal*, ahora que se sentía un
> poco presa, ahora que estaba prohibido bajar al comedor hasta
> que Rema les avisara (B. 149-150).

Pero las hormigas no necesitan de un «tigrecito chico» porque
la caja de vidrio del formicario controla las galerías y el movimiento de las hormigas. La condición de «formicario» de Los
Horneros está determinada por la presencia del tigre, el tigre
es la caja de vidrio que obliga a todos los miembros de la familia a ese orden cerrado y aparentemente inviolable. Hay algunos contactos entre el pequeño mundo del formicario y el

mundo grande: la mano de Rema «parecía como si estuviera
dentro del formicario»; las hormigas «trabajaban allí adentro,
como si no hubieran perdido todavía la esperanza de salir»;
la jarra de limonada que pide el Nene «es verde como el mamboretá» (cuando atrapan el mamboretá, Rema dice: «Tira ese
bicho. Les tengo tanto asco»). Isabel, la adolescente, se jugará
entera en el acto de devolver la libertad a Rema. Sabe que la
violación de ese orden, que define y controla el tigre, significará
la destrucción del Nene y con él la destrucción de «un triángulo verde», que alguna vez vio salir de los dientes del Nene,
significará la realización de una felicidad negada por el Nene,
pero, además, la ruptura de un orden trazado por «un disimulo,
una mentira» (R. 154).

VIII

«LEJANA»

También «Lejana» define un orden cerrado que la protagonista violará, pero a diferencia de los cuentos anteriores —con la excepción de «Cartas a una señorita en París»—, que plantean situaciones y se resuelven por eso en «cuentos de argumentos» [75], «Lejana» es «cuento de personaje». Tal denominación no excluye los demás componentes de que está hecho todo relato —argumento, personajes y ambiente—, indica solamente una prioridad: los otros elementos de la narración se subordinan a uno de ellos. En el «cuento de argumento» lo central es una situación y los personajes contribuyen a precipitarla; en el «cuento de personaje» el foco de la narración es un personaje o personajes, y el argumento y demás ingredientes del relato suministran las circunstancias que hacen posible su desarrollo. Borges ha observado que, en oposición a la novela que se centra en los personajes, el cuento se concentra en una situación [76]; si en la novela el argumento se justifica en función de los personajes, en el cuento, por el contrario, es una situación determinada la que dicta la presencia y necesidad de los personajes. Aunque esta delineación genérica puede aceptarse

---

[75] Véase Olga Scherer-Virski, «A general Theory of the Short Story», en *The Modern Polish Short Story*, The Hague, Mouton, 1965.

[76] Jorge Luis Borges, *Otras inquisiciones*. Véanse los ensayos «Nathaniel Hawthorne» y «De las alegorías a las novelas».

en términos generales, es indudable, sin embargo, que hay novelas donde los personajes son secundarios y el argumento, en
cambio, es lo central —la novela policial, o fantástica, o de
aventuras, por ejemplo—; de igual manera, hay cuentos en que
el argumento es secundario al desarrollo de un personaje. Si
en general recordamos una novela por sus personajes y un
cuento por la situación que nos presenta, hay cuentos en que
la situación cede a un personaje inolvidable: Ireneo Funes, de
Borges («Funes el memorioso»), y Alina Reyes, de Cortázar,
por ejemplo. Hay que apresurarse a decir que aun en los
«cuentos de personajes» el personaje no alcanza nunca, por
meras razones de espacio, la policromía que la novela otorga
a sus personajes. El personaje de cuento está acotado por la
situación singular a que lo obliga su brevedad, pero de esas
limitaciones el cuento genera su poderío. Cortázar ha comparado la novela al cine y el cuento a la fotografía:

> una película es en principio un «orden abierto», novelesco, mien
> tras que una fotografía lograda presupone una ceñida limitación
> previa, impuesta en parte por el reducido campo que abarca la
> cámara y por la forma en que el fotógrafo utiliza estéticamente
> esa limitación,

para explicarnos más adelante:

> No sé si ustedes han oído hablar de su arte a un fotógrafo
> profesional; a mí siempre me ha sorprendido el que se exprese
> tal como podría hacerlo un cuentista en muchos aspectos. Fotó
> grafos de la calidad de un Cartier-Bresson o de un Brassaï definen
> su arte como una aparente paradoja: la de recortar un fragmento
> de la realidad, fijándole determinados límites, pero de manera tal
> que ese recorte actúe como una explosión que abre de par en par
> una realidad mucho más amplia, como una visión dinámica que
> trasciende espiritualmente el campo abarcado por la cámara. Mien
> tras en el cine, como en la novela, la captación de esa realidad más
> amplia y multiforme se logra mediante el desarrollo de elementos
> parciales, acumulativos, que no excluyen, por supuesto, una síntesis
> que dé el «clímax» de la obra, en una fotografía o un cuento de
> gran calidad se procede inversamente, es decir, que el fotógrafo
> o el cuentista se ven precisados a escoger y limitar una imagen

o acaecimiento que sean *significativos*, que no solamente valgan
por sí mismos, sino que sean capaces de actuar en el espectador
o en el lector como una especie de *apertura*, de fermento que proyecta la inteligencia y la sensibilidad hacia algo que va mucho más
allá de la anécdota visual o literaria contenidas en la foto o en
el cuento [77].

Estas observaciones sobre el *modus operandi* del cuento son
también aplicables al personaje del cuento en oposición al
personaje de la novela. Como el cuento no dispone de la am-
plitud que tiene la novela, el cuentista concentra la caracterización del personaje en ciertos momentos significativos de su
vida, a partir de los cuales se revela lo más decisivo de la
existencia del personaje. Borges, que conoce muy bien las limitaciones (y alcances) del género, busca en sus cuentos de
personaje ese «momento en que un hombre sabe para siempre
quién es» y, por eso, en un cuento como «Biografía de Tadeo
Isidoro Cruz» hace declarar a! narrador: «Mi propósito no es
referir su historia. De los días y noches que la componen, sólo
me interesa una noche» [78]. Pero en Borges ese momento adquiere la inminencia de una revelación y se convierte en símbolo
o cifra de un destino. Cortázar, en cambio, parte de circunstancias triviales en las cuales reconocemos un orden consuetudinario para alcanzar esa *apertura* desde la cual se revelará
toda la complejidad del personaje. Si la complejidad del personaje de novela es, como dice Cortázar, *acumulativa*, la complejidad del personaje de cuento está obligada a capitalizar los
silencios: el texto se apoya en una información no manifiesta,
apenas insinuada desde esos pliegues de oscuridad a que la
brevedad obliga al cuento.

El cuentista sabe —dice Cortázar— que no puede proceder acu-
mulativamente, que no tiene por aliado al tiempo; su único recurso es trabajar en profundidad, verticalmente, sea hacia arriba
o hacia abajo del espacio literario... El tiempo del cuento y el

[77] Julio Cortázar, «Algunos aspectos del cuento», *Casa de las Américas*, núm. 15-16 (1962-63), págs. 5-6.
[78] Jorge Luis Borges, *El Aleph*, Buenos Aires, Emecé, 1961, pág. 53.

espacio del cuento tienen que estar como condensados, sometidos a una alta presión espiritual y formal para provocar esa *apertura* a que me refería antes [79].

Esta digresión acerca del personaje de cuento era necesaria como correctivo a esa noción equívoca que o niega la capacidad del género de producir un personaje memorable o que reduce sus personajes a figuras superficiales que sólo se justifican en función del argumento. Es también necesaria para superar la noción, largamente sostenida, que obliga a «Lejana» a conducirse como un avatar más del viejo tema del doble. El doble es un tema de riquísimas derivaciones y transformaciones en la obra de Cortázar [80], pero su mera constatación es, en el mejor de los casos, un punto de partida para el estudio de esos textos y, en el peor, un rótulo que aparentemente lo resuelve todo, pero que en realidad deja el texto sin tocar. Porque si decimos que la mendiga de Budapest es el doble de Alina, todavía no hemos dicho nada respecto al personaje, a lo más hemos definido un procedimiento sin penetrar en su función. La ya abundante literatura dedicada al estudio del doble en general [81] ha demostrado la variedad de usos y funciones de este recurso narrativo. Puede funcionar como la imagen de un espejo, como un cómplice secreto, como un yo contrario, como la fragmentación de la mente, como formas de ambivalencia, como mera duplicación barroca, etc. [82]. Lo que importa es su capacidad de ejecutar ciertas funciones inherentes a los propósitos del texto.

---

[79] Julio Cortázar, «Algunos aspectos del cuento», pág. 6.

[80] Luis Harss ha subrayado este elemento en su entrevista, *op. cit.*, página 292.

[81] Véanse Otto Rank, *Der Doppelgänger: Psychoanalytische Studie* (Leipzig, 1925); Wilhelmine Krauss, *Das Doppelgängermotiv in der Romantik* (Berlin, 1930); Ralph Tymms, *Doubles in Literary Psychology* (Cambridge, 1949); Masao Myoshi, *The Divided Self* (New York, 1969); Robert Rogers, *The Double in Literature: A Psychoanalytic Study* (Detroit, 1970); Carl F. Keppler, *The Literature of the Second Self* (Tucson, 1972); Albert J. Guerard, *Stories of the Double* (New York, 1967); *Daedalus* (número especial dedicado al tema del doble), núm. 92, primavera de 1963.

[82] Estas definiciones corresponden a los capítulos del estudio de Robert Rogers en su libro *The Double in Literature*.

De aquí que sea necesario seguir un curso opuesto al hasta
ahora adoptado: no explicar el texto por el doble, sino explicar
el doble desde el texto en que ha sido insertado como una
respuesta a los interrogantes y problemas planteados en el
texto. La multitud de posibilidades que ofrece el tema del
doble es el punto de partida del libro de Robert Rogers, *The
Double in Literature*, pero a pesar de las numerosas y varia-
das categorías de definición y clasificación que propone Rogers
ninguna de ellas representa una medida precisa a lo específico
de un texto. Leyendo el libro de Rogers se tiene la impresión
de que cada texto plantea una noción diferente del concepto
del doble y que el número de especies de su taxonomía exige
un número semejante de ejemplos tomados de la literatura
universal de todos los tiempos. Si hay tantas especies y sub-
especies de dobles como textos, hay que concluir, como en el
caso de cualquier recurso narrativo, que su detección en una
narración es apenas un punto de partida para el estudio de
su función y funcionamiento y de sus relaciones con el resto
del relato como un todo.

De los varios tipos de dobles que estudia Rogers, el que
más se aproxima a «Lejana» es el definido en el capítulo «Frag-
mentation of the Mind» (Fragmentación de la mente). Para
ilustrar esta clase de doble Rogers acude a ejemplos tan abi-
garrados como *Dr. Jekill and Mr. Hyde*, de R. L. Stevenson, y
El lobo estepario, de Hesse; *The Portrait of a Lady*, de James,
y *Othello*, de Shakespeare. El registro es tan amplio que desafía
una definición abarcadora del tipo estudiado. El rasgo unifica-
dor consistiría en la escisión del yo en personalidades diferentes y hasta opuestas; más allá de este rasgo común, cada obra
sigue su propio curso.

También el yo de Alina Reyes está dividido, pero esa división no coincide con los conceptos de id, ego y superego sugeridos por Freud y que Freud fue el primero en abandonar
insatisfecho de su efectividad; la división del yo de Alina responde a un concepto nuevo en la estructura de la psicología
humana. Morton Prince lo define en su obra *La disociación de
una personalidad* en los siguientes términos:

> La mente puede desintegrarse de muchas maneras. Puede divi-
> dirse, subdividirse y aun subdividirse más. Las líneas de segmen-
> tación pueden tomar todo tipo de direcciones, produciendo varias
> formas de combinaciones de sistemas de conciencia [83].

El propio Freud, «en una de sus pocas referencias a la personalidad múltiple, trata también la disociación desde un punto
de vista funcional y sugiere que puede ocurrir cuando los varios objetos de identificación del ego llegan a contradecirse de
manera severa» [84]. Pero la obra que ha estudiado más a fondo
y con mayor acopio de datos este aspecto de la estructura del
yo es el libro de R. D. Laing *The Divided Self* (*El yo dividido*),
1960, y a ella nos referiremos en relación con el conflicto
presentado en «Lejana».

El punto de partida de Laing es «el intento de reconstruir
la manera que el paciente tiene de ser él mismo en su mundo».
A esta nueva aproximación Laing llama «fenomenología existencial», y su tarea consiste «en articular lo que es el mundo
'del otro' y su manera de ser en él» [85]. Esta nueva actitud psi-
quiátrica no difiere en lo esencial de la actitud del escritor en
el sentido de que también el escritor intenta reconstruir el
mundo de sus personajes desde los personajes mismos. Si la
novela realista los veía desde un narrador omnisciente y los
comprendía desde la lógica del narrador, la novela existencial,
a partir de Dostoievski, intenta ver y comprender a sus personajes desde la lógica, o falta de lógica, de sus personajes mismos. Se trata, en resumen, de una visión desde dentro, en
oposición a una visión desde fuera de la novela tradicional:
o vemos al personaje con los ojos del autor o el autor accede
a que el personaje se vea con sus propios ojos. En el primer
caso, los personajes responden a la óptica del autor; en el

---

[83] Morton Prince, *The Dissociation of a Personality*, New York, 1908,
página 75.

[84] Sigmund Freud, *Standard Edition; The Ego and the Id*, London,
1962, vol. 19, págs. 30-31.

[85] R. D. Laing, *El yo dividido*, México, Fondo de Cultura, 1964, pág. 21.
Citas subsiguientes indicadas por el número de página de esta edición.

segundo, establecen su propia óptica y ven el mundo desde ella. Se puede replicar que en ambos casos hay un autor que modela sus personajes y que en mayor o menor medida la realidad de los personajes depende de la voluntad del escritor. Y así es. Lo que ha cambiado es *la actitud* del escritor hacia sus personajes: de una actitud omnisciente a una actitud de casi impotencia frente al mundo de los personajes. El narrador realista podía explicarlo todo; el narrador existencial se niega a explicar nada y deja que los personajes se expliquen desde sus propias limitaciones y desde su visión individualizada de su propio ser y de su manera de ser en el mundo. Muy semejante es la actitud de la nueva psiquiatría. El analista se niega a una comprensión externa del paciente porque, explica Laing,

> si entendemos sus acciones como «señales» de una «enfermedad», nos hallamos imponiendo ya nuestras categorías de pensamiento al paciente, de manera análoga a la forma en que podemos considerar que nos está tratando a nosotros... Si adoptamos tal actitud ante un paciente, es muy poco probable que, al mismo tiempo, entendamos lo que quizá esté tratando de comunicarnos a nosotros (29).

Se puede aducir que el tratamiento psiquiátrico de un paciente dista leguas del tratamiento literario de un personaje y cuestionar así la validez de estas observaciones del campo del psicoanálisis respecto al análisis de un personaje literario, pero una lectura atenta de «Lejana» nos revela de inmediato que si Alina Reyes no constituye un caso de esquizofrenia, tiene claras tendencias esquizoides, y que Cortázar ha intentado comprenderlas desde el interior del personaje de manera semejante a como la fenomenología existencial se aproxima a sus pacientes. La palabra «paciente» puede perturbar al lector de Cortázar y tendría razón en resistirse a convertir al personaje en paciente mental, pero nada de esto se propone, ni tan siquiera sugiere. Sin embargo, es innegable, como observa Laing, que

> no siempre es posible hacer distinciones tajantes entre la salud y la enfermedad mental, entre *el individuo esquizoide sano* y el

psicótico. A veces el comienzo de la psicosis es tan dramático y violento, y sus manifestaciones tan inequívocas, que no puede caber duda acerca del diagnóstico. Sin embargo, en muchos casos, no se da tal cambio repentino, aparentemente cualitativo, sino una transición que se extiende por años y en ningún punto de la cual puede verse con claridad en qué momento se ha rebasado el límite crítico (133).

La relación de Alina Reyes hacia todo lo que representa el mundo de su cuerpo —su madre, los tés, los conciertos, sus amigos y su novio— y hacia su yo interior —los juegos, la reina, la pupila de mala casa en Jujuy, la sirvienta en Quetzaltenango y la mendiga en Budapest— recuerda la escisión esquizoide según la definición de Laing:

> El individuo experimenta su yo como si estuviese más o menos divorciado o separado de su cuerpo. *Se siente el cuerpo más como un objeto entre objetos, en el mundo, que como la médula del propio ser del individuo.* En vez de médula de su verdadero yo, se siente el cuerpo como si fuese la médula de un *falso yo*, a la que un yo «interior», «verdadero», separado, no encarnado, contempla con ternura, diversión u odio, según los casos (64).

Hay una Alina Reyes que juega el juego de los grandes, juegos estereotipados que Alina juega forzada por la convención pero sin participar, realmente, en ellos [86]. Quien los juega no es ella, sino su cuerpo, que la otra Alina observa como si se tratara de «un objeto más entre objetos»:

> Que sufra. Le doy un beso a la señora de Regules, el té al chico de los Rivas, y me reservo para resistir por dentro [87].

> Sé solamente que es así, que en algún lado cruzo un puente en el instante mismo (pero no sé si es el instante mismo) en que el chico de los Rivas me acepta el té y me pone su mejor cara de

---

[86] Sobre este aspecto de la obra de Cortázar, véase el Apéndice I, «*Homo sapiens* versus *homo ludens* en tres cuentos de Cortázar», de este libro.

[87] Julio Cortázar, *Bestiario*, Buenos Aires, Sudamericana, 1951, pág. 37. Citas subsiguientes de *Bestiario* indicadas por el número de página de esta edición.

tarado. Y aguanto bien porque estoy sola entre esas gentes sin
sentido, y no me desespera tanto (37-38).

Pero más revelador todavía es lo que Alina escribe en su diario
el 25 de enero. Oye sorprendida lo que su amiga Nora le cuenta
del concierto en que ella la acompaña al piano:

> Qué sabía yo de papelones, la acompañé como pude, me acuerdo
> que la oía con sordina. *Votre âme est un paysage choisi...*, pero
> me veía las manos entre las teclas y parecía que *tocaban bien, que
> acompañaban* honestamente a Nora... Pobre Norita, que la acom-
> pañe otra. (Esto parece cada vez más *un castigo*, ahora sólo
> me conozco allá cuando voy a ser feliz, cuando soy feliz, cuando
> Nora canta Fauré me reconozco allá y *no queda más que el
> odio* (39).

Estos textos y otros indican bastante claramente que Alina ve
los actos de su cuerpo como un *falso yo* y que, en cambio,
identifica su *yo verdadero* con la otra que ahora se ha refugiado
en ese mundo construido mentalmente.

> Cuando el yo —explica Laing— abandona parcialmente al cuerpo
> y a sus actos y se retira a la actividad mental, se experimenta a
> sí mismo como una entidad que quizá está localizada en alguna
> parte de su cuerpo. Este retirarse es, en parte, un esfuerzo para
> preservar su ser, puesto que cualquier clase de relación con otros
> es experimentada como una amenaza a la identidad del yo. El yo
> se siente seguro sólo al ocultarse, y aislado. Por supuesto, tal yo
> puede aislarse en cualquier momento, sin que importe que estén
> o no presentes otras personas (71).

Toda la descripción del concierto la noche del 28 de enero es
un ejemplo de este poder de aislamiento de Alina, que cambia
de yo con la misma facilidad con que cambia las letras de un
anagrama:

> Yo veía saludar a Elsa Piaggio entre un Chopin y otro Chopin,
> pobrecita, y de mi platea se salía abiertamente a la plaza, con la
> entrada del puente entre vastísimas columnas. Pero esto yo lo
> pensaba, ojo, lo mismo que anagramar *es la reina y...* en vez de

Alina Reyes, o imaginarme a mamá en casa de los Suárez y no a
mi lado (43).

Alina tiene plena conciencia de que ese mundo en el cual se
siente ser una reina es un mundo sin realidad física y que
aunque camina por el puente de los Mercados y cruza la plaza
Vladas en Budapest, todo eso ocurre en su pensamiento y ella,
físicamente, está sentada en una butaca oyendo un concierto.
Pero los dos planos comienzan a confundirse a pesar de los
repetidos esfuerzos de Alina por distinguirlos y diferenciarlos,
a veces como un paréntesis: «(Esto yo lo pensaba)»; otras, con
alusiones al curso del concierto: «¡Albéniz! y más aplausos y
¡La polonesa!»; y al final con una gota de humor mezclada con
cinismo:

> ... pero vengan a decirme de otra que le haya pasado lo mismo,
> que viaje a Hungría en pleno Odeón. Eso le da frío a cualquiera,
> ché, aquí o en Francia.

Nada hay de anormal en la conducta de Alina.

> El individuo «normal», en una situación en la que todo lo que
> ve amenaza a su ser, y no le ofrece una posibilidad real de escape,
> cae en un estado esquizoide al tratar de escapar a ella, si no
> físicamente, sí por lo menos mentalmente: se convierte en un
> observador mental, que contempla, con despego e impasibilidad,
> lo que está haciendo su cuerpo. Si así es en el sujeto «normal»,
> por lo menos es posible suponer que el individuo, cuyo persistente
> modo de ser-en-el-mundo posee esta naturaleza dividida, se halla
> viviendo en un mundo que para él es, aunque no para los otros,
> un mundo que amenaza a su ser por todas partes, y del que no
> hay escapatoria posible (75).

Desde el principio del relato somos testigos de que ese mundo
en el cual se mueve y actúa Alina es un mundo con el cual
no se identifica, un mundo que le resulta extraño y que natu-
ralmente se convierte en una amenaza a su yo «verdadero».
Todas o casi todas las referencias a ese mundo tienen en el
diario de Alina un matiz alienante lo suficientemente claro para
indicarnos que ella no se siente parte de él: la cara de un

amigo de fiesta, Renato Viñes, está descrita como «cara de foca balbuceante, de retrato de Dorian Gray a lo último» (recuérdese que la novela de Oscar Wilde, *The Picture of Dorian Gray*, es la historia de una alienación entre el protagonista y su retrato); la madre dormida es un «pescado enormísimo y tan no ella»; el chico de los Rivas tiene «cara de tarado»; Luis María, el novio, pone, cuando la mira, una «cara de perrito», y más adelante lo describe como «mi cachorro, mi bobo»; la música, durante el concierto, es algo más que hay que tolerar o aguantar: entre «un Chopin y otro Chopin», entre «Albéniz» y «La polonesa», entre Julián Aguirre y Carlos Guastavino, «algo con pasto y pajaritos», Alina permanece ajena a ese programa vacío. Todo ese mundo que Alina ve como una felicidad no compartida —felicidad para los otros, angustia para ella— representa una amenaza para su ser. Ese mundo que Alina observa como algo ajeno le pide todo lo que ella no es o se niega a ser, y su temor a ser tragada, encerrada, absorbida, ahogada, comida, asfixiada por él, le obliga a refugiarse en esa parte de su yo que los demás rechazan, pero que ella reconoce como lo más auténtico. Las tres figuras que usa Alina para definirse atestiguan su temor de ser destruida por los otros. Dice, primero, que es «una horrible campana resonando», imagen que en el lenguaje esquizoide alude a una condición de extrañamiento en que el paciente deja de ser él mismo para convertirse en «un eco» de los demás. Después se describe «una ola», un cuerpo de agua que no se debe a sí mismo, sino a la gravedad o al viento que lo produce y cuya forma carece de toda permanencia y está determinada por factores externos. Finalmente, Alina se ve como «la cadena que Rex arrastra toda la noche contra los ligustros»: una síntesis condensada de todo su drama porque Alina se sabe una reina en su «yo verdadero» (*rēx*, rey), pero condenada a la cadena de su «yo falso», cadena que arrastra impotente como obediente animal doméstico, de la misma manera que su propio perro Rex arrastra la suya. Amenazada por todo aquello que le exige ser lo que ella no es, Alina se aferra a esa zona de sí misma en la cual se reconoce como un ser genuino.

Irónicamente comprensible, esa parte de sí misma «es la parte que no quieren», es la «lejana» que rechazan y a quien «le pegan», «la ultrajan», «la maltratan» y «el frío y la nieve le entran por los zapatos». Alina tolera el sistema del falso yo, de su cuerpo no encarnado, hasta el momento en que ese falso yo amenaza con sofocar su yo verdadero. Cuando esto ocurre, se produce un desequilibrio que obliga a Alina a abandonar más y más el mundo del falso yo y a recluirse en ese otro yo «irreal» para los otros, pero intensamente real para ella. Es el mundo de los otros el que ha perdido toda realidad para Alina.

> Pero la persona que no actúa en la realidad —observa Laing— y sólo obra en la fantasía *se vuelve irreal*. Para esa persona «el mundo real» se encoge y empobrece. La «realidad» del mundo físico y de las demás personas deja de ser un incentivo para el ejercicio creador de la imaginación, y por tanto pasa a tener cada vez menos significación en sí misma. La fantasía, al no encontrarse, en cierta medida, encarnada en la realidad, o enriquecida por inyecciones de «realidad», se torna cada vez más vacía y volatilizada. El «yo», cuya relación con la realidad ya es tenue, se torna cada vez menos una realidad-yo, y es cada vez más «afantasmado» a medida que se ve cada vez más entregado a relaciones fantásticas con sus propios fantasmas (imágenes) (81).

> Para el individuo esquizoide la participación directa «en» la vida se experimenta como el constante riesgo de ser destruido por la vida, pues el aislamiento del yo es un esfuerzo para preservarse a sí mismo, a falta de un sentimiento confiado de autonomía y de integridad (86).

La división ontológica de Alina en un «yo falso» y un «yo verdadero» está declarada ya en las primeras páginas de su diario. A lo largo del diario esa división se ahonda y Alina pierde contacto con ese mundo «sin sentido», hostil, ajeno, para identificarse totalmente con esas fantasías que antes reconocía como imágenes de su pensamiento y que ahora se han convertido en su única realidad. Para Alina, el encuentro con la mendiga, la búsqueda de un puente con la otra, es un esfuerzo desesperado por reencontrarse y reconquistar su realidad: «Más fácil salir a buscar ese puente, salir en busca mía y encontrarme...» Al final de su diario, la propia Alina plantea la tajante escisión de su yo en términos inequívocos. El encuentro con la otra, con la mendiga negada por los otros, será la realización de ese «yo verdadero», auténtico y poderosamente «real»:

> Y será la victoria de la reina sobre esa adherencia maligna, esa usurpación indebida y sorda. Se doblegará si realmente soy yo, se sumará a mi zona iluminada, más bella y cierta (47).

Alina reconoce el divorcio irreconciliable entre su yo falso y su yo verdadero, puesto que la aceptación del primero representa la negación del segundo. Hasta ese momento, que coincide con el cierre del diario, asistimos a la exploración de un yo (el verdadero) en el territorio del otro (el falso), y el diario no es sino la búsqueda de ese ser auténtico que los demás rechazan y amenazan. Al final de su diario Alina se encuentra en un punto crítico en que la coexistencia de los dos yos toma la forma de un conflicto sin solución posible: o la falsa traga a la verdadera, lo cual equivale si no a un suicidio, sí a la pérdida de toda realidad para Alina, o la verdadera corta amarras con la falsa y se entrega de manera definitiva a esas «fantasías» que para Alina representan lo más genuino de su realidad. Laing describe este momento del desarrollo esquizoide en términos que pueden arrojar alguna luz sobre el desarrollo de Alina como personaje. Oigamos:

> El yo «verdadero», al no estar arraigado en el cuerpo mortal se torna «fantasmatizado», volatilizado hasta trocarse en un cambiante fantasma de la propia imaginación del individuo. Por lo mismo, aislado como está el yo en cuanto defensa contra los peligros del exterior, que se sienten como una amenaza a su identidad, pierde la precaria identidad que posee. Además, el apartamiento de la realidad da como resultado el empobrecimiento del «yo». Su omnipotencia está basada en la impotencia. Su libertad opera en un vacío. Su actividad carece de vida. El yo se vuelve disecado y muerto (137).

> El ajuste aparentemente normal y con éxito, así como la adaptación del individuo al vivir común y corriente pasa a ser conce-

bido por su «verdadero yo» como una simulación cada vez más vergonzosa o ridícula. *Pari passu* su «yo», en sus propias relaciones imaginadas, se ha tornado cada vez más volatilizado, liberado de las contingencias y necesidades que lo estorban en cuanto objeto entre otros en el mundo, donde sabe que estará comprometido a ser de este tiempo y de este lugar, estará sujeto a la vida y a la muerte e incrustado en esta carne y en estos huesos. Si el «yo» volatilizado de esta manera en la fantasía concibe ahora el deseo de escapar de su «cierre», de poner fin a la simulación, de ser sincero, de revelar y declarar y ser conocido sin equívoco ni ambigüedad, entonces se puede atestiguar el comienzo de una aguda psicosis. Tal persona, aunque cuerda en lo exterior, se ha vuelto progresivamente enajenada por dentro (143).

Que Alina percibe ese enajenamiento y que tiene conciencia de que «ser sincera y ser conocida sin equívoco ni ambigüedad» equivale a una ruptura con ese yo falso en el cual la reconocen los demás, está claramente indicado en el texto:

> Ir a buscarme. Decirle a Luis María: «Casémonos y me llevas a Budapest, a un puente donde hay nieve y alguien». Yo digo: *¿y si estoy?* (Porque todo lo pienso con la secreta ventaja de no querer creerlo a fondo. *¿Y si estoy?*) Bueno, *si estoy... Pero solamente loca, solamente...* ¡Qué luna de miel! (41).

Pero ni el relato es una ficha clínica ni nuestro propósito es ofrecer un diagnóstico. La finalidad de estas observaciones es estudiar la eficacia del relato en cuanto texto literario y de establecer algunas normas de su funcionamiento. La primera conclusión, en este sentido, es que el diario como conducto de información de la narradora es el primer gran acierto del cuento. Narrado en primera persona por la misma Alina hubiera exigido una coherencia (no de estilo, sino de composición) a contrapelo de la visión fragmentada con que la narradora va registrando el conflicto entre sus dos yos. El diario permite la única coherencia a que accede la visión del narrador sin violar su naturalidad: intimidad, fragmentarismo y una autenticidad que es condición de todo diario. En «Lejana», como en casi todos sus cuentos, Cortázar ha conseguido esa

naturalidad que él mismo ha definido como la mayor excelencia de una narración:

> Lo que se cuenta debe indicar por sí mismo quién habla, a qué
> distancia, desde qué perspectiva y según qué modo de discurso.
> La obra no se define tanto por los elementos de la fábula o su
> ordenación como por los modos de la ficción, indicados tangen-
> cialmente por el enunciado mismo de la fábula [88].

La división del yo de Alina es perceptible desde las vacilaciones, contradicciones y temperatura del enunciado. Para un
personaje que ve a los otros como la encarnación de su yo
falso y, al mismo tiempo, como una amenaza a su yo verdadero, el diario es la única forma de expresión posible: ¿cómo
podría «contar» a otros lo que le pasa, cuando los otros representan para ella la negación de lo que le pasa? Alina solamente puede contarse a sí misma el difícil proceso de vola-
tilización de su yo falso y la no menos difícil búsqueda de un
puente de acceso a su yo verdadero. La única alternativa al
diario como vehículo de la narración hubiera sido el informe
que el psiquiatra consigue de su paciente con ayuda de una
grabadora durante una larga serie de entrevistas. Pero tal alternativa, empleada por la psiquiatría fenomenológica, no puede
constituir una respuesta al relato que se funda en leyes muy
otras y que obedece a propósitos muy diferentes.

El diario se cierra con el «cierre» del yo falso de Alina. Es
aquí donde se presenta el más difícil problema del texto:
¿cómo resolver la situación de Alina expuesta a lo largo del
diario? ¿En términos clínicos? Por supuesto, no. El relato no
es la historia clínica de un «caso» que, como tal, concluiría
con la conclusión del diario, puesto que el analista se propone
comprender «la disyunción del paciente entre la persona que
uno es a sus propios ojos (el ser-para-sí-mismo de uno) y la
persona que uno es a los ojos del otro (el ser-para-el-otro de
uno) (Laing, 31). Esa comprensión es necesaria a los fines del
relato para entender el sentido de la búsqueda de Alina y su

---

[88] Julio Cortázar, *La vuelta al día en ochenta mundos*, México, Siglo XXI, 1967, pág. 94.

necesidad de realizarse en la otra o, lo que es lo mismo, en su «yo verdadero», y por eso el relato no concluye con el diario. Pero la fuerza que pone en funcionamiento el relato es el conflicto entre el yo falso y el yo verdadero de Alina, entre Alina Reyes «hija de su mamá», amiga de Nora, novia de Luis María, y la mendiga que la espera en un puente de Budapest, entre ésta y la lejana.

Lionel Trilling ha observado que la búsqueda de la autenticidad es uno de los rasgos más salientes de la cultura de nuestro tiempo [89], y gran parte de la obra de .Cortázar está marcada por una búsqueda semejante. Si *Rayuela* es la gran novela de esa búsqueda, búsqueda de «una isla final», de un «kibbutz del deseo», de un «centro» pero en el fondo, como ha dicho el mismo Cortázar, de un territorio «en el que el hombre se encontraría consigo mismo en una suerte de reconciliación total y de anulación de diferencias» [90], «Lejana» es tal vez la primera expresión de esa búsqueda. Publicado en 1949, Alina Reyes es el primer personaje de esa larga cadena de «perseguidores» que a través de toda la obra de Cortázar buscan y exploran ese territorio que no es sino el de la autenticidad del ser. Como Talita en *Rayuela*, Alina se dispone a cruzar el puente a sabiendas de que en ese acto se juega los huesos, porque si el peligro de ese puente que con tablones tienden Horacio y Traveler desde sus ventanas reside en la fragilidad de sus relaciones corporizada como una metáfora *in vivo* en el puente que Talita debe cruzar como prueba de un equilibrio precario [91], el peligro a que se expone Alina es

---

[89] Lionel Trilling, «Authenticity and the Modern Unconscious», en *Commentary*, New York, vol. 52, núm. 3, septiembre de 1971, pág. 39 (incluido también en el volumen del mismo autor *Sincerity and Authenticity*, Harvard University Press, 1972).

[90] Luis Harss, *op. cit.*, pág. 267.

[91] En el capítulo 43 de *Rayuela*, Talita comenta a propósito de su cruce del precario puente construido con tablones por Horacio y Traveler: «Yo estoy en el medio como esa parte de la balanza que nunca sé cómo se llama» (Buenos Aires, Sudamericana, 1963, pág. 311). Citas subsiguientes indicadas en el texto con el número de página de esta edición.

también la ruptura de un equilibrio frágil: los dos yos de su ser dividido. Pero Talita y Alina cruzan el puente porque en ese acto tocarán un territorio extraterritorial en el cual reconocen, sin embargo, la inminencia de un reencuentro.

El puente que cruza Talita está tendido en el espacio del absurdo, pero Talita lo cruza porque, sin comprender, «comprende» que «sólo viviendo absurdamente se podría romper alguna vez este absurdo infinito» (R. 123). Mientras *Rayuela* representa la respuesta existencial al dilema de Talita, «Lejana» resuelve la disyuntiva de Alina según una poética de lo neofantástico. Para otorgar literalidad a las «fantasías» de Alina el relato cede la palabra a un narrador en tercera persona. Ya sabemos que esas «fantasías» de Alina son la expresión más honda de su yo verdadero, pero puesto que «el hecho fantástico» reside en una vacilación entre «lo extraño» (que no viola el orden causal sino desde la conciencia del lector) y «lo maravilloso» (que introduce un segundo orden en el orden de la causalidad), esa vacilación no ocurrirá sino hasta el final. El segundo narrador de «Lejana» mantiene el orden consuetudinario establecido a través del diario para finalmente ceder a un acto mágico que no es sino la irrupción del plano mental o imaginario en el plano histórico. El puente soñado tantas veces por Alina es todavía una realidad física en una ciudad lejana y fría, pero la aparición de «la harapienta mujer de pelo negro y lacio» lo convierte en una metáfora de ese «centro» tan buscado y en el que Alina ingresa «entera y absoluta». El fantasma de Alina, su yo íntimo y «lejano», su yo rechazado y castigado por los otros, deja de ser un fantasma asediado y hostigado por el sistema de su falso yo para adquirir la dimensión de una realidad que devuelve a Alina su arrebatada felicidad:

> Ceñía a la mujer delgadísima, sintiéndola entera y absoluta dentro de su brazo, con un crecer de felicidad igual a un himno, a un soltarse de palomas, al río cantando.

En la mendiga, Alina *abraza* (en el doble sentido de rodear con sus brazos y adoptar) su yo verdadero y exorciza su yo falso. El encuentro es «la victoria de la reina sobre esa usur-

pación indebida y sorda». En el abrazo, la otra, en la cual
Alina se reconoce como la verdadera, «se suma a su zona iluminada más bella y cierta»; ella, en cambio, «la Alina Reyes
lindísima en su sastre gris», la falsa, la abandona como un ser
extraño, como «una adherencia maligna» extirpada de su yo.
Importa muy poco si en términos psiquiátricos esta transfe-
rencia equivale a una ruptura y alienación psicóticas; en términos literarios representa una reconciliación: la aceptación
de un yo auténtico y el rechazo de un yo alienado. Y esos
«términos literarios» son los que importan, porque el punto
de vista del relato es el punto de vista de Alina y no el de un
«narrador objetivo» que observa y diagnostica desde afuera
y porque la literatura no se propone «curar», sino comprender.

El desdoblamiento de Alina constituye lo que en el lenguaje
del «doble» se ha llamado «disociación» y «descomposición» [92],
pero el uso del doble en «Lejana» no es ni un mero artilugio
que, según Ralph Tymms, ha convertido al doble en uno de «los
recursos más superficiales y menos estimados de la ficción» [93],
ni la historia de un crudo caso clínico que obliga al lector a
esa distancia que lo separa, como en el caso de _El doble_ de
Dostoievski, del personaje y le impide identificarse con su condición. La búsqueda de Alina, en cambio, plantea interrogantes
en que todo lector sensible reconoce sus propios dilemas. Si
hay un doble en «Lejana» —la reina, la mendiga—, su propósito no consiste en sacudir al lector con un acontecimiento
insólito, como ocurre en ciertas narraciones que aprovechan
el impulso de una tradición y convierten al procedimiento en
una facilidad o _tick_ del oficio. La aparición del «doble» en
«Lejana» está motivada y justificada desde el interior del personaje. Su función es discernible a condición de que se com-
prenda, primero, el hondo humanismo del personaje y el complejo equilibrio de su ser dividido. Cuando esto ocurre, el
hecho fantástico no es sino una dimensión más de «lo real»,
el tránsito de una geometría a otra que tolera lo intolerable

---

[92] Véase Robert Rogers, _op. cit._, págs. 12-13.
[93] _Ibid._, pág. 31.

en la primera y en la cual reconocemos no su contradicción, sino su suplemento. Lo fantástico deviene así no una ruptura de la realidad histórica, aunque así pueda parecernos desde nuestras coordenadas lógicas, sino la realización de lo irrealizable desde su estructura causal, un desarrollo semejante al embrión del ovíparo que destruye su habitat para alcanzar una fase más avanzada de su ciclo.

Aunque la estructura formal de «*Lejana*» sea la de un diario más una coda en tercera persona, hay en él, como en los demás cuentos de *Bestiario*, cuatro eslabones narrativos: un espacio (a) en el cual actúan sus personajes (b) generando un conflicto (c) que se resolverá con el desenlace (d). Pero a diferencia de los demás cuentos, en «*Lejana*» estos eslabones se superponen: desde las primeras páginas del diario cada uno de los eslabones se entrecruza con los demás y la progresión de la narración tiene lugar no a través de un orden secuencial en que una unidad absorbe y reemplaza a la anterior, sino de una puesta en foco de la visión simultánea de las cuatro unidades. Ya las primeras páginas definen el espacio narrativo de Alina (el mundo de la casa y de fuera de la casa), los personajes (Alina, madre, Nora, Luis María, amigas de la madre), el conflicto (Alina se ve como «una horrible campana resonando, una ola, la cadena que Rex arrastra toda la noche contra los ligustros») y el desenlace («esa Alina Reyes que será mendiga en Budapest»). Pero esta totalidad está presentada de manera críptica y el resto del texto funciona como un sistema de lentes que telescópicamente encajan los unos en los otros, como en un microscopio, hasta conferir completa visibilidad y nitidez a esa primera imagen borrosa. Como en los demás cuentos de *Bestiario*, «*Lejana*» presenta el conflicto entre un orden cerrado (el sistema del falso yo de Alina) y un orden abierto (su yo verdadero) que se resolverá en la absorción del primero por el segundo. La división en la conciencia de Alina entre dos yos que se disputan su ser concluye con una ruptura a través de la cual el personaje suprime un orden cerrado en cuyo espacio se mueve su yo falso para ingresar en un orden abierto que permitirá la realización de su yo verdadero.

En una nota de los cuadernos de Morelli hay una observación muy a propósito de «Lejana»: «... el hombre no es, sino que busca ser, proyecta ser, manoteando entre palabras y conducta y alegría salpicada de sangre...» (R. 418). No otro es el sentido de la búsqueda de Alina Reyes. No importa si en esa búsqueda Alina se juega todas las cartas de la cordura, porque esa cordura es la raíz de un estado de enajenamiento que la obliga a destruirse, a no ser o, lo que es lo mismo, a ser esos papeles vacíos que ella representa en los juegos adulterados por la costumbre. La Alina esquizoide, en cambio, esa mendiga que la espera en el centro de un puente lejano, es la única que ella reconoce como su «zona iluminada», como el territorio de su ser auténtico, como el punto de reencuentro y conciliación del ser-para-sí-mismo y el ser-para-el-otro. El puente que Alina cruza no es sino ese puente que desde *Rayuela* se define como el «puente del hombre al hombre» (R. 313), y después de cruzarlo Alina se encontrará con la otra y será la otra. Sin la complejidad y pluralidad de enfoques de *Rayuela*, «Lejana» presenta en germen los interrogantes que asediarán a Horacio Oliveira. En «Lejana» hay una respuesta fantástica a esa búsqueda, pero el elemento fantástico no es un intento de jugar con los miedos del lector; es una ruta de acceso a ese orden segundo a través de una metáfora que, como los conejos de «Carta a una señorita en París», no es una mera alucinación dilusoria del personaje, sino un medio de conocer poéticamente estratos de la realidad que se resisten a un conocimiento lógico.

IX

CONCLUSIONES

Nuestro análisis de los relatos de *Bestiario* puede definirse como un intento de estudiar la estructura de sus contenidos y determinar una isotopía que actúa como principio generador del relato. Barthes distingue tres niveles de descripción de la obra narrativa:

el nivel de las *funciones* (en el sentido que esta palabra tiene en Propp y en Bremond), el nivel de las *acciones* (en el sentido que esta palabra tiene en Greimas cuando habla de los personajes como actantes) y el nivel de la *narración* (que es, grosso modo, el nivel del «discurso» en Todorov) [94];

el mismo Barthes agrega de inmediato que

estos tres niveles están ligados entre sí según una integración progresiva: una función sólo tiene sentido si se ubica en la acción general de un actante, y esta acción misma recibe su sentido último del hecho de que es narrada, confiada a un discurso que es su propio código [95].

---

[94] Roland Barthes, «Introducción al análisis estructural del relato», en R. Barthes, A. J. Greimas, et al., *Análisis estructural del relato*, Buenos Aires, Tiempo Contemporáneo, 1970, pág. 15.

[95] *Ibid.*, pág. 15.

La tarea de definir las unidades narrativas mínimas, o lo que Greimas llama «sintagmas narrativos» y Propp «funciones», ha sido realizada con éxito variable por el mismo Propp en su ya clásico *Morfología del cuento*, por Lévi-Strauss en sus estudios dedicados a los mitos y por Greimas en su ensayo dedicado a la interpretación del relato mítico [96]. Pero mientras estas formas narrativas responden a una tradición oral, popular o folklórica, que las obliga a una fórmula distinguible con mayor o menor dificultad pero siempre presente por su carácter de variable desde la cual derivan nuevas versiones, la complejidad y diversidad de los cuentos de *Bestiario* hacen esta operación considerablemente más difícil. Se trata de relatos altamente diferenciados y que se resisten a modelos ya establecidos o esbozados. Se resisten también a una particularización excesiva de sus funciones, ya que cada uno funciona como un organismo autónomo que crea su propio sistema de funciones independientes y necesarias a sus fines específicos.

¿Hay una forma de los contenidos discernible en los cuentos de *Bestiario*? ¿Es posible una lectura «vertical» de esos relatos en el sentido que propone Lévi-Strauss para el estudio de los mitos? Y finalmente: ¿es dable definir una variable o isotopía que funciona, empleando la terminología de Chomsky [97], como una *estructura profunda* (gramática) que gobierna la *estructura de superficie* objetivada en cada relato? Estos interrogantes han sido nuestro punto de partida. El primer paso hacia su respuesta fue determinar los segmentos del discurso narrativo de cada relato, y en este sentido hemos seguido un método inductivo [98], es decir, no hemos partido de un modelo a priori,

---

[96] Véase A. J. Greimas, «Elementos para una teoría de la interpretación del relato mítico», en *Análisis estructural del relato*, págs. 45-86.

[97] N. Chomsky, «Deep Structure, Surface Structure and Semantic Interpretation», en D. Steinberg and L. Jacobovits, eds., *Semantics: An Interdisciplinary Reader*, Cambridge University Press, 1970.

[98] A pesar de las advertencias de Barthes, que postula el uso de un método deductivo en todo análisis estructural como condición previa para «enfrentarse a millones de relatos». Barthes alude a un modelo

sino que hemos examinado cada cuento en particular antes de
fijar sus unidades narrativas. ¿Qué es una unidad narrativa?
Para Greimas no es solamente una función paradigmática que
se articula al nivel de los sentidos; es, además, un elemento
formal, y de ahí la denominación de «unidad sintagmática» [99].
En términos más generales, Barthes la define como «todo segmento de la historia que se presente como el término de una
correlación» [100], y agrega:

> Puesto que la «lengua» del relato no es la lengua del rela-
> to articulado —aunque muy a menudo se apoya en ésta—, las
> unidades narrativas serán sustancialmente independientes de las
> unidades lingüísticas: podrán por cierto coincidir, pero ocasio-
> nalmente, no sistemáticamente; las funciones serán representadas
> ya por unidades superiores a la frase (grupos de frases diversas
> *hasta la obra en su totalidad*), ya inferiores (el sintagma, la pa-
> labra e incluso en la palabra ciertos elementos literarios) [101].

Confrontados con la heterogeneidad de contenidos que presenta *Bestiario*, nos hemos inclinado a definir las unidades
narrativas de cada relato desde ciertos elementos de la narración —espacio, ambiente, personajes, conflicto, desenlace/solu-
ción— tradicionalmente asociados a una retórica de la narración lo suficientemente convencional como para que no resul-
ten de inmediato familiares. Estos elementos aparecen en
mayor o menor medida en toda la narración, pero lo que los
convierte en unidades narrativas es su *modo de correlación*
privativo de los cuentos de *Bestiario*: un personaje o personajes instalados en un espacio o ambiente determinado entran
en conflicto con él; ese conflicto se resuelve con la intervención de un elemento fantástico que funciona como una metá-

---

teórico aplicable a cualquier relato y no al estudio de un grupo determinado de relatos.

[99] Roland Barthes, «Introducción al análisis estructural del relato»,
página 50.
[100] *Ibid.*, pág. 16.
[101] *Ibid.*, pág. 18.

fora que desafía un orden causal y cerrado para introducir un orden de signo contrario. El elemento fantástico provoca una disyunción que no es sino la ruptura del orden cerrado que cede a un orden abierto. Del orden cerrado de la casa, los hermanos de «Casa tomada» pasan al orden abierto de la calle expulsados por «los ruidos» (elemento fantástico/metáfora). El protagonista de «Carta a una señorita en París» rompe el orden cerrado del departamento de la calle Suipacha suicidándose, acosado por los conejos que vomita. Las mancuspias (metáfora) de «Cefalea» escapan de los corrales (orden cerrado) y amenazan con invadir la casa. Los dos pasajeros sin flores de «Ómnibus» violan un orden al ingresar en un espacio donde todos los pasajeros llevan flores. Mauro, en «Las puertas del cielo», viola el cielo/espacio de Celina (la milonga de Kasidis), y ésta, «muerta», regresa a un «orden donde Mauro no podía seguirla». Mario, en «Circe», entra en el orden cerrado de las travesuras/hechizos de Delia Mañara para descubrirlo y de esta manera transgredirlo. En «Bestiario», Isabel viaja a Los Horneros y rompe el orden cerrado de la estancia al equivocar al Nene y obligarlo a violar la soberanía del tigre que corporiza ese orden. Finalmente, en «Lejana», el encuentro de Alina y la mendiga (elemento fantástico) resuelve el conflicto entre su yo falso y su yo verdadero, y un orden reemplaza al otro.

Hay que agregar, además, que en una atomización excesiva de las unidades narrativas de cada cuento —si del todo practicable— hubiera significado una división de tal grado abstracta que habría tornado imposible e «ilegible» la *estructura profunda*, desde cuya sintaxis se configura cada cuento. Con estas advertencias en mente es posible proponer una sinopsis según el siguiente diagrama:

Cuento	Espacio (setting)	Personaje (personajes)	Disyunción/ruptura (elemento fantástico)	Desenlace (solución)
«Casa tomada»	casa	hermanos	ruidos	expulsión
«Carta a una señorita en París»	departamento	narrador	conejos	suicidio
«Cefalea»	casa/cabeza	casa/cabeza	mancuspias	muerte de las mancuspias
«Ómnibus»	ómnibus	pasajeros con flores	pasajeros sin flores	compra de flores
«Las puertas del cielo»	milonga de Kasidis	Celina	casamiento/Mauro	muerte de Celina
«Circe»	casa de Delia Mañara	Mario/novio de Delia	descubrimiento de las cucarachas	separación
«Bestiario»	estancia de los Funes	Isabel	tigre/engaño de Isabel	eliminación del Nene
«Lejana»	ser dividido de Alina, Buenos Aires-Budapest	yo falso/yo verdadero	encuentro con la mendiga	enroque Alina-mendiga

Este diagrama emerge del análisis detallado de cada cuento
y debe ser leído en el contexto de ese análisis. Las unidades
narrativas tal como se definen en nuestro cuadro representan
un nivel de abstracción que las torna insuficientes para dar
cuenta del sentido. Definen un nivel de lectura que se com-
plementa y articula con otros niveles de la lectura del mismo
texto. La abstracción de esas unidades o funciones narrativas,
sin embargo, hace posible el acceso a *un nivel* de la estructura narrativa invisible desde el todo. La teoría de los niveles
fue enunciada por Benveniste desde la lingüística y postula dos
tipos de relaciones: *distribucionales* e *integrativas*. Barthes
ha adoptado esta terminología para definir dos grandes clases
de funciones o unidades narrativas: funciones distribucionales
y funciones integradoras. Las primeras corresponden a las funciones de Propp; la función integradora, en cambio,

> remite no a un acto complementario y consecuente, sino a un
> concepto más o menos difuso, pero no obstante necesario al sen-
> tido de la historia: indicios caracterológicos que conciernen a los
> personajes, informaciones relativas a su identidad, notaciones de
> «atmósferas», etcétera; la relación de la unidad con su correlato
> ya no es entonces distribucional (a menudo varias funciones inte-
> gradoras remiten al mismo significado y su orden de aparición en
> el discurso no es necesariamente pertinente), sino integradora;
> para comprender «para qué sirve» una notación integradora, hay
> que pasar a un nivel superior (acciones de los personajes o na-
> rración), pues sólo allí se revela esa función segunda [102].

Barthes llama a las primeras *funciones* propiamente dichas, y
a las segundas, *indicios*.

> Los *indicios* —explica Barthes—, por la naturaleza en cierto
> modo vertical de sus relaciones, son unidades verdaderamente
> semánticas, pues, contrariamente a las *funciones*, remiten a un
> significado, no a una «operación»... Las *funciones* operan en un
> plano metonímico, los *indicios*, en un plano metafórico; las pri-
> meras corresponden a una funcionalidad del hacer y los otros a
> una funcionalidad del ser [103].

---

[102]   *Ibid.*, págs. 18-19.
[103]   *Ibid.*, pág. 19.

En un cuento de argumento como «Casa tomada», los indicios
(la descripción de la casa, los hábitos de los hermanos, su
estilo de vida) definen una atmósfera o un ambiente más que
la psicología o modo de ser de los personajes; en «Lejana»,
en cambio, siendo como es cuento de personaje, los indicios
describen especialmente rasgos de temperamento o psicología:
las tres metáforas que usa Alina para describirse (una campana resonando, una ola, la cadena que Rex arrastra toda la
noche) definen apretadamente su situación de ser enajenado;
sus referencias a la reina, a la nieve y al frío no son meras
divagaciones de la imaginación enfebrecida de Alina, definen
un estado de conciencia por medio de una terminología de
sentido inequívoco dentro de un código esquizoide [104]. En el
análisis de cada cuento en particular hemos hecho referencia
a algunos indicios, pero nuestro objetivo ha sido definir las
funciones. Sin agotar el sistema de indicios, lo cual hubiera
exigido un estudio particular y exhaustivo de cada cuento,
hemos aludido a aquellos que posibilitan, si no una imagen
total del sentido de cada cuento, sí una perspectiva desde la
cual las funciones o unidades narrativas quedan definidas no
en un vacío abstracto, sino desde ese sentido parcial que les
otorga alguna realidad. Un cuento como «Casa tomada» es
marcadamente «funcional», en cambio «Lejana» es marcadamente «indicial»; se entiende, entonces, que este último cuento
haya exigido un examen «indicial» más detallado que los
demás.

Finalmente, Barthes ha observado respecto a las *funciones*

> que no todas tienen la misma «importancia»; algunas constituyen
> verdaderos «nudos» del relato (o de un fragmento del relato);
> otras no hacen más que «llenar» el espacio narrativo que separa
> las funciones-«nudo»: llamamos a las primeras *funciones cardina-
> les* (o *núcleos*) y a las segundas, teniendo en cuenta su naturaleza
> complementadora, *catálisis*. Para que una función sea cardinal
> basta que la acción a la que se refiere abra (o mantenga o cierre)

---

[104] A este respecto véase R. D. Laing, *El yo dividido*, México, Fondo
de Cultura Económica, 1964.

una alternativa consecuente para la continuación de la historia, en una palabra, que inaugure o concluya una certidumbre... En cambio, entre dos funciones cardinales, siempre es posible disponer notaciones subsidiarias que se aglomeran alrededor de un núcleo o del otro sin modificar su naturaleza alternativa...: las catálisis no son unidades consecutivas, las funciones cardinales son a la vez consecutivas y consecuentes [105].

Resulta claro que las unidades narrativas consignadas en nuestro cuadro corresponden al tipo definido por Barthes como «funciones cardinales». Son «los momentos de riesgo del relato», el sujeto y el predicado de una gramática narrativa que pone en funcionamiento el relato. La presencia de cada una de ellas es indispensable para que la narración se produzca, de la misma manera que una oración no tiene lugar si se prescinde del sujeto o del predicado. El sujeto puede estar tácito, pero la persona del verbo lo denota. Hay también funciones tácitas del relato, presentes sin constituir una unidad diferenciada como, por ejemplo, la contracción espacio/personaje en «Cefalea» y en «Lejana». Pero expresadas o tácitas, cada una de las funciones cardinales, tal como están representadas en el cuadro, forman una unidad que se articula con las demás para constituir la estructura del relato.

Pero si las funciones cardinales así definidas conforman la estructura del contenido del relato tornando visible un significante que otorga realidad a ese contenido, la estructura, abstraída del contenido, propone un nivel de significación inconsciente, un contenido subyacente que emerge por debajo, o encima, de cada relato y que encuentra confirmación y apoyo en la totalidad de los cuentos de *Bestiario*. Un signo es el resultado de una aleación entre un *contenido* y una *expresión* que le confiere visibilidad —en el sistema del lenguaje estas dos partes del signo se conocen, desde Saussure, como *significado* y *significante*—, pero esa unidad *contenido/expresión*

---

[105] R. Barthes, *op. cit.*, pág. 20.

deviene a su vez expresión de un nuevo contenido según el esquema sugerido por la semiótica [106]:

Expresión	Contenido
Expresión	Contenido

En el ejemplo de Lévi-Strauss el rey y la pastora del cuento representan una unidad *expresión/contenido* organizada como una oposición *rey/pastora* que constituyen, a su vez, la expresión de un nuevo contenido y de una nueva oposición: *macho/hembra* (en la relación de la naturaleza) y *arriba/abajo* (en la relación de la cultura). Para Lévi-Strauss la abstracción de una estructura (oposición *rey/pastora*) no es todavía un punto de llegada, sino un paso preliminar, aunque decisivo, para comprender cómo esa estructura (expresión, significante), que confiere realidad y visibilidad al contenido y forma con éste una unidad, se erige ella misma como la expresión de un nuevo contenido (*macho/hembra*):

> A menos de reintegrar subrepticiamente el contenido en la forma, ésta se ve condenada a permanecer a un nivel de abstracción tal, que acaba por no significar nada y por no tener ningún valor heurístico [107].

Para Barthes, sin embargo, la literatura «no es más que un lenguaje —su ser no está en su mensaje, sino en su sistema—», pero agrega que «el único rasgo que distingue a la literatura de otros medios de comunicación es su dependencia de una forma o de un sistema de signos con cuyos significantes la literatura interroga al mundo» [108]. ¿Qué valor heurístico propone la estructura, tal como la hemos descrito, de los relatos de

---

[106] Véase Umberto Eco, *A Theory of Semiotics*, Indiana University Press, 1976.

[107] C. Lévi-Strauss y Vladimir Propp, *op. cit.*, pág. 31.

[108] R. Barthes, *Ensayos críticos*, págs. 192-193.

Bestiario? ¿De qué manera interroga *Bestiario* desde su significante? Lo primero que transparenta el cuadro en el cual hemos resumido las unidades narrativas que articulan una estructura singular es una *oposición constante*. Oposición entre un *orden cerrado* y un *orden abierto*, entre una tesis y una antítesis, entre una clave agotada y deshumanizada y una clave nueva y más humana, entre una falsa libertad y una libertad verdadera, entre una realidad embalsamada por la costumbre y una realidad revitalizada por el hombre y desde el hombre. En esta oposición que la estructura plantea apenas como un interrogante subliminal reconocemos de inmediato los términos de esa búsqueda novelada en *Rayuela*. En las palabras del propio Cortázar:

> *Rayuela* es un poco una síntesis de mis diez años de vida en París, más los años anteriores. Allí hice la tentativa más a fondo de que era capaz en ese momento para plantearme en términos de novela lo que otros, los filósofos, se plantean en términos metafísicos. Es decir, los grandes interrogantes, las grandes preguntas... El problema central para el personaje de *Rayuela*, con el que yo me identifico en este caso, es que él tiene una visión que podríamos llamar maravillosa de la realidad. Maravillosa en el sentido de que él cree que la realidad cotidiana enmascara una segunda realidad que no es ni misteriosa, ni trascendente, ni teológica, sino que es profundamente humana pero que por una serie de equivocaciones... ha quedado como enmascarada detrás de una realidad prefabricada con muchos años de cultura, una cultura en donde hay maravillas pero también hay profundas aberraciones, profundas tergiversaciones. Para el personaje de *Rayuela* habría que proceder por bruscas irrupciones en una realidad más auténtica [109].

Si la oposición enunciada desde la estructura de los relatos de *Bestiario* connota un significado inconsciente, ese inconsciente está, sin embargo, enclavado en una conciencia que en *Rayuela*

---

[109] Margarita García Flores, «Siete respuestas de Julio Cortázar», en *Revista de la Universidad de México*, núm. 7, vol. XXI, marzo de 1967, páginas 10-11.

se articula en una inequívoca visión de mundo. La relación entre esa visión de mundo configurada en *Rayuela* y los relatos «fantásticos» ha sido definida por el propio Cortázar:

> *Rayuela* es de alguna manera la filosofía de mis cuentos, una indagación sobre lo que determinó a lo largo de muchos años su materia o su impulso [110].

Y más explícitamente todavía:

> Poco o nada reflexiono al escribir un relato; como ocurre con los poemas, tengo la impresión de que se hubieran escrito a sí mismos y no creo jactarme si digo que muchos de ellos participan de esa suspensión de la contingencia y de la incredulidad en las que Coleridge veía las notas privativas de la más alta operación poética. Por el contrario, las novelas han sido empresas más sistemáticas, en las que la enajenación de raíz poética sólo intervino intermitentemente para llevar adelante una acción demorada por la reflexión [111].

La materia «fantástica» de los relatos de *Bestiario* puede *no* tener relación alguna con la materia novelada en *Rayuela*. Lo que el análisis de la estructura de los relatos descubre, sin embargo, es que desde sus significantes, desde las funciones cardinales articuladas como *oposiciones constantes*, los cuentos expresan un interrogante en nada diferente del gran interrogante formulado en *Rayuela*. Cada uno y todos los relatos de *Bestiario* plantean, desde esa tensión constante entre un espacio u orden cerrado y una segunda o tercera unidad narrativa que lo cuestiona y viola, esa misma confrontación que entre una realidad «maravillosa» y una realidad cotidiana que la enmascara tiene lugar en *Rayuela*. Pero mientras los personajes de la novela reflexionan, aunque más imaginativa que lógicamente, se apresura en agregar Cortázar [112], los personajes de los cuentos no «reflexionan», sino que se entregan vitalmente al vértigo

---

[110] Julio Cortázar, *La vuelta al día en ochenta mundos*, México, Siglo XXI, 1967, pág. 25.

[111] *Ibid.*, págs. 25-26.

[112] *Ibid.*, pág. 26.

de sus juegos. Es justamente la falta de conciencia de sus actos la condición que les permite desenmascarar la realidad cotidiana y entrar en esa realidad segunda o maravillosa.

Si, como se ha dicho, es en la forma donde encuentra expresión el mundo inconsciente del autor, es indudable que desde la estructura de los cuentos Cortázar formula subliminalmente los interrogantes y búsquedas que en *Rayuela* se plantean en términos reflexivos y como una toma de conciencia de ese arco desde cuya tensión e impulso han sido disparados sus relatos breves.

APÉNDICES

APÉNDICES

HOMO SAPIENS VS. *HOMO LUDENS* EN TRES CUENTOS DE CORTÁZAR

> *Ma philosophie consiste à dire que tout est jeu, que l'être est jeu, que l'univers est jeu, que l'idée de Dieu est mal venue, au surplus insupportable, en ce que Dieu qui ne peut être initialement, hors du temp, qu'un jeu, est attelé par la pensée humaine à la création, et à toutes les implications de la création, qui sont contraires au jeu.*
>
> ... ...
>
> *Le jeu est l'indéfinissable, ce que la pensée ne peut concevoir.* (Georges Bataille, *Conférence sur le Non-Savoir.*)

El espíritu de juego asoma a lo largo de la obra de Cortázar desde el título mismo de sus libros: *Los premios* —una travesía de destino incierto reúne a los premiados en un juego de lotería; *Rayuela*— un juego que en la antigüedad era un laberinto en el cual se empujaba una piedra (el alma) hacia la salida, y que con el cristianismo se simplifica y convierte en el diseño de una basílica: tirando la piedra se busca transportar el alma al cielo, al paraíso, a la corona o la gloria cuyo rectángulo coincide con el altar mayor de la iglesia; *62. Modelo para armar* implica su lectura como un juego: un rompecabezas o un mecano cuyas partes se suministran para que el lector componga con ellas la novela. Una de sus colecciones de cuentos lleva por título, sin más ni más, *Final del juego*, y en la más reciente edición de sus cuentos completos (*Relatos*, 1970) Cortázar los ha reordenado en tres partes: *Ritos, Juegos, Pasajes*. También en sus dos libros de ensayos corretea una actitud deliberadamente lúdica: desde los títulos —*La vuelta al día en ochenta mundos* y *Último round*— hasta el estilo desalmidonado con que Cortázar desengomina clisés, gambetea solemnidades y hace que el humor golee a los tortugones de cuello duro. En el ensayo «No hay peor sordo que el que», Cortázar define algunas de las dificultades que hacen trastabillar al escritor rioplatense.

> Nosotros —dice—, a diferencia del escritor europeo que escribe con armas afiladas colectivamente por siglos de tradición intelectual, estética y literaria, estamos forzados a crearnos una lengua que primero deje atrás a *Don Ramiro* y otras momias de vendaje hispánico, que vuelva a descubrir el español que dio a Quevedo o Cervantes y que nos dio *Martín Fierro* y *Recuerdos de provincia*, que sepa inventar, que sepa abrir la puerta para ir a jugar... [1].

La última frase, además de ser parte de una rima en que todo lector argentino reconoce el estribillo de un juego infantil, plantea la literatura como un juego, o, más bien, redefine el juego como una actividad humana cuyo sentido y alcance es el tema de este trabajo.

Desde la aparición del libro de Johan Huizinga *Homo ludens*, en 1938, el estudio de los juegos constituye un campo de indagación en el que compiten varias disciplinas. Desde la perspectiva de la psicología ha sido estudiado por Jean Piaget y por Jean Château en libros como *Le réel et l'imaginaire dans le jeu de l'enfant* y *Le jeu de l'enfant. Introduction à la pédagogie*. El interés de los psicólogos por el juego parece residir más bien, como anota Roger Caillois [2], en la función que éste

---

[1] *La vuelta al día en ochenta mundos*, México, 1967, pág. 100. Para las obras de Cortázar se emplearán las siguientes abreviaturas: VDOM (*Vuelta al día en ochenta mundos*), UR (*Último round*), R (*Rayuela*), FJ (*Final del juego*), B (*Bestiario*), AS (*Las armas secretas*).

[2] Roger Caillois, *Teoría de los juegos*, Barcelona, 1958, pág. 161.

tendría en la formación de la personalidad del futuro adulto. Desde el punto de vista de los psicólogos, «el juego se presenta como una educación —sin fin predeterminado— del cuerpo, el carácter o la inteligencia»[3]. Para los matemáticos, en cambio, el estudio de los juegos ha dado lugar a un nuevo campo de investigación que desde los trabajos de John von Neumann y Oskar Morgenstern conocemos bajo el nombre de «teoría de los juegos»[4]. Esta teoría parte de la distinción entre las reglas que estructuran el juego y las varias opciones de los participantes, entre las reglas de base y las reglas de estrategia. Las reglas de base constituyen modelos mecánicos o paradigmas ideales de lo que la gente *debe* hacer, mientras que las reglas de estrategia son modelos estadísticos de lo que la gente realmente hace. El nivel de reglas de base concierne a la sociología, mientras que el nivel de las reglas de estrategia ocupa en especial a la psicología. La teoría de los juegos intenta formular en términos matemáticos las relaciones entre los dos tipos de reglas. Uno de los conceptos centrales de esta teoría es la noción de estrategia, que consiste en un plan completo donde se especifican la conducta de los jugadores para todas las circunstancias y contextos posibles que cobran alguna importancia en el curso del juego[5]. La teoría de los juegos ha encontrado provechosa aplicación en la resolución de problemas sociológicos, económicos y políticos.

Los estudios de Huizinga y de Roger Caillois representan aproximaciones menos especializadas y por lo mismo más interesadas en el juego como actividad humana, sin aplicación inmediata a una ciencia o disciplina. Constituyen algo así como la respuesta de las humanidades al interrogante de los juegos.

---

[3] *Ibid.*, págs. 160-161.

[4] El libro de von Neumann y Morgenstern, *Theory of Games and Economic Behavior* (Princeton, 1914), constituye la obra clásica dentro de esta nueva rama de las ciencias.

[5] Véase *Game Theory in the Behavioral Sciences* de Ira R. Buchler y Hugo G. Nutini (1969). También: *Game Theory; a Nontechnical Introduction* (1970) de Morton D. Davis e *Introduction to the Theory of Games* de Ewald Burger (1959).

El libro de Caillois— *Théorie des jeux*— se propone hilar fino donde Huizinga generaliza en exceso.

> *Homo ludens* —dice Caillois del libro de Huizinga— es discutible en la mayoría de sus afirmaciones, aunque por su propio carácter abre caminos extremadamente fecundos a la investigación y al pensamiento. En todo caso cabe a Huizinga el perdurable honor de haber analizado magistralmente varios de los caracteres fundamentales del juego y de haber demostrado la importancia de su papel en el desarrollo mismo de la civilización [6].

Caillois intenta una clasificación más rigurosa y completa de los juegos, incluyendo las apuestas y los juegos de azar, ignorados por Huizinga. Su libro es una especie de *systema naturae* de los juegos y, en muchos casos, sus conclusiones sólo confirman las alcanzadas por Huizinga.

Las definiciones de juego de Huinzinga y Caillois coinciden en situar su esfera de actividad fuera de los límites de nuestro acontecer histórico. Para Huizinga el juego

> es una actividad libre ejecutada «como si» y situada fuera de la vida diaria, pero, al mismo tiempo, capaz de absorber por completo al jugador. Es una actividad que no ofrece interés material alguno o utilidad de ningún tipo. Se ejecuta dentro de un determinado tiempo y un determinado espacio según un orden y reglas fijadas de antemano [7].

La definición de juego de Caillois ordena los rasgos anotados por Huizinga en seis características fundamentales: libertad, definición de límites, inseguridad en los resultados, improductividad, reglamentación y carácter ficticio. En los dos últimos rubros, Caillois afirma que

> el juego es una actividad sometida a convenciones que suspenden las leyes ordinarias y que instauran momentáneamente una legislación nueva, que es la única que cuenta, y que es una actividad ficticia en el sentido de que está acompañada de una conciencia

---

[6] Roger Caillois, *op. cit.*, pág. 11.
[7] Johan Huizinga, *Homo ludens*, Buenos Aires, 1968, pág. 29.

específica de realidad segunda o de franca irrealidad en relación
a la vida corriente [8].

En ambas definiciones el juego es una actividad desarticulada
de la vida corriente y funda un orden que suspende o cancela
el orden histórico. Las dos ven en el juego una entidad autónoma y uno de los términos de una dicotomía donde juego
implica pasatiempo, y vida corriente, en cambio, seriedad. Esta
polarización entre vida y juego está reforzada por el vocabu-
lario que tanto Huizinga como Caillois emplean para distinguir
la una del otro. A la seriedad de la vida se contrapone el carácter lúdico del juego; a la utilidad y fecundidad de la primera, lo gratuito y estéril del segundo; la vida corriente está
asociada con el trabajo y la actividad científica y constituye la
realidad; el juego, en cambio, está asociado al ocio y la literatura y habita un mundo irreal. Un dualismo tan radical deja
entrever la falacia que sirve de apoyo a sus precisiones. Postular la irrealidad y gratuidad del juego sin antes definir los
límites y el sentido de lo que en la vida corriente se ha adoptado como «realidad» equivale a suponer fundamentos donde
quizá no los haya. A tal inconsecuencia responden las objecio-
nes de Jacques Ehrmann:

> Nuestra crítica a las definiciones del juego de Huizinga y Cai-
> llois —escribe Ehrmann— se basa en el hecho de que esas defini-
> ciones consideran «la realidad», «lo real», como un componente
> ya comprobado y dado del problema, como un referente que no
> necesita discusión, como algo obvio, neutral y objetivo. Huizinga
> y Caillois definen el juego por oposición, en base o en relación a
> esa tal realidad... ¿Cómo puede «la realidad» servir de *norma* y
> así garantizar *la normalidad* aun antes de haber sido probada y
> evaluada en sus manifestaciones y a través de ellas? Porque —huelga
> decirlo— no hay realidad (ordinaria o extraordinaria) fuera de
> esas manifestaciones de la cultura que la expresan [9].

---

[8] Roger Caillois, *op. cit.*, págs. 21-22.
[9] Jacques Ehrmann, «Homo Ludens Revised», en *Game, Play, Literature*, Beacon Press, 1968 (edited by J. Ehrmann), pág. 33.

Ehrmann concluye que

> en una antropología del juego, el juego no puede definirse aislán
> dolo en base a su relación con una realidad concedida *a priori*.
> Definir el juego representa *al mismo tiempo* y en *el mismo movi
> miento* definir la realidad [10].

Pero tal cometido va más allá de los propósitos de Huizinga
y de Caillois, que estudian el juego como una institución aislada, como una actividal humana recluida a un tiempo ahistórico y a un espacio marginal. Huizinga, sin embargo, reconoce
que «la cultura humana brota del juego —como juego— y en
él se desarrolla» [11]. Y en otro lugar, casi contradiciendo la
orientación general que sigue su libro, afirma:

> No se trata para mí, del lugar que al juego corresponda entre
> las demás manifestaciones de la cultura, sino en qué grado la
> cultura misma ofrece un carácter de juego [12].

Y en las últimas páginas de su estudio, Huizinga admite:

> Hemos considerado el juego en su significación cotidiana y
> hemos procurado evitar la fácil generalización que a todo declara
> juego. Al final, sin embargo, se nos enfrenta esta concepción y nos
> obliga a tomar posición frente a ella [13].

Su respuesta es una cita entresacada de las *Leyes* donde Platón
propone que

> Dios es, por naturaleza, digno de la más santa seriedad. Pero
> el hombre ha sido hecho para ser un juguete de Dios y esto es
> lo mejor en él. Por eso tiene que vivir de esa manera, jugando
> los más bellos juegos... [14].

Tal respuesta y lo que agrega en los párrafos finales de su
libro, representa un intento de comprensión ontológica del

[10] *Ibid.*, pág. 55.
[11] J. Huizinga, *op. cit.*, pág. 7.
[12] *Ibid.*, pág. 8.
[13] *Ibid.*, págs. 302-303.
[14] *Ibid.*, pág. 303.

juego. Su interés puramente investigativo cede a un esfuerzo
filosófico por entender ya no las manifestaciones convenciona-
lizadas del juego, sino al hombre mismo como un ser cuyo
«hacer no es más que un jugar» [15]. De esta comprensión del
hombre emerge la noción de *homo ludens* que Huizinga opone
a la de *homo sapiens* porque, explica, esta designación «no con-
venía tanto a nuestra especie como se había creído en un principio, ya que, a fin de cuentas, no somos tan razonables como
gustaba de creer el siglo XVIII en su ingenuo optimismo» [16].
Huizinga también reconoce que «el juego es más antiguo que
la cultura» [17] y que su realidad «no puede basarse en ninguna
conexión de tipo racional» [18].

> La existencia del juego —concluye— corrobora constantemente,
> y en el sentido más alto, el carácter supralógico de nuestra situa-
> ción en el cosmos... Nosotros jugamos y sabemos que jugamos;
> somos, por tanto, algo más que meros seres de razón, puesto que
> el juego es irracional [19].

Enfocado el juego como una forma de ser del hombre en el
mundo, comenzamos a aproximarnos a una concepción antropológica del juego ya entrevista por Platón y aludida en algún
versículo de *Proverbios* (VIII, 30-32). A esta idea del juego
hace referencia Schiller en sus *Cartas sobre la educación estética del hombre* cuando escribe que «el hombre juega solamente cuando es hombre en el sentido cabal de la palabra y
es totalmente hombre sólo cuando juega» [20]. También para
Nietzsche el mundo todo no es sino un juego, y Heidegger
creía que «la esencia del Ser es el juego mismo» [21]. En un estudio más reciente, *El juego como símbolo del universo* (*Das*

---

[15] *Ibid.*, pág. 7.
[16] *Loc. cit.*
[17] *Ibid.*, pág. 11.
[18] *Ibid.*, pág. 14.
[19] *Ibid.*, pág. 15.
[20] Citado por Kostas Axelos en «Planetary Interlude», incluido en
Game, Play, Literature, pág. 7.
[21] *Ibid.*, pág. 8.

Spiel als Weltsymbol, 1960), de Eugen Fink, el juego alcanza
la más ambiciosa de las definiciones:

> Si definimos el juego —dice Fink— de la manera acostumbrada
> contrastándolo con el trabajo, la realidad, la seriedad y la auten-
> ticidad, lo yuxtaponemos falsamente con otros fenómenos existen-
> ciales. El juego es un fenómeno existencial básico, tan primordial
> y autónomo como la muerte, el amor, el trabajo y la lucha por
> el poder, pero no está subordinado a estos fenómenos en un pro-
> pósito común y último. El juego, puede decirse, los confronta a
> todos: los absorbe representándolos. Jugamos a ser serios, juga-
> mos a la verdad, jugamos a la realidad, jugamos al trabajo y a
> la lucha, jugamos al amor y a la muerte, y hasta jugamos a jugar [22].

Si el *homo ludens* es una alternativa del *homo sapiens*, si
la condición del juego es una libertad perdida en el llamado
«mundo real» y que el juego rescata y convierte en ruta de
retorno hacia el hombre, es comprensible que Cortázar haya
definido la poesía —que ya en su ensayo sobre la «Situación
de la novela» él mismo describía como «la más honda penetración en el ser de que es capaz el hombre» [23]— como juego.
Comentando su «poesía permutante» incluida en *Último round*,
dice: «Estos juegos fueron comenzados en Delhi...», y a ren-
glón seguido explica:

> Digo juego con la gravedad con que lo dicen los niños. Toda
> poesía que merezca ese nombre es un *juego*, y sólo una tradición
> romántica ya inoperante persistirá en atribuir a una inspiración
> mal definible y a un privilegio mesiánico del poeta, productos
> en los que las técnicas y las fatalidades de la mentalidad mágica
> y lúdica se aplican *naturalmente* (como lo hace el niño cuando
> juega) a una ruptura del condicionamiento corriente, a una asimi-
> lación o reconquista o descubrimiento de todo lo que está al otro
> lado de la Gran Costumbre. El poeta no es menos «importante»
> visto a la luz de su verdadera actividad (o función, para los que
> insistan en esa importancia), porque jugar poesía es jugar a pleno,

---

[22] Eugen Fink, «The Oasis of Happiness: Toward an ontology of
play», incluido en *Game, Play, Literature*, pág. 22.
[23] Julio Cortázar, «Situación de la novela», *Cuadernos Americanos*,
julio-agosto de 1950, pág. 228.

echar hasta el último centavo sobre el tapete para arruinarse o hacer saltar la banca. Nada más riguroso que un juego; los niños respetan las leyes del barrilete o las esquinitas con un ahínco que no ponen en las de la gramática (UR. 65-66).

El juego, pues, como «ruptura del condicionamiento corriente», como «descubrimiento de todo lo que está al otro lado de la Gran Costumbre». Para Cortázar la «Gran Costumbre» es ese mundo codificado y sistematizado de la cultura occidental, un mundo que, según palabras de Oliveira en *Rayuela*, se define en «la crisis y la quiebra total de la idea clásica del *homo sapiens*» (R. 515). Toda la obra de Cortázar es un esfuerzo por trascender ese *homo sapiens*, o, como se nos dice a lo largo de *Rayuela*, por «ir más allá del criterio griego de verdad y error», «más allá de la lógica aristotélica y de las categorías kantianas», más allá de «la gran máscara podrida de Occidente», más allá de «la Gran-Infatuación-Idealista-Realista-Espiritualista-Materialista del Occidente, S. R. L.». ¿Para llegar adónde? En *Rayuela* se menciona el centro del mandala, el cielo de la rayuela, el kibbuts, el Iggdrassil, la Edad de Oro, el Edén, la Arcadia, el reino milenario, la tierra de Hurqalyā: metáforas-símbolos con las cuales se alude a una realidad inédita cuya puerta todos buscan. Pero, agrega Cortázar, «el *homo sapiens* no busca la puerta para ir a jugar, para entrar en el reino milenario, sino solamente para poder cerrarla a su espalda» (R. 433).

Si *Rayuela* es, como ha explicado Cortázar, «la filosofía de sus cuentos, una indagación sobre lo que determinó a lo largo de muchos años su materia o su impulso» (VDOM. 25), algunos de sus cuentos representan verdaderas soluciones lúdicas a esos mismos interrogantes planteados en la novela. Lúdicas en el sentido de que los personajes y las situaciones de sus relatos actúan y se organizan como en un juego en el cual el jugador se desdobla, según la observación de Eugen Fink, «en el hombre real que juega y el hombre creado por el papel dentro del juego», solamente que ahora el hombre creado por el juego emerge como el hombre real y aquél que definíamos como «real» se redefine como un papel dentro de un juego indeseado en el que más que jugar nos juegan. El propio Cortázar ha explicado esa «constante lúdica» de algunos de sus cuentos:

> Siempre seré como un niño para tantas cosas, pero uno de esos niños que desde el comienzo llevan consigo al adulto, de manera que cuando el monstruito llega verdaderamente a adulto ocurre que a su vez éste lleva consigo al niño, y *nel mezzo del camin* se da una coexistencia pocas veces pacífica de por lo menos dos aperturas al mundo.
>
> Esto puede entenderse metafóricamente, pero apunta en todo caso a un temperamento que no ha renunciado a la visión pueril como precio de la visión adulta, y esa yuxtaposición que hace al poeta y quizá al criminal, y también al cronopio y al humorista (cuestión de dosis diferentes, de acentuación aguda o esdrújula, de elecciones: ahora juego, ahora mato), se manifiesta en el sentimiento de no estar del todo en cualquiera de las estructuras, de las telas que arma la vida y en las que somos a la vez araña y mosca.
>
> ... ...
>
> Esta especie de constante lúdica explica, si no justifica, mucho de lo que he escrito o he vivido... Me aburre argumentar a posteriori que a lo largo de esa dialéctica mágica un hombre-niño está luchando por rematar el juego de vida: *que sí, que no, que en ésta está.* Porque un juego, bien mirado, ¿no es un proceso que parte de una descolocación para llegar a una colocación, a un emplazamiento —gol, jaque mate, piedra libre? ¿No es el cumplimiento de una ceremonia que marcha hacia la fijación final que la corona? (VDOM. 21).

En algunos cuentos de Cortázar se enfrentan la visión adulta y la visión pueril, el *homo sapiens* y el *homo ludens*. El segundo descoloca al primero para situarlo en un plano donde sus convenciones y contextos se reorganizan como una pura ficción, como el falseamiento de una realidad más profunda que se revela, por contraste, en la esfera del juego. De la misma manera que para descubrir las posibilidades filosóficas del género fantástico, Borges define primero el relieve fantástico de toda doctrina filosófica, Cortázar reduce la realidad corriente a una ficción o juego, para descubrir en el juego los estratos más

hondos de la realidad humana. Con Huizinga, acepta el carácter de juego de nuestra cultura: «mero juego de ilusiones»
—dice en *Rayuela*—, «de reglas aceptadas y consentidas, de
pura baraja en las manos de un tallador inconcebible...»
(R. 64). Pero estos juegos desnaturalizados aunque han perdido
su carácter de tal no dejan de funcionar como juego, como
documentadamente lo ha probado Eric Berne en su libro *Games People Play* (Juegos que la gente juega, 1964). Para Berne
«la mayor parte de la actividad social del hombre consiste en
jugar» y «la característica esencial del juego humano no consiste en que las emociones sean falsas, sino en que están regu-
ladas» [24]. Berne se refiere a los juegos condicionados y regulados
por nuestra cultura. Son juegos que han perdido casi todos los
rasgos distintivos del juego y que la gente juega inconsciente-
mente aunque constituyen, como hace notar Berne, el aspecto
más importante de la vida social de cualquier complejo humano. Estos juegos han perdido lo que para Huizinga «deter-
mina la esencia del juego —la diversión o *fun*»—. Son juegos
serios, que la gente juega seriamente dentro de una cultura
donde la *seriedad* (según Caillois y Huizinga) es la medida de
todas las cosas. Berne observa que la guerra sería el más trágico y absurdo de esos juegos solemnes.

En «Lejana», Cortázar confronta los dos planos del juego:
el juego adulterado de los famas y el juego realizador de los
cronopios. En el plano de los juegos serios nos presenta una
Alina Reyes cuyo papel en «las horas de recibo de mamá» es
servir el té a la señora de Regules o al chico de los Riva; en
los conciertos del Odeón, hacerle compañía a su madre que
juega a «ir a los conciertos»; cuando Norma canta, acompa-
ñarla al piano; con Luis María, ser su novia. Esta parte de
la vida de Alina está presentada como una serie de juegos
codificados por las «buenas costumbres» que Alina *debe* jugar
porque así lo exigen los hábitos, usos y modales en los cuales
se estructura su vida social. Alina los juega a pesar de ella

---

[24] Eric Berne, *Games People Play; The Psychology of Human Rela-
tionships*, New York, 1964, pág. 18.

misma: «Pobre Luis María, qué idiota casarse conmigo. No sabe lo que se echa encima. O debajo, como dice Nora que posa de emancipada intelectual» (B. 45). O los juega tolerándolos, convencida de que carecen de todo sentido: «Y aguanto bien porque estoy sola entre esas gentes sin sentido...» (B. 38). O los juega a sabiendas de su resultado, en cuyo caso el juego ha perdido ese elemento de riesgo e inseguridad, generador de su placer más intenso, según anota Caillois: «Iremos allá (a Budapest)» —anota Alina en su diario.

> [Luis María] estuvo tan de acuerdo que casi grito. Sentí miedo, me pareció que él entra demasiado fácilmente en este juego. Y no sabe nada, es como el peoncito de dama que remata la partida sin sospecharlo. Peoncito Luis María, al lado de su reina (B. 46).

El movimiento, en efecto, acabará con el juego del noviazgo: dos meses después del viaje Alina y Luis se divorcian.

Frente a estos juegos estereotipados, en los cuales Alina juega forzada por la convención, la otra Alina participa de un juego que reúne todas las características del juego tal como lo juegan los niños: como actividad libre circunscrita a ciertos límites de espacio y tiempo, incierta, sometida a una legislación diferente, acompañada de una conciencia específica de realidad segunda. Es la Alina Reyes que antes de dormirse se siente ser «una horrible campana resonando, una ola, la cadena que Rex arrastra toda la noche contra los ligustros...» (B. 35). La Alina que para dormirse repite versos, busca palabras con dos vocales y una consonante, con tres consonantes y una vocal, con las cinco vocales, y construye palindromas y anagramas como éste: «Alina Reyes, es la reina y... Tan hermoso éste, porque abre un camino, porque no concluye» (B. 36). El juego ha comenzado. El único juego cuyo resultado Alina desconoce, el único que juega libremente, el único para el cual crea un espacio y un tiempo propios, el único cuyas leyes han sido estatuidas por la propia Alina, el único que conduce a una realidad donde Alina comienza a ser ella misma. Se trata de encontrar a la reina, a esa otra Alina Reyes «que tiene frío, que sufre, que le pegan». «Porque a mí —escribe en su dia-

rio—, a la lejana, no la quieren. Es la parte que no quieren...»
(B. 38). Es la parte que Alina se empeña en rescatar porque
en ella ha reconocido a la otra, a la verdadera. El juego consiste en encontrarla: «ir a buscarme» —se dice Alina a sí
misma. Es un ser lejano para la madre, para las señoras que
toman el té en su casa, para las amigas, para el novio, pero
Alina la siente tan próxima que la nieve se le mete por los
zapatos y se hiela cruzando puentes helados, «en pleno Odeón».
La metáfora de la lejanía de Alina, en relación a la madre y
las amigas, irrumpe en el plano histórico de la narración y la
Alina que sufre y se hiela espera en un lejano puente de Budapest. Es una mujer harapienta y de zapatos rotos porque
nada tiene, pero es ella, sin conciertos y sin tés absurdos. El
juego concluye en el centro de ese puente sobre el Danubio.
«En el puente la hallaré y nos miraremos» —escribe Alina en
su diario en la víspera de su viaje a Budapest.

> Y será la victoria de la reina sobre esa adherencia maligna, esa
> usurpación indebida y sorda. Se doblegará si realmente soy yo, se
> sumará a mi zona iluminada, más bella y cierta (B. 47).

El abrazo entre las dos mujeres es una forma de reencuentro.
Cuando se separan, y Alina abre los ojos, la otra, la de los conciertos y los tés, «lindísima en su sastre gris», se aleja camino
de la plaza. Ella, en cambio, es la otra, la reina de zapatos
rotos.

Como en muchos cuentos de Cortázar, también en éste realidad e irrealidad cambian de silla: el mundo del *homo sapiens*
se redibuja como un juego ficticio en el cual representamos el
papel que nos ha sido asignado. El mundo irreal del *homo
ludens*, en cambio, se redefine como la realidad profunda que
por contraste convierte en ficción nuestra realidad corriente.
El *homo sapiens* juega en el ámbito de la cultura: es un juego
serio que convierte al hombre en el papel que representa. El
homo ludens crea sus juegos al margen de la cultura, contra
sus reglas, como una ilusión que va socavando las reglas, el
tiempo y el espacio del mundo real hasta convertirlo en irrealidad. Hacia el final del cuento, Alina Reyes real se redefine como

«una adherencia maligna», como «una usurpación indebida y sorda». En cambio la otra, la que juega a encontrar a la reina, la lejana, la que al principio nos impresiona como una ficción inventada por la Alina Reyes de los tés y los conciertos, alcanza a través del juego esa realidad que más íntima e intensamente la define.

También en el cuento «Cartas de mamá» el juego irrumpe en la realidad segura de Laura y Luis para trastocarla en frágil engaño. La vida de Laura y Luis en París, sorprendentemente fácil, de trabajo pasable, de departamento bonito, de películas excelentes, de bosques y paseos, se redefine hacia el final del cuento como «una mentira de paz traficada», como «una felicidad de puertas para afuera». La ficción construida por Laura y Luis en París comienza a deshacerse con la primera carta donde «mamá» alude a Nico, el hermano muerto hacía dos años: «un error», «una frase incomprensible y absurda», piensa Luis. Pero las cartas subsiguientes transforman el supuesto error en un juego a través del cual Laura y Luis comienzan a comprender la falsedad del otro. La vida en París se va descubriendo como un juego de gestos y posturas: las respuestas de Laura son para Luis movimientos familiares de una partida de ajedrez jugada hasta la fatiga según los mismos gambitos y contra-gambitos. Luis las registra con la certeza del jugador que ya conoce el diagrama de todos los movimientos de su adversario: «Tenía que ser» —dice—. «Peón cuatro rey, peón cuatro rey. Perfecto... Ah, claro. Podría ser —dijo Laura—. Caballo rey tres alfil» (AS. 24). El juego que juegan Laura y Luis en París ha dejado de ser tal porque, conocido el resultado del juego, éste queda instantáneamente destruido. El otro, en cambio, el que se inicia con «el error de la carta de mamá», va desplazando al primero hasta convertirse en el único juego que importa:

> Luis comprendió que la partida continuaba, que a él le tocaba mover. Pero esa partida la estaban jugando tres jugadores, quizá cuatro. Ahora tenía la seguridad de que también mamá estaba al borde del tablero (AS. 28).

En esta nueva partida, la presencia de Nico se va imponiendo
primero como «un territorio prohibido», como un silencio que
inconfesadamente marca el ritmo de la vida de Luis y Laura
en París; después, en las referencias literales de las cartas de
mamá y en las pesadillas convulsivas de Laura; finalmente, en
la realidad quemante de Nico que definitivamente los obliga
a reconocer que ése es el único juego que queda por jugar, y
que el de París no es más que una mentira inventada para
encubrir ese pasado que «ahí queda siempre, manchando la
copia en limpio, y que es (tal vez) el verdadero futuro» (AS. 8).
Nico representa esa otra realidad que Laura y Luis creen haber
dejado en Buenos Aires y que termina desbaratando el juego
de los cines y los bosques de París para implantar un juego en
el cual se reconocen sin máscaras. Como en «Lejana», hacia el
final del cuento el plano ético irrumpe en el plano histórico:
Nico desborda el plano metafórico para entrar, mágicamente,
en la realidad de Luis y Laura.

En el cuento «Final del juego», donde los personajes son
niños o adolescentes, el juego posee desde el comienzo todos
los rasgos de una actividad creadora y libre. El ingreso en el
espacio «irreal» del juego está descrito como el acceso a un
mundo incontaminado y de belleza primigenia: «Abríamos des-
pacio la puerta blanca, y al cerrarla otra vez era como un
viento, una libertad que nos tomaba de las manos, de todo el
cuerpo y nos lanzaba hacia adelante.» Y más adelante: «... en-
caramadas sobre *el mundo* contemplábamos silenciosas *nuestro
reino*» (FJ. 182). *Mundo* y *reino* definen aquí los dos planos de
realidad de las tres adolescentes. El primero, el mundo, es esa
realidad de platos y cacerolas, de tachos de agua sucia, de tías
gritonas, de bastón de los castigos, y de esa innominada en-
fermedad de Leticia «en una casa (en) donde hay alguien con
un defecto físico y mucho orgullo, (y) todos juegan a ignorarlo
empezando por el enfermo, o más bien se hacen los que no
saben que el otro sabe» (FJ. 189). En contraste con este juego
de simulacros, el otro que las niñas juegan junto al talud del
ferrocarril está asociado a un reino de puerta blanca, «donde
reinaba una libertad absoluta» y «la mica, el cuarzo y el feldes-

pato del granito brillaban como diamantes legítimos» (FJ. 185).
En el juego, Leticia, la enferma, era «la más feliz de las tres
y la más privilegiada» (FJ. 183), y al cruzar la puerta blanca
dejaba «la cruz que llevaba encima» para convertirse en cari-
dad, miedo o vergüenza (juego de las actitudes), o en una Venus
o alguna princesa de un país lejano (juego de las estatuas).
Leticia habita durante el juego en ese país lejano que Alina
busca y que solamente encontrará en el juego: un territorio
que se define en el anhelo del hombre de reconciliación con el
mundo y que encuentra su geografía en el juego.

El juego se acaba con la intromisión del *mundo* (Ariel) en
el *reino* (el juego de las niñas), es decir, con la ruptura de ese
tiempo y espacio ideales que sostienen el juego. Como los sueños, los juegos tienen su propio ámbito de existencia. El pez,
privado del agua, muere. La libertad, la sinrazón del juego
no toleran los códigos y la lógica razonante que gobiernan
nuestra cultura. Aplicando la regla de doble crítica de los etnó-
logos, podría decirse que desde esa cultura el juego es una
ilusión, una irrealidad, un acontecer ficticio, como lo definen
algunos de sus estudiosos; pero desde la realidad del juego,
nuestra realidad histórica se redefine como un falso juego en
que el *homo sapiens,*

> después de haberlo esperado todo de la inteligencia y del espíritu,
> se encuentra como traicionado, oscuramente consciente de que sus
> armas se han vuelto contra él, que la cultura, la civiltà, lo han
> traído a este callejón sin salida donde la barbarie de la ciencia
> no es más que una reacción comprensible (R. 506-507).

El *homo ludens*, ser irracional por excelencia, busca en el juego
un reino perdido, un puente hacia ese ser que somos pero del
cual nos separan los gestos, las conductas intachables y los
altos conceptos, un tiempo libre de precisiones y simetrías,
una seriedad que no deshecha el humor y la alegría. En los
cuentos estudiados el juego aparece como una liberación, como
la reconquista de una libertad generada no por las necesidades
de un conglomerado social (los conciertos y los tés en «Lejana», el París fácil de «Cartas a mamá»), sino por esas nece-

sidades o fuerzas («ciegas» para la razón) que nos compelen
a rescatar a la mendiga de zapatos rotos o a aceptar vivo al
Nico que dábamos por muerto. El juego, entonces, lejos de ser
una ficción, una irrealidad, un espacio y un tiempo inexistentes,
como normativamente se lo define, es un intento de inversión
de papeles: abandonamos el que prolija y solemnemente representamos en el juego del *homo sapiens* para asumir un juego
desde el cual el *homo ludens* «no es sino que busca ser» (R.
418). En las notas de Morelli se habla de un libro en el cual

las conductas standard serían inexplicables con el instrumental
psicológico al uso. Los actores parecerían insanos o totalmente
idiotas... En ellos algo que el *homo sapiens* guarda en lo sublimal
se abriría penosamente un camino como si un tercer ojo parpa-
deara penosamente debajo del hueso frontal. Todo sería como una
inquietud, un desasosiego, un desarraigo continuo, un territorio
donde la causalidad psicológica cedería desconcertada, y esos fantoches se destrozarían o se amarían o se reconocerían sin sospe-
char demasiado que la vida trata de cambiar la clave en y a
través y por ellos, que una tentativa apenas concebible nace en
el hombre como en otro tiempo fueron naciendo la clave-razón,
la clave-sentimiento, la clave-pragmatismo (R. 417).

El juego sería una de estas claves. Los tres cuentos aludidos
se proyectan, así, como tentativas o manifestaciones de una
clave que encuentra en el juego su vehículo expresivo.

APÉNDICE II

LA VOZ NARRATIVA EN LA FICCIÓN BREVE DE J. C.

Para Scott Fitzgerald el personaje, según su aserto, se define en la acción, «es la acción»; para Cortázar, en cambio, el personaje es la voz. Su narrativa breve presenta una polifonía de voces narrativas sin parangón, por su riqueza y complejidad, en las letras hispanoamericanas. En su ensayo sobre Gardel, publicado en *Sur* en 1953, solamente a dos años de la aparición de su primer volumen de cuentos (*Bestiario*, 1951), hay una clara toma de conciencia respecto a ese elemento narrativo que puede servirnos de punto de partida. Allí cuenta Cortázar una breve anécdota que define la voz de Gardel a través de un lítote desde el cual queda expresada «la admiración de los argentinos por su cantor»:

En un cine del barrio sur, donde pasan «Cuesta abajo», un porteño de pañuelo al cuello espera el momento de entrar. Un conocido lo interpela desde la calle: «¿Entrás al biógrafo? ¿Qué dan?» Y el otro, tranquilo: «Dan una del mudo...» [1].

Gardel resume una época y una manera de sentir su país, un estilo y un temperamento, por eso dice Cortázar:

A Gardel hay que escucharlo en la victrola, con toda la distorsión y la pérdida imaginable; su voz sale de ella como la conoció

---

[1] Julio Cortázar, *La vuelta al día en ochenta mundos*, México, Siglo XXI, 1967, pág. 92.

el pueblo que no podía escucharlo en persona, como salía de zaguanes y de salas en el año veinticuatro o veinticinco... Esa voz de compadre porteño —concluye— refleja una Argentina que ya no es fácil evocar [2].

A Cortázar le interesa menos el mayor o menor virtuosismo de la voz de Gardel que su condición de vehículo expresivo de un sentimiento popular que se reconocía y oía en esa voz. De ahí también su interés no tanto por la voz misma como por el tono nostálgico y las modulaciones distorsionadas con que esa voz llegaba a sus oyentes: «Sus canciones tocaron todos los registros de la sentimentalidad popular» [3].

Un segundo texto, mucho más tardío, especifica la noción de voz en el concepto estilo:

> En todo gran estilo —dice Cortázar— el lenguaje cesa de ser un vehículo para la expresión de «ideas y sentimientos» y accede a ese estado límite en que ya no cuenta como mero lenguaje porque todo él es presencia de lo expresado [4].

El lenguaje deja de ser mero intermediario para convertirse él mismo en la presencia de esa voz que la narración busca configurar. Borges decía que dar con la voz de un personaje es haber encontrado al personaje. Lo cual no quiere decir que la tarea del escritor sea imitar la voz del modelo del cual parte: el lenguaje del poema gauchesco no es una imitación del habla de los gauchos, sino lo que en otro contexto Bachtin llamó su *estilización* [5], es decir, la convencionalización literaria de un habla o de una voz, su conversión en signo a partir del cual esa voz queda significada. Un estilo no se propone reproducir o imitar la voz de su modelo, sino crear la ilusión de esa voz. Entre el modelo y la voz hay una distancia semejante a la que separa las palabras de las cosas. Aun en la literatura

2 *Ibid.*, pág. 91.
3 *Ibid.*, pág. 91.
4 *Ibid.*, pág. 94.
5 Mixail Baxtin, «Discourse Typology in Prose», en Ladislav Matejka y Krystyna Pomorska, *Reading in Russian Poetics: Formalist and Structuralist Views*, M. I. T., 1971, pág. 181.

más realista hay un proceso de convencionalización que reduce
las voces de sus modelos a símbolos o signos literarios cuya
función es generar una realidad segunda que alude a la primera, pero que a su vez se erige en entidad autónoma sujeta
a leyes muy suyas y diferentes. Ningún escritor es tan insensato
(o ingenuo) para intentar transcribir a una modesta página
la realidad de la cual parte. Puede imitar una voz, pero puesto
que esa imitación está cargada de las intenciones y objetivos
que animan al relato, esa imitación es en realidad estilización.
Esta sujeción de la voz narrativa a las necesidades internas
del relato es lo que distingue, según Bachtin, la estilización de
la imitación [6]. La imitación excluye la significación, y la literatura depende de los signos; la imitación busca presentarnos el
modelo; la literatura, en cambio, opta por representarlo. Lo
peculiar de esa representación, explica Cortázar citando a Michel Foucault, no es tanto la fábula como la *ficción* o «régimen
del relato»:

> Lo que se cuenta debe indicar por sí mismo quién habla, a qué
> distancia, desde qué perspectiva y según qué modo de discurso.
> La obra no se define tanto por los elementos de la fábula o su
> ordenación como por los modos de la ficción, indicados tangen-
> cialmente por el enunciado mismo de la fábula [7].

En el ensayo sobre Gardel se insistía en la voz como espejo
o vehículo; este segundo ensayo viene a decirnos que la voz

---

[6] «A conventionalized utterance is always a double-voiced utterance.
Only what was once perfectly serious and nonrelative to another point
of view can become conventional. What was once a straightforward and
nonconventional value now serves new aims, aims which take possession
of it from inside and render it conventional. That is what distinguishes
stylization from imitation. Imitation does not make a form conventional,
owing to the simple fact that it takes the object of imitation seriously,
makes it its own, directly appropriates the other speech act, and assi-
milates it to itself. The voices in this case merge completely. If we hear
another voice, then we hear something which did not figure in the imi-
tator's plan... A narrator's narration, which compositionally replaces the
author's discourse, is analogous to stylization» (M. Baxtin, *op. cit.*, páginas 181-182).

[7] Julio Cortázar, *op. cit.*, pág. 94.

no es mero intermediario de la fábula, sino presencia de lo enunciado en la fábula; la voz transmite la fábula, pero la verosimilitud de la fábula depende de la eficacia de la voz. La función de la voz (del personaje, del narrador, o simplemente del texto) respecto al relato es semejante a la función del metro respecto al poema. El metro, libre o escandido, no es nunca una elección arbitraria, como lo sabe todo poeta: está íntimamente ligado a los dictados del tema. Los dramaturgos del Siglo de Oro español sabían muy bien que para cada modo dramático había un metro diferente. Algo semejante ocurre en la ficción: el punto de vista de la narración no es nunca arbitrario, responde íntimamente a los propósitos y necesidades del relato. Gérard Genette ha establecido con tajante claridad que el punto de vista no es la voz narrativa[8]. El punto de vista (del narrador o del personaje o del texto) es la estrategia adoptada por el autor para narrar el relato, pero un punto de vista ofrece varias posibilidades de voz narrativa. Estanislao del Campo, a diferencia de los demás poetas gauchescos, prefirió la voz del poeta culto para hacer hablar a su narrador; Hernández o Ascasubi, en cambio, escogieron la voz del poeta gauchesco que remeda el habla del gaucho.

En su *Poética de la composición*, Boris Uspensky distingue dos modos básicos de describir la conducta de un personaje: un punto de vista externo y un punto de vista interno[9]. El primero describe solamente aquello que es visible a un observador exterior a la conciencia del personaje, como narrador omnisciente o como narrador-testigo; el segundo, en cambio, penetra en la conciencia del personaje aunque se trate de un narrador de apariencia omnisciente o de un narrador-personaje. Pero estos dos puntos de vista pueden adoptar voces muy diversas. Desde el punto de vista externo puede hablar la voz de un narrador que representa al autor, la de otro personaje o la

---

    [8] Gérard Genette, *Figures III*, Paris, Seuil, 1972, págs. 225-267.

    [9] Boris Uspensky, *A Poetics of Composition; The Structure of the Artistic Text and Typology of a Compositional Form*, University of California Press, 1973. Véase especialmente el cap. 7, págs. 130-172.

de un testigo observador. A su vez, cada una de estas voces puede, desde el mismo punto de vista, variar según cada uno de los tres narradores sea un niño, un anciano, un adulto, un loco, un cínico, un animal, una casa o un objeto dotado de voz, etc. Las posibilidades son casi ilimitadas. Algo semejante puede decirse del punto de vista interno que puede manifestarse a través de la voz de un médico, de un abogado, un maestro, un campesino, una madre, un albañil, una mendiga, un ofici- nista, etc. Si es posible definir un número determinado de puntos de vista, es casi imposible establecer un censo posible de voces narrativas.

Lo peculiar en la narrativa breve de Cortázar es no sola- mente la pluralidad y variedad de voces narrativas, sino ade- más el cuidadoso esfuerzo con que esas voces han sido confi- guradas y combinadas: el personaje está caracterizado desde su voz, pero además también la temperatura del relato se define a través de la voz articulada desde el texto. Encontrar la voz del texto es también haber encontrado el camino desde el cual se construye el cuento. De allí la obsesiva preocupación de Cortázar por el modo de narrar un relato:

> Nunca se sabrá cómo hay que contar esto, si en primera per- sona o en segunda, usando la tercera del plural o inventando continuamente formas que no servirán de nada [10].

La solución en ese relato, «Las babas del diablo», es un dúo en que la primera persona del narrador-personaje forma un tren- zado con la tercera persona del narrador exterior que asume la voz del autor para completar y equilibrar la voz del perso- naje. Si en el relato siguiente de la misma colección, «El per- seguidor», las voces de Bruno y Johnny están claramente de- limitadas —el narrador es Bruno y cuando Johnny asume la narración, el cambio está indicado con comillas—, en «Las babas del diablo» las voces en primera persona del narrador- personaje y en tercera del narrador-autor constituyen dos

---

[10] Julio Cortázar, *Las armas secretas*, Buenos Aires, Sudamericana, 1966, pág. 77.

puntos de vista diferentes —uno interior y otro exterior (según la clasificación de Uspensky)—, pero las dos voces se entrelazan y apuntan a un objetivo común: relatar lo que ninguna de las dos voces hubiera podido contar separadamente. Por eso dúo: porque la una se apoya en la otra en la ejecución del relato.

«La noche boca arriba» también presenta dos voces: la del paciente accidentado y la del moteca perseguido, pero ahora las dos voces son articuladas por dos narradores en tercera persona y forman un contrapunto entre realidad y sueño; en vez de apoyarse la una en la otra, como en el caso anterior, se oponen la una a la otra y buscan desplazarse. El desplazamiento tiene lugar hacia el final del relato: realidad y sueño cambian de silla porque en realidad se trata de una oposición que desde el comienzo es también una complicidad. Una situación semejante se da en «Todos los fuegos el fuego», aunque aquí las dos voces zigzaguean sin llegar a tocarse como no sea a través del triángulo común a ambas historias. Pero en los dos cuentos el ambiente de cada uno de los dos relatos interpolados está definido desde la voz narrativa.

Es en los relatos contados en primera persona donde el manejo de la voz narrativa alcanza su grado mayor de eficacia verbal y es en este tipo de relato donde se percibe con mayor claridad la diferencia que separa el punto de vista de la voz narrativa. En los diecinueve cuentos examinados el punto de vista es el mismo: un narrador que cuenta en primera persona. La voz del narrador, en cambio, varía con cada cuento. No solamente porque en «Los venenos» es un niño, en «Final del juego» una niña, en «Las puertas del cielo» un abogado, en «Los buenos servicios» una matrona, en «El móvil» un compadre, en «Torito» un boxeador, etc., sino porque en cada uno de estos relatos la voz del narrador se adecúa a las necesidades internas del relato. Vamos a explicarnos. En cuentos como «Los venenos», «Después del almuerzo» y «Final del juego», que tratan del mundo infantil y cuyos personajes son niños que despiertan a la pubertad, la voz del narrador participa de ese mundo plasmando la visión y percepción de los personajes. Además de esa visión de los hechos y del lenguaje a través del cual se la transmite, la voz narrativa es una forma, y tal vez la más eficaz, de caracterizar a los personajes y de fijar la temperatura que hace posible su conducta. Traducidos a un lenguaje neutro en tercera persona, estos cuentos perderían el encanto y la eficacia con que se nos imponen. Aunque la voz narrativa depende del punto de vista escogido para contar el cuento, la eficacia del relato depende de la primera más que del segundo.

En cuentos como «Circe», «Las puertas del cielo» y «Los buenos servicios», narrados también en primera persona, la voz narrativa corresponde a un personaje secundario, casi al margen del conflicto presentado. La elección de un narrador que, aun siendo personaje (a diferencia del narrador-testigo u observador) no entra de lleno en el juego, lejos de ser accidental responde también a las necesidades de la ficción. Son cuentos que dejan un hueco o agujero, una porción no contada o apenas insinuada y que por eso exigen lo que se ha llamado un *unreliable narrator*. Ni el narrador anónimo de «Circe», ni el abogado que narra la relación Celina-Mauro, ni Mme. Francinet en «Los buenos servicios» pueden explicar en todas sus consecuencias los hechos narrados. De poder hacerlo, el relato no se produciría. Sus limitaciones informativas son deliberadas y la voz del narrador constituye una toma de distancia necesaria para crear la ambigüedad exigida por los tres cuentos.

Un tercer tipo de cuento narrado en primera persona presenta una voz narrativa en actitud de diálogo. En «El río», «Torito», «El móvil» y «Relato con un fondo de agua» el narrador asume un interlocutor a quien se dirige como si conversara con él. En los cuatro casos el interlocutor no responde ni participa. Está apenas implicado como punto de apoyo para justificar el tono conversacional del narrador. Ese tono de voz es, a su vez, decisivo en la estructuración del relato. Torito adquiere realidad de personaje gracias a su voz: su voz evoca una época, un estrato social, las astucias y ademanes del boxeo en la Argentina de Suárez y Firpo, pero, además, la voz dibuja la condición y el drama del protagonista. Este tono hablado, mezcla de jerga pugilística y de habla orillera, reaparece en

«El móvil»: su personaje es heredero del compadre y todo en
este cuento recuera a «Hombre de la esquina rosada» [11], aunque separados por un hiato en que la pistola reemplaza al
puñal. De estos dos cuentos podría decirse «la voz era la cara»
en el sentido de que los dos personajes, además de narrar la
historia, se autorretratan y adquieren realidad desde la voz.

En los dos relatos siguientes Cortázar adopta una solución
muy diferente, casi en contraste con los dos anteriores: en «El
río» y «Relato con un fondo de agua» el tono de la voz narrativa es altamente lírico. El propósito ahora no es retratar a
sus protagonistas, sino presentar un conflicto que elude precisiones y coherencias: un suicidio y un homicidio. Hay un grado
mayor aún de ambigüedad. El monólogo —deliberadamente des-
dibujado— obliga a la voz del narrador a la silepsis y a la
narración elíptica, retaceada: con esos fragmentos el lector
debe recomponer la historia. El texto del cuento es apenas una
huella, un silencio cifrado, como la poesía contenida en un
poema en el que «lo que no se dice es lo que se dice», Paz dixit.

En el examen de los 15 relatos narrados en tercera persona
hay un común denominador que tipifica el uso de este punto
de vista en la ficción breve de Cortázar. Aunque el narrador
es ajeno a los conflictos y al destino de los personajes, en el
sentido de que en estos cuentos ninguno de los narradores es
también personaje, el punto de vista no es jamás neutro u objetivo como correspondería a un narrador omnisciente o exterior. Por el contrario: aunque exterior a la historia, el narrador
observa y relata desde la conciencia o visión de uno o algunos
de los personajes. Cortázar tiene plena conciencia de esta tercera persona con dejos de primera:

> Hace muchos años —cuenta—, en Buenos Aires, Ana María Ba-
> rrenechea me reprochó amistosamente un exceso en el uso de la
> primera persona... Cuando le señalé que había varios en tercera

---

[11] Sobre este aspecto de «El móvil» véase nuestro artículo «Dos soluciones estructurales y estilísticas al tema del compadre en Borges y
Cortázar», en *La prosa narrativa de J. L. Borges*, Madrid, Gredos, segunda ed., 1974, págs. 302-322.

persona, insistió en que no era así y tuve que probárselo libro
en mano. Llegamos a la hipótesis de que quizá la tercera persona
actuaba como una primera persona disfrazada, y que por eso la
memoria tendía a homogeneizar la serie de relatos del libro [12].

Cortázar tenía razón, hay cuentos en tercera persona en todas
sus colecciones de cuentos. Esta tercera persona, que tiende
a confundirse con la primera, es también una elección deliberada. Cortázar opta no por una tercera persona exterior, sino
interior. Para explicar esa elección cita uno de los preceptos
del «Decálogo del perfecto cuentista» de Horacio Quiroga, el
único de los diez que en realidad considera rescatable:

> Cuenta como si el relato no tuviera interés más que para el
> pequeño ambiente de tus personajes, de los que pudiste haber
> sido uno. No de otro modo se obtiene la *vida* en el cuento [13].

El comentario de Cortázar:

> La noción de pequeño ambiente da sentido más hondo al con-
> sejo, al definir la forma cerrada del cuento... Pero a esa noción
> se suma otra igualmente significativa, la de que el narrador pudo
> haber sido uno de los personajes, es decir, que la situación narra-
> tiva en sí debe nacer y darse dentro de ese ambiente, trabajando
> *del interior hacia el exterior.*
> ... ...
> Siempre me han irritado los relatos donde los personajes tienen
> que quedarse como al margen mientras el narrador explica por
> su cuenta... Quizá por eso, en mis relatos en tercera persona, he
> procurado casi siempre no salirme de una narración *strictu senso*,
> sin esas tomas de distancia que equivalen a un juicio sobre lo
> que está pasando. Me parece una vanidad querer intervenir en el
> cuento con algo más que con el cuento en sí [14].

Una tercera persona, entonces, necesaria a los fines de la
narración, pero que rechaza todo objetivismo omnisciente para

---

12 Julio Cortázar, *La vuelta al día en ochenta mundos*, pág. 36.
13 *Ibid.*, pág. 35.
14 *Ibid.*, pág. 37.

situarse en el interior del relato. A veces, como en «Una flor amarilla» y «La banda», la tercera persona funciona como un narrador-testigo, es decir, un narrador que sin ser personaje y sin intervenir en la historia tiene un conocimiento estrecho de los personajes y de los hechos de la narración. El narrador declara haber oído la relación por boca de uno de los personajes y el texto es su versión de la historia. El narrador del primer cuento explica:

> Me contó su historia en un bistró de la rue Cambronne... Me contó que era jubilado de la municipalidad... Contó que en un ómnibus de la línea 95... [15].

Y «La banda» comienza con la frase siguiente: «En febrero de 1947, Lucio Medina me contó un divertido episodio que acababa de sucederle» [16]. En estos dos relatos, el narrador en tercera persona está vinculado de manera manifiesta al protagonista, pero en los demás cuentos en tercera persona tal vínculo falta; el narrador está instalado dentro del pequeño mundo en el que se mueven los personajes y da a veces la impresión de ser un personaje más de la historia: «Esa mañana había sido una de las tantas mañanas en que llegaba carta de mamá». No es un personaje el que habla, sino el narrador en tercera persona. Lo que lo distingue del narrador omnisciente tradicional no es tanto lo que sabe como lo que no sabe. Sus limitaciones son las limitaciones de los personajes y su punto de vista está subordinado al punto de vista de uno o algunos de los personajes. Por eso, con sobrada razón, ha dicho Cortázar:

> Cuando escribo un cuento busco que el lector tenga o pueda tener la sensación que en cierto modo está leyendo algo que ha nacido por sí mismo, en sí mismo y hasta de sí mismo, en todo caso con la mediación pero jamás con la presencia manifiesta del narrador [17].

---

[15] J. Cortázar, *Final del juego*, Buenos Aires, Sudamericana, 1970, página 85.

[16] *Ibid.*, pág. 106.

[17] J. Cortázar, *La vuelta al día en ochenta mundos*, pág. 36.

Tal estrategia respecto al narrador en tercera persona resulta en una voz narrativa que habla con el mismo tono y timbre que las voces de los personajes: íntimamente familiar en «La salud de los enfermos» y «Cartas de mamá», adolescente y juguetona en «Bestiario», reticente y convulsiva en «Las armas secretas», lírica y ominosa en «El ídolo de las Cícladas», meticulosamente asfixiante en «No se culpe a nadie» (las seis páginas forman un solo párrafo), insinuante y suspendida en «La puerta condenada», enigmáticamente literaria en «Continuidad de los parques», rauda y épica en «La autopista del Sur». En estos cuentos en tercera persona el narrador se sitúa en el centro de la historia otorgando igual atención a todos los personajes o bien escoge el punto de vista de uno de ellos: Pierre en «Las armas secretas», Marini en «La isla a mediodía», el Peugeot 404 en «La autopista del Sur». Pero en los dos casos es un punto de vista interior a la narración, nunca exterior. Tal elección es responsable por ese concierto de voces narrativas que surcan como un coro su ficción breve. En «La señorita Cora» esa diversidad polifónica se da cita en un solo relato. El cuento está narrado por la madre, el Nene o Pablito, la señorita Cora, el Dr. de Luisi, Marcial, el Dr. Suárez. No son solamente personajes que participan desde el diálogo o el soliloquio: son narradores en un sentido estricto porque cada uno contribuye su propia percepción del conflicto del adolescente y la describe con su propia voz. Cortázar elige lo que se ha dado en llamar un «narrador múltiple» porque desde esa multiplicidad de puntos de vista y voces narrativas está configurada no solamente la condición del enfermo, sino todo ese pequeño mundo que gira a su alrededor como un diminuto sistema planetario en el que cada voz define una órbita autónoma y, a su vez, todos gravitan hacia ese personaje-eje que los pone en movimiento.

ÍNDICE DE NOMBRES PROPIOS

ÍNDICE GENERAL

BIBLIOTECA ROMÁNICA HISPÁNICA

Dirigida por: DÁMASO ALONSO

I. TRATADOS Y MONOGRAFÍAS

1. Wartburg, W. von: *La fragmentación lingüística de la Romania*. Segunda edición aumentada. Reimpresión. 208 págs. 17 mapas.
2. Wellek, R. y Warren, A.: *Teoría literaria*. Prólogo de Dámaso Alonso. Cuarta edición. Reimpresión, 432 págs.
3. Kayser, W.: *Interpretación y análisis de la obra literaria*. Cuarta edición revisada. Reimpresión. 594 págs.
4. Peers, E. A.: *Historia del movimiento romántico español*. 2 vols. Segunda edición. Reimpresión. 1.026 págs.
5. Alonso, A.: *De la pronunciación medieval a la moderna en español*. 2 vols.
9. Wellek, R.: *Historia de la crítica moderna (1750-1950)*. 3 vols.
10. Baldinger, K.: *La formación de los dominios lingüísticos en la Península Ibérica*. Segunda edición corregida y muy aumentada. 496 págs. 23 mapas.
11. Morley, S. G., y Bruerton, C.: *Cronología de las comedias de Lope de Vega*. 694 págs.
12. Martí, A.: *La preceptiva retórica española en el Siglo de Oro*. Premio Nacional de Literatura. 346 págs.
13. Aguiar e Silva, V. M. de: *Teoría de la literatura*. Segunda reimpresión. 550 págs.
14. Hörmann, H.: *Psicología del lenguaje*. 496 págs.
15. Rodríguez Adrados, F.: *Lingüística indoeuropea*. 2 vols. 1.152 págs.

II. ESTUDIOS Y ENSAYOS

1. Alonso, D.: *Poesía española (Ensayo de métodos y límites estilísticos)*. Quinta edición. Reimpresión. 672 págs. 2 láminas.
2. Alonso, A.: *Estudios lingüísticos (Temas españoles)*. Tercera edición. Reimpresión. 286 págs.
3. Alonso, D., y Bousoño, C.: *Seis calas en la expresión literaria española (Prosa-Poesía-Teatro)*. Cuarta edición. 446 págs.
4. García de Diego, V.: *Lecciones de lingüística española (Conferencias pronunciadas en el Ateneo de Madrid)*. Tercera edición. Reimpresión. 234 págs.
5. Casalduero, J.: *Vida y obra de Galdós (1843-1920)*. Cuarta edición ampliada. 312 págs.
6. Alonso, D.: *Poetas españoles contemporáneos*. Tercera edición aumentada. Reimpresión, 424 págs.
7. Bousoño, C.: *Teoría de la expresión poética*. Premio «Fastenrath». 2 vols. Sexta edición aumentada. 1.120 págs.

107. Gariano, C.: *El mundo poético de Juan Ruiz.* Segunda edición corregida y ampliada. 272 págs.

109. Fogelquist, D. F.: *Españoles de América y americanos de España.* 348 págs.

110. Pottier, B.: *Lingüística moderna y filología hispánica.* Reimpresión. 246 págs.

111. Kock, J. de: *Introducción al Cancionero de Miguel de Unamuno.* 198 págs.

112. Alazraki, J.: *La prosa narrativa de Jorge Luis Borges (Temas-Estilo).* Segunda edición aumentada. 438 págs.

113. Debicki, A. P.: *Estudios sobre poesía española contemporánea (La generación de 1924-1925).* Segunda edición en prensa.

114. Zardoya, C.: *Poesía española del siglo XX (Estudios temáticos y estilísticos).* 4 vols. (Segunda edición muy aumentada de la obra *Poesía española del 98 y del 27*). 1.398 págs.

115. Weinrich, H.: *Estructura y función de los tiempos en el lenguaje.* Reimpresión. 430 págs.

116. Regalado García, A.: *El siervo y el Señor (La dialéctica agónica de Miguel de Unamuno).* 220 págs.

117. Beser, S.: *Leopoldo Alas, crítico literario.* 372 págs.

118. Bermejo Marcos, M.: *Don Juan Valera, crítico literario.* 256 págs.

119. Salinas de Marichal, S.: *El mundo poético de Rafael Alberti.* Reimpresión. 272 págs.

120. Tacca, O.: *La historia literaria.* 204 págs.

121. *Estudios críticos sobre el modernismo.* Introducción, selección y bibliografía general por H. Castillo. Reimpresión. 416 págs.

122. Macrí, O.: *Ensayo de métrica sintagmática (Ejemplos del «Libro de Buen Amor» y del «Laberinto» de Juan de Mena).* 296 págs.

123. Zamora Vicente, A.: *La realidad esperpéntica (Aproximación a «Luces de bohemia»).* Premio Nacional de Literatura. Segunda edición ampliada. 220 págs.

125. Goode, H. D.: *La prosa retórica de Fray Luis de León en «Los nombres de Cristo» (Aportación al estudio de un estilista del Renacimiento español).* 186 págs.

126. Green, O. H.: *España y la tradición occidental (El espíritu castellano en la literatura desde «El Cid» hasta Calderón).* 4 vols.

127. Schulman, I. A., y González, M. P.: *Martí, Darío y el modernismo.* Reimpresión. 268 págs.

128. Zubizarreta, A. de: *Pedro Salinas: El diálogo creador.* Prólogo de J. Guillén. 424 págs.

129. Fernández-Shaw, G.: *Un poeta de transición. Vida y obra de Carlos Fernández Shaw (1865-1911).* 340 págs. 1 lámina.

130. Camacho Guizado, E.: *La elegía funeral en la poesía española.* 424 páginas.

131. Sánchez Romeralo, A: *El villancico (Estudios sobre la lírica popular en los siglos XV y XVI).* 624 págs.

132. Rosales, L.: *Pasión y muerte del Conde de Villamediana.* 252 págs.

162. Ribbans, G.: *Niebla y soledad (Aspectos de Unamuno y Machado).* 332 págs.

163. Scholberg, K. R.: *Sátira e invectiva en la España medieval.* 376 págs.

164. Parker, A. A.: *Los pícaros en la literatura (La novela picaresca en España y Europa, 1599-1753).* Segunda edición. 218 págs. 11 láminas.

165. Rudat, E. M.: *Las ideas estéticas de Esteban de Arteaga (Orígenes, significado y actualidad).* 340 págs.

166. San Miguel, A.: *Sentido y estructura del «Guzmán de Alfarache» de Mateo Alemán.* Prólogo de F. Rauhut. 312 págs.

167. Marcos Marín, F.: *Poesía narrativa árabe y épica hispánica (Elementos árabes en los orígenes de la épica hispánica).* 388 págs.

168. Cano Ballesta, J.: *La poesía española entre pureza y revolución (1930-1936).* 284 págs.

169. Corominas, J.: *Tópica hespérica (Estudios sobre los antiguos dialectos, el substrato y la toponimia romances).* 2 vols. 840 págs.

170. Amorós, A.: *La novela intelectual de Ramón Pérez de Ayala.* 500 págs.

171. Porqueras Mayo, A.: *Temas y formas de la literatura española.* 196 págs.

172. Brancaforte, B.: *Benedetto Croce y su crítica de la literatura española.* 152 págs.

173. Martín, C.: *América en Rubén Darío (Aproximación al concepto de la literatura hispanoamericana).* 276 págs.

174. García de la Torre, J. M.: *Análisis temático de «El Ruedo Ibérico».* 362 págs.

175. Rodríguez-Puértolas, J.: *De la Edad Media a la edad conflictiva (Estudios de literatura española).* 406 págs.

176. López Estrada, F.: *Poética para un poeta (Las «Cartas literarias a una mujer» de Bécquer).* 246 págs.

177. Hjelmslev, L.: *Ensayos lingüísticos.* 362 págs.

178. Alonso, D.: *En torno a Lope (Marino, Cervantes, Benavente, Góngora, los Cardenios).* 212 págs.

179. Pabst, W.: *La novela corta en la teoría y en la creación literaria (Notas para la historia de su antinomia en las literaturas románicas).* 510 págs.

180. Rumeu de Armas, A.: *Alfonso de Ulloa, introductor de la cultura española en Italia.* 192 págs. 2 láminas.

181. León, P. R.: *Algunas observaciones sobre Pedro de Cieza de León y la Crónica del Perú.* 278 págs.

182. Roberts, G.: *Temas existenciales en la novela española de postguerra.* Segunda edición corregida y aumentada. 326 págs.

184. Durán, A.: *Estructura y técnica de la novela sentimental y caballeresca.* 182 págs.

185. Beinhauer, W.: *El humorismo en el español hablado (Improvisadas creaciones espontáneas).* Prólogo de R. Lapesa. 270 págs.

186. Predmore, M. P.: *La poesía hermética de Juan Ramón Jiménez (El «Diario» como centro de su mundo poético).* 234 págs.

187. Manent, A.: *Tres escritores catalanes: Carner, Riba, Pla.* 338 págs.

188. Bratosevich, N. A. S.: *El estilo de Horacio Quiroga en sus cuentos.* 204 págs.

189. Soldevila Durante, I.: *La obra narrativa de Max Aub (1929-1969).* 472 págs.

190. Pollmann, L.: *Sartre y Camus (Literatura de la existencia).* 286 págs.

191. Bobes Naves, M.ª del C.: *La semiótica como teoría lingüística.* Segunda edición revisada y ampliada. 274 págs.

192. Carilla, E.: *La creación del «Martín Fierro».* 308 págs.

193. Coseriu, E.: *Sincronía, diacronía e historia (El problema del cambio lingüístico).* Tercera edición. 290 págs.

194. Tacca, O.: *Las voces de la novela.* Segunda edición corregida y aumentada. 206 págs.

195. Fortea, J. L.: *La obra de Andrés Carranque de Ríos.* 240 págs.

196. Náñez Fernández, E.: *El diminutivo (Historia y funciones en el español clásico y moderno).* 458 págs.

197. Debicki, A. P.: *La poesía de Jorge Guillén.* 362 págs.

198. Doménech, R.: *El teatro de Buero Vallejo (Una meditación española).* 372 págs.

199. Márquez Villanueva, F.: *Fuentes literarias cervantinas.* 374 págs.

200. Orozco Díaz, E.: *Lope y Góngora frente a frente.* 410 págs. 8 láminas.

201. Muller, Ch.: *Estadística lingüística.* 416 págs.

202. Kock, J. de: *Introducción a la lingüística automática en las lenguas románicas.* 246 págs.

203. Avalle-Arce, J. B.: *Temas hispánicos medievales (Literatura e historia).* 390 págs.

204. Quintián, A. R.: *Cultura y literatura españolas en Rubén Darío.* 302 páginas.

205. Caracciolo Trejo, E.: *La poesía de Vicente Huidobro y la vanguardia.* 140 págs.

206. Martín, J. L.: *La narrativa de Vargas Llosa (Acercamiento estilístico).* 282 págs.

207. Nolting-Hauff, I.: *Visión, sátira y agudeza en los «Sueños» de Quevedo.* 318 págs.

208. Phillips, A. W.: *Temas del modernismo hispánico y otros estudios.* 360 págs.

209. Mayoral, M.: *La poesía de Rosalía de Castro.* Prólogo de R. Lapesa. 596 págs.

210. Casalduero, J.: *«Cántico» de Jorge Guillén y «Aire nuestro».* 268 págs.

211. Catalán, D.: *La tradición manuscrita en la «Crónica de Alfonso XI».* 416 págs.

212. Devoto, D.: *Textos y contextos (Estudios sobre la tradición).* 610 páginas.

213. López Estrada, F.: *Los libros de pastores en la literatura española (La órbita previa).* 576 págs. 16 láminas.

214. Martinet, A.: *Economía de los cambios fonéticos (Tratado de fonología diacrónica).* 564 págs.

238. Durán, M. y González Echevarría, R.: *Calderón y la crítica: Historia y Antología.* 2 vols. 786 págs.
239. Artiles, J.: *El «Libro de Apolonio», poema español del siglo XIII.* 222 págs.
240. Morón Arroyo, C.: *Nuevas meditaciones del «Quijote».* 366 págs.
241. Geckeler, H.: *Semántica estructural y teoría del campo léxico.* 390 páginas.
242. Aranguren, J. L. L.: *Estudios literarios.* 350 págs.
243. Molho, M.: *Cervantes: Raíces folklóricas.* 358 págs.
244. Baamonde, M. A.: *La vocación teatral de Antonio Machado.* 306 págs.
245. Colón, G.: *El léxico catalán en la Romania.* 542 págs.
246. Pottier, B.: *Lingüística general (Teoría y descripción).* 426 págs.
247. Carilla, E.: *El libro de los «misterios»: «El lazarillo de ciegos caminantes».* 190 págs.
248. Almeida, J.: *La crítica literaria de Fernando de Herrera.* 142 págs.
249. Hjelmslev, L.: *Sistema lingüístico y cambio lingüístico.* 262 págs.
250. Blanch, A.: *La poesía pura española (Conexiones con la cultura francesa).* 354 págs.
251. Hjelmslev, L.: *Principios de gramática general.* 384 págs.
252. Hess, R.: *El drama religioso románico como comedia religiosa y profana (Siglos XV y XVI).* 334 págs.
253. Wandruszka, M.: *Nuestros idiomas: comparables e incomparables.* 2 vols. 788 págs.
254. Debicki, A. P.: *Poetas hispanoamericanos contemporáneos.* 266 págs.
255. Tejada, J. L.: *Rafael Alberti, entre la tradición y la vanguardia (Poesía primera: 1920-1926).* Prólogo de F. López Estrada. 650 págs.
256. List, G.: *Introducción a la psicolingüística.* 198 págs.
257. Gurza, E.: *Lectura existencialista de «La Celestina».* 352 págs.
258. Correa, G.: *Realidad, ficción y símbolo en las novelas de Pérez Galdós (Ensayo de estética realista).* 308 págs.
259. Coseriu, E.: *Principios de semántica estructural.* 248 págs.
260. Arróniz, O.: *Teatros y escenarios del Siglo de Oro.* 272 págs.
261. Risco, A.: *El demiurgo y su mundo. Hacia un nuevo enfoque de la obra de Valle-Inclán.* 310 págs.
262. Schlieben-Lange, B.: *Iniciación a la sociolingüística.* 200 págs.
263. Lapesa, R.: *Poetas y prosistas de ayer y de hoy.* 424 págs.
264. Camamis, G.: *Estudios sobre el cautiverio en el Siglo de Oro.* 262 páginas.
265. Coseriu, E.: *Tradición y novedad en la ciencia del lenguaje (Estudios de historia de la lingüística).* 374 págs.
266. Stockwell, R. P. y Macaulay, R. K. S. (eds.): *Cambio lingüístico y teoría generativa.* 398 págs.
267. Zuleta, E. de: *Arte y vida en la obra de Benjamín Jarnés.* 278 págs.
268. Kirkpatrick, S.: *Larra: El laberinto inextricable de un romántico liberal.* 298 págs.
269. Coseriu, E.: *Estudios de lingüística románica.* 314 págs.

270. Anderson, J. M.: *Aspectos estructurales del cambio lingüístico.* 374 páginas.

271. Bousoño, C.: *El irracionalismo poético (El símbolo).* Premio Nacional de Literatura 1978. 458 págs.

272. Coseriu, E.: *El hombre y su lenguaje (Estudios de teoría y metodología lingüística).* 270 págs.

273. Rohrer, Ch.: *Lingüística funcional y gramática transformativa (La transformación en francés de oraciones en miembros de oración).* 324 págs.

274. Francis, A.: *Picaresca, decadencia, historia (Aproximación a una realidad histórico-literaria).* 230 págs.

275. Picoche, J. L.: *Un romántico español: Enrique Gil y Carrasco (1815-1846).* 398 págs.

276. Ramírez Molas, P.: *Tiempo y narración (Enfoque de la temporalidad en Borges, Carpentier, Cortázar y García Márquez).* 218 págs.

277. Pêcheux, M.: *Hacia el análisis automático del discurso.* 374 págs.

278. Alonso, D.: *La «Epístola moral a Fabio», de Andrés Fernández de Andrada (Edición y Estudio).* 286 págs. 4 láminas.

279. Hjelmslev, L.: *La categoría de los casos (Estudio de gramática general).* 346 págs.

280. Coseriu, E.: *Gramática, semántica, universales (Estudios de lingüística funcional).* 270 págs.

281. Martinet, A.: *Estudios de sintaxis funcional.* 342 págs.

282. Granda, G. de: *Estudios lingüísticos hispánicos, afrohispánicos y criollos.* 522 págs.

283. Marcos Marín, F.: *Estudios sobre el pronombre.* 338 págs.

284. Kimball, J. P.: *La teoría formal de la gramática.* 222 págs.

285. Carreño, A.: *El romancero lírico de Lope de Vega.* Premio Ramón Menéndez Pidal, 1976. 302 págs.

286. Marcellesi, J. B. y Gardin, B.: *Introducción a la sociolingüística (La lingüística social).* 448 págs.

287. Martín Zorraquino, M.ª A.: *Las construcciones pronominales en español (Paradigma y desviaciones).* 414 págs.

288. Bousoño, C.: *Superrealismo poético y simbolización.* 542 págs.

289. Spillner, B.: *Lingüística y literatura (Investigación del estilo, retórica, lingüística del texto).* 252 págs.

290. Kutschera, F. von: *Filosofía del lenguaje.* 410 págs.

291. Mounin, G.: *Lingüística y filosofía.* 270 págs.

292. Corneille, J. P.: *La lingüística estructural (Su proyección, sus límites).* 434 págs.

293. Krömer, W.: *Formas de la narración breve en las literaturas románicas hasta 1700.* 316 págs.

294. Rohlfs, G.: *Estudios sobre el léxico románico.* Reelaboración parcial y notas de M. Alvar. Edición conjunta revisada y aumentada. 444 págs.

295. Matas, J.: *La cuestión del género literario (Casos de las letras hispánicas).* 256 págs.

296. Haug, U., y Rammer, G.: *Psicología del lenguaje y teoría de la comprensión.* 278 págs.
297. Weisgerber, L.: *Dos enfoques del lenguaje («Lingüística» y ciencia energética del lenguaje).* 284 págs.
298. Wotjak, G.: *Investigaciones sobre la estructura del significado.* 480 páginas.
299. Sesé, B.: *Antonio Machado (1875-1939). El hombre. El poeta. El pensador.* Premio Internacional «Antonio Machado». 2 vols. 970 páginas.
300. Wayne Ashhurst, A.: *La literatura hispanoamericana en la crítica española.* 644 págs.
301. Martín, E. H.: *La teoría fonológica y el modelo de estructura compleja.* Prólogo de Ofelia Kovacci, 188 págs.
302. Hoffmeister, G.: *España y Alemania (Historia y documentación de sus relaciones literarias).* 310 págs.
303. Fontaine, J.: *El círculo lingüístico de Praga.* 182 págs.
304. Stockwell, R. P.: *Fundamentos de teoría sintáctica.* 316 págs.
305. Wandruszka, M.: *Interlingüística (Esbozo para una nueva ciencia del lenguaje).* 154 págs.
306. Agud, A.: *Historia y teoría de los casos.* 492 págs.
307. Aguiar e Silva, V. M. de: *Competencia lingüística y competencia literaria (Sobre la posibilidad de una poética generativa).* 166 págs.
308. Pratt, Ch.: *El anglicismo en el español peninsular contemporáneo.* 276 págs.
309. Calvo Ramos, L.: *Introducción al estudio del lenguaje administrativo.* 290 págs.
310. Cano Aguilar, R.: *Estructuras sintácticas transitivas en el español actual.* 416 págs.
311. Bousoño, C.: *Épocas literarias y evolución (Edad Media, Romanticismo, Época Contemporánea).* 756 págs. 2 vols.
312. Weinrich, Harald: *Lenguaje en textos.* 466 págs.
313. Sicard, A.: *El pensamiento poético de Pablo Neruda.* 648 págs.
314. Binon, T.: *Lingüística histórica.* 424 págs.
315. Hagège, C.: *La gramática generativa.* 255 págs.
316. Engelkamp, J.: *Psicolingüística.* 314 págs.
317. Carreño, A.: *La dialéctica de la identidad en la poesía contemporánea (La persona, la máscara).* 254 págs.
318. Pupo-Walker, E.: *La vocación literaria del pensamiento histórico en América.* 220 págs.
319. Hörmann, H.: *Querer decir y entender (Fundamentos para una semántica psicológica).* 674 págs.
320. Langowski, G. J.: *El surrealismo en la ficción hispanoamericana.* 228 págs.
321. Fernández Cifuentes, L.: *Teoría y mercado de la novela en España: del 98 a la República.* 406 págs.
322. Cohen, J.: *El lenguaje en la poesía.* 261 págs.
323. Risco, A.: *Literatura y figuración,* 258 págs.

324. Alazraki, Jaime: *En busca del unicornio los cuentos de Julio Cortázar*, 248 págs.

III. MANUALES

1. Alarcos Llorach, E.: *Fonología española*. Cuarta edición aumentada y revisada. Reimpresión. 290 págs.
2. Gili Gaya, S.: *Elementos de fonética general*. Quinta edición corregida y ampliada. Reimpresión. 200 págs.
3. Alarcos Llorach, E.: *Gramática estructural (Según la escuela de Copenhague y con especial atención a la lengua española)*. Segunda edición. Reimpresión. 132 págs.
4. López Estrada, F.: *Introducción a la literatura medieval española*. Cuarta edición renovada. 606 págs.
6. Lázaro Carreter, F.: *Diccionario de términos filológicos*. Tercera edición corregida. Reimpresión. 444 págs.
8. Zamora Vicente, A.: *Dialectología española*. Segunda edición muy aumentada. Reimpresión. 588 págs. 22 mapas.
9. Vázquez Cuesta, P., y Mendes da Luz, M.ª A.: *Gramática portuguesa*. 2 vols. Tercera edición corregida y aumentada. 818 págs.
10. Badia Margarit, A. M.: *Gramática catalana*. 2 vols. Reimpresión. 1.020 págs.
11. Porzig, W.: *El mundo maravilloso del lenguaje (Problemas, métodos y resultados de la lingüística moderna)*. Segunda edición corregida y aumentada. Reimpresión. 486 págs.
12. Lausberg, H.: *Lingüística románica*. 2 vols.
13. Martinet, A.: *Elementos de lingüística general*. Segunda edición revisada. Reimpresión. 274 págs.
15. Lausberg, H.: *Manual de retórica literaria (Fundamentos de una ciencia de la literatura)*. 3 vols.
16. Mounin, G.: *Historia de la lingüística (Desde los orígenes al siglo XX)*. Reimpresión. 236 págs.
17. Martinet, A.: *La lingüística sincrónica (Estudios e investigaciones)*. Reimpresión. 228 págs.
18. Migliorini, B.: *Historia de la lengua italiana*. 2 vols. 1.262 págs. 36 láminas.
19. Hjelmslev, L.: *El lenguaje*. Segunda edición. Reimpresión. 196 págs. 1 lámina.
20. Malmberg, B.: *Lingüística estructural y comunicación humana (Introducción al mecanismo del lenguaje y a la metodología de la lingüística)*. Reimpresión. 328 págs. 9 láminas.
22. Rodríguez Adrados, F.: *Lingüística estructural*. 2 vols. Segunda edición revisada y aumentada. Reimpresión. 1.036 págs.
23. Pichois, C. y Rousseau, A.-M.: *La literatura comparada*. 246 págs.
24. López Estrada, F.: *Métrica española del siglo XX*. Reimpresión. 226 págs.

25. Baehr, R.: *Manual de versificación española*. Reimpresión. 444 págs.
26. Gleason, H. A., Jr.: *Introducción a la lingüística descriptiva*. Reimpresión. 700 págs.
27. Greimas, A. J.: *Semántica estructural (Investigación metodológica)*. Reimpresión. 398 págs.
28. Robins, R. H.: *Lingüística general (Estudio introductorio)*. Reimpresión. 488 págs.
29. Iordan, I. y Manoliu, M.ª: *Manual de lingüística románica*. Revisión, reelaboración parcial y notas de M. Alvar. 2 vols. Reimpresión. 698 págs.
30. Hadlich, R. L.: *Gramática transformativa del español*. Reimpresión. 464 págs.
31. Ruwet, N.: *Introducción a la gramática generativa*. Segunda edición corregida. 514 págs.
32. Collado, J. A.: *Fundamentos de lingüística general*. Reimpresión. 308 págs.
33. Lüdtke, H.: *Historia del léxico románico*. 336 págs.
34. Catalán, D.: *Lingüística ibero-románica (Crítica retrospectiva)*. 366 páginas.
35. Heeschen, C.: *Cuestiones fundamentales de lingüística*. Con un capítulo de V. Heeschen, 204 págs.
36. Lausberg, H.: *Elementos de retórica literaria (Introducción al estudio de la filología clásica, románica, inglesa y alemana)*. 278 págs.
37. Arens, H.: *La lingüística*. 2 vols. 1.098 págs.
38. Martinet, J.: *Claves para la semiología*. 238 págs.
39. Alvar, M.: *El dialecto riojano*. 180 págs.
40. Mounin, G.: *La lingüística del siglo XX*. 264 págs.
41. Gross, M.: *Modelos matemáticos en lingüística*. 246 págs.
42. Elgin, S. H.: *¿Qué es la lingüística?* 206 págs.
43. Szemerényi, O.: *Introducción a la lingüística comparativa*. 432 págs.
44. Szemerényi, O.: *Direcciones de la lingüística moderna. I: De Saussure a Bloomfield (1919-1950)*. 204 págs.
45. Lapesa, R.: *Historia de la lengua española*. Novena edición corregida y aumentada. 690 págs.
46. Galmiche, M.: *Semántica generativa*. 398 págs.
47. Simón Díaz, J.: *Manual de bibliografía de la literatura española*. 1.156 págs.
48. Jauralde Pou, P.: *Manual de investigación literaria*. 416 págs.
49. Quilis, A.: *Fonética acústica de la lengua española*. 500 págs.
50. Reis, C.: *Fundamentos y técnicas del análisis literario*. 416 págs.
51. Coseriu, E.: *Lecciones de lingüística general*. 354 págs.
52. Ebneter, T.: *Lingüística aplicada (Introducción)*. 490 págs.
53. García Yebra, V.: *Teoría y práctica de la traducción*. Prólogo de Dámaso Alonso. Premio «Lorenzo Nieto López» de la Real Academia Española. 2 vols. 874 págs.
54. Renzi, L.: *Introducción a la filología románica*. 344 págs.